Carmen Paul / Liqin Cheng

CHINA verstehen

Carmen Paul / Liqin Cheng

CHINA verstehen

Sankt Ulrich Verlag

Für Allegra, Marlon, Lennart und Leandra
C.P.

Für Andi
L.C.

Auf Wunsch des Verlages haben die Autorinnen für dieses Sachbuch auf Anmerkungen weitgehend verzichtet. Interessierte Leser können jederzeit beim Verlag Quellen zu sämtlichen Aussagen anfordern.

Bibliographische Information der Deutschen Bibliothek

Die Deutsche Bibliothek verzeichnet diese Publikation in der
Deutschen Nationalbibliographie; detaillierte bibliographische Daten
sind im Internet über http://dnb.ddb.de abrufbar.

Titelbild: DZ und Dena Jenkins - fotolia
Umschlaggestaltung: uv media werbeagentur
Mediengruppe Sankt Ulrich Verlag, Augsburg
Druck und Bindung: CPI books GmbH, Ulm
Printed in Germany
ISBN 978-3-86744-174-2
www.sankt-ulrich-verlag.de

Inhalt

Angenommen, ich disputierte mit dir;
du besiegst mich und ich besiege dich nicht.
Hast du nun wirklich recht? Hab ich nun wirklich unrecht?
Oder aber ich besiege dich, und du besiegst mich nicht.
Habe ich nun wirklich recht und du wirklich unrecht?
Hat einer von uns recht und einer unrecht,
oder haben wir beide recht oder beide unrecht?
Ich und du, wir können das nicht wissen ...

Zhuangzi

VORWORT

In einer eingängigen, gleichsam wie ein Quell dahinfließenden Sprache entführen uns die beiden Verfasserinnen in das Reich der Mitte zu Beginn des 21. Jahrhunderts, so dass wir, ohne uns übermässig anstrengen und konzentrieren zu müssen, das vorliegende Buch überall, ob im Flugzeug oder während einer Bahnfahrt, in der Studierstube oder beim Warten auf eine Tram, mühelos lesen und leicht verstehen können.

Das will nicht besagen, dass ein seichter Inhalt präsentiert werde. Im Gegenteil, der uns dargebotene Tour d'horizon ist umfassend und in Teilen tiefschürfend. Man wird sowohl über die grossen Linien als manchmal auch über verblüffende Details unterrichtet. Eine grosse Stärke des Buches sind die Darlegungen über die alleinherrschende Partei und deren Ideologie, über Staat und Institutionen in der Volksrepublik China. Denn das offizielle China wird in unseren Breiten nur allzu oft belächelt und nicht recht wahr- und ernst genommen. In dem vorliegenden Buch aber werden wesentliche Fakten, die zum Verständnis der Volksrepublik China unverzichtbar sind, ohne ständige Bezugnahme auf feststehende europäische Sichtweisen, sondern unter Berücksichtigung der vorherrschenden chinesischen „Selbstdeutung" (Helwig Schmidt-Glintzer) vermittelt. Erst wenn man die chinesische Eigenperspektive auf der Führungsebene gebührend kennt, kann man sich ein – durchaus auf zeitgenössischen gängigen europäischen Werten fußendes – Urteil erlauben. Besonders geschäftlich in der Volksrepublik China Tätige werden von dem Buch profitieren.

Über das eine oder andere Detail oder die eine oder andere Frage der Systematik können die Meinungen auseinandergehen. Aber insgesamt kann ich das realistische und den neuesten Stand der Entwicklung widerspiegelnde Buch nachdrücklich empfehlen.

Harro von Senger

Einleitung

„Das China, das ich erlebte, ist nicht das China, über das ich gelesen hatte", meinte eine Bekannte am Ende ihrer Reise. *„Am meisten überraschte mich, dass ich statt eines eingeschüchterten Volkes so viele optimistische Menschen antraf. Was nun ist die Wahrheit über China?"*

Ob Sie als Tourist nach China reisen, dort als Geschäftsmann tätig sind oder ob Sie sich wegen seiner mittlerweile unbestreitbaren globalen Bedeutung für China interessieren: Wir wollen Ihnen in unserem Buch das Land bis zur Kenntlichkeit nahebringen. Mit diesem kühnen Wunsch stehen wir allerdings nicht alleine da. Das rasante Tempo, in dem China sich modernisiert, und die Tatsache, dass alle Weltprobleme inzwischen nur noch in Zusammenarbeit mit China lösbar sind, haben in den letzten Jahren eine wahre Flut von einschlägigen Neuerscheinungen ausgelöst. Dennoch ist sehr viel noch lange nicht genug, um China gerecht zu werden. Das zeigt nicht nur die eingangs zitierte Äußerung, sondern auch die extreme Schwankungsbreite bei den Interpretationen des Geschehens in China: Die Stimmen der Beobachter in den Medien singen die ganze Tonleiter der Emotionen hinauf und wieder hinunter: von Bedrohungsgefühl („Gelähmt von der China-Angst" [Zeit online]) und Untergangsprophezeiungen („The coming collaps of China" [Gordon Chang]) bis zu euphorischen Prognosen (Superpower China [Canada Free Press]). Die Ambivalenz auf den Punkt brachte eine Schlagzeile des Magazins Focus: „China wird gefährlich gut".

Diese entgegengesetzten Meinungen sind jedoch nicht, wie man vielleicht meinen könnte, nur ein Produkt unserer aufregenden Zeit. Sie sind auch nicht allein ein Ausdruck dessen, dass die Umwälzungen zu tiefgreifend, die Entwicklungen letztlich zu unvorhersehbar oder wir zeitlich zu nahe am Geschehen sind für eine nüchterne und angemessene Einschätzung. Vielmehr hat China ausländische Beobachter schon immer polarisiert: es wurde entweder dämonisiert oder heroisiert. Vielen Autoren ging es weniger um den Wirklichkeits- und Wahrheitsgehalt ihrer Zuschreibungen und das Aufzeigen komplexer Sachverhalte als darum, Chinas hohes Projektionspotenzial den eigenen Zwecken dienstbar zu machen. Die räumliche Entfernung sowie die sprachlichen und kulturellen Barrieren trugen das Ihrige dazu bei, dass phantasievolle Auslassungen vom heimischen Zielpublikum weitgehend unbemerkt blieben. So ließ sich prächtig die eigene Überlegenheit auf Kosten des jeweils anderen darstellen oder, genau umgekehrt, in den anderen das hineinzuloben, was an der Heimat missfiel, aber aus berechtigter Vorsicht nicht offen geäußert werden konnte. Das gilt für die positive Tradition der Chinaberichterstattung der Jesuitenmissionare im 17. Jahrhundert ebenso wie für das ausgiebige „Chinabashing" des 19. Jahrhunderts, als der Westen China als den kranken Mann Asiens betrachtete – und sich selbst als seinen Arzt. Mit dem beschleunigten Lebenstempo des 20. Jahrhunderts wechselte auch das Schwarzweiß der westlichen Chinabilder in immer kürzeren Abständen. In der Spanne zwischen dem I. und dem II. Weltkrieg suchten kulturkriselnde europäische Intellektuelle wie Hermann Hesse, C.G. Jung und Klabund das Licht im Orient. Die Gründung der Volksrepublik 1949 und der kurz darauf ausbrechende Koreakrieg hingegen provozierten in den 50er und 60er Jahren *„eine der wütendsten und schädlichsten Verteufelungskampagnen im öffentlichen Leben der jüngsten Zeit"*.[1] Anfang der 1970er Jahre schlug das Pendel wieder um. Für eine kurze Zeit hellte sich das westliche Chinabild auf. Staunend nahm die Welt zur Kenntnis, wie der amerikanische Präsident Nixon und der chinesische Staatspräsident Mao Zedong das Ende der langen politischen Eiszeit zwischen ihren Staaten einleiteten. Als Maos Nachfolger Deng Xiaoping in den 1980er Jahren den Umbau der chinesischen Plan- in eine Marktwirtschaft in die Wege leitete, wähnten sich viele westliche Beobachter, die jahrzehntelang irrtümlich den Zusammenbruch der kommunistischen Volksrepublik vorhergesagt hatten, kurz vor der Erfolgsmeldung: Eine Demokratisierung Chinas schien ihnen nur noch eine Frage der Zeit zu sein. Bestätigte nicht auch der Wandel in der Sowjetunion unter Gorbatschow die finale Überlegenheit des politisch-gesellschaftlichen Systems des Westens? Doch auch diese Prognose verfehlte den tatsächlichen Gang der Geschichte, denn ihre Autoren begingen einen Kardinalfehler: Sie ignorierten alle öffentlich verkündeten Absichten der Kommunistischen Partei Chinas (KPCh).

Und das Chinapendel? Das schlug in den 1990ern postwendend um. Seit der blutigen Niederschlagung der Demonstration am Tian'anmen 1989 stehen neben Chinas Wirtschaftsentwicklung die Menschenrechte im Mittelpunkt der westlichen Medienberichterstattung und zwar vor allem dann, wenn sie wirklich oder angeblich missachtet werden. Im frühen 21. Jahrhundert trübte zusätzlich die Angst vor dem Aufstieg Chinas das Bild, da dieser von vielen Beobachtern mit dem Verlust der westlichen Hegemonie bei der Verteilung von Rohstoffen, Märkten und politischen Einflusssphären gleichgesetzt wird. Im Zuge der jüngsten Finanzkrise mischt sich der Angst Hoffnung bei: Kann China die Weltwirtschaft aus der Krise ziehen?

Dieser kurze Blick in die Geschichte ist aufschlussreich, zeigt er doch, wie sehr Emotionen und handfeste Eigeninteressen einer nüchtern-rationalen Wahrnehmung entgegenstehen. Berichte über China verraten nicht selten mehr über die Autoren als über ihr Thema. Wäre in Anbetracht dessen mehr Sachlichkeit nicht sensationeller und dennoch erkenntnisfördernder als die kühnste Hypothese? Chinesen und Ausländer machen immer wieder die Erfahrung, dass sich die jeweils andere Seite nicht so verhält, wie sie es selbst als „natürlich“ empfinden. Dennoch sind wir der Überzeugung, dass es weniger der Gehalt der jeweils anderen Kultur ist, als es gewisse Einstellungen im Umgang miteinander sind, die ein wechselseitiges Verstehen befördern oder behindern. Denn letztlich sind viele kulturelle Unterschiede nur Unterschiede des Grades und nicht grundsätzlicher Natur: „Guanxi“ (Beziehungen) erleichtern nicht nur in China das Fortkommen erheblich; Korruption gibt es nicht nur in Peking; nicht nur Chinesen verlieren ungern ihr „Gesicht“, wenn sie abschätzig behandelt oder bei einem Fehler ertappt werden. Damit wollen wir kulturelle Unterschiede nur relativieren, nicht grundsätzlich bestreiten. Selbstverständlich ist es hilfreich, die fremden Sitten zu kennen, wenn man nach China geht. Doch als das Ehepaar Yu-chien Kuan und Petra Häring-Kuan untersuchte, was Chinesen an Deutschen stört, nannten diese nicht etwa einen Fauxpas bei Tisch oder einen Silbendreher beim Chinesisch Sprechen. Beklagt wurde vielmehr die phasenweise pauschale Negativkritik an China in vielen westlichen Medien, die auch noch oftmals im Tonfall eines Oberlehrers, allerdings ohne dessen Expertise, vorgetragen wird.[2] Würden Deutsche sich unter umgekehrten Vorzeichen nicht ebenfalls ärgern? Im interkulturellen Umgang halten wir daher die Regel „Was dir selbst unerwünscht ist, das füge auch keinem anderen zu" für golden, das chinesische Sprichwort „Wenn du in ein fremdes Land kommst, erkundige dich nach seinen Sitten" für silbern.

Die Goldene Regel verlangt selbstverständlich nicht, dass Kritik an China grundsätzlich nicht geäußert werden sollte. Keiner Seite wäre gedient, wenn die schwarze Brille durch eine rosarote ersetzt würde. Eine differenzierte, auf Sachkenntnis beruhende Darstellung ist jedoch die einzige Basis, auf der Kritik geäußert werden kann, die vom Adressaten auch respektiert wird. Und nicht nur das – in China wird diese Art von Kritik oft sogar eingefordert, denn die konfuzianische Lerntugend hat den Wandel der Zeit nicht nur überstanden, sondern trägt wesentlich dazu bei, ihn konstruktiv zu gestalten.

Auch wenn es die eingangs erwähnte Bekannte nach der Wahrheit über China verlangte, sehen wir unsere Aufgabe nicht darin, ein Urteil über das Land auszusprechen. Auch wäre es ein grobes Missverständnis, aus unserer Darstellung der offiziellen chinesischen Binnensicht auf gesellschaftliche, politische und wirtschaftliche Verhältnisse eine Identifikation mit den Zielen der KPCh herauszulesen. Unser Buch dient einzig dem Vermitteln von fundiertem Hintergrundwissen.

Im Mittelpunkt steht das zeitgenössische China, doch betrachten wir dieses im Lichte seiner historischen Erfahrungen, seiner aktuellen Probleme und seiner künftigen Ziele. Auf diese Weise versuchen wir sowohl Kontinuitäten als auch Brüche, sowohl Erfolge als auch Defizite in den Blick zu bekommen. Dabei wollen wir ein möglichst umfassendes Spektrum abbilden, denn der von Peking durchgeführte Modernisierungsprozess erstreckt sich gleichermaßen auf Gesellschaft, Politik und Wirtschaft – und nicht nur auf letztere.

Maßgeblich für die Auswahl der Themen ist ihre Aktualität und ihre Relevanz für das Verstehen von Zusammenhängen.

Nach einem allgemeinen Überblick liegt der erste unserer Schwerpunkte auf der Darstellung der chinesischen Alltagskultur und Gesellschaft. Wir wollen Sie mit dem Leben des – wie die Chinesen sagen – „dritten Herrn Li und vierten Herrn Zhang" bekannt machen und die gesellschaftlichen Rahmenbedingungen nachzeichnen, in denen die Chinesen vom Kindes- bis zum Greisenalter leben. Dies wird allerdings weniger anhand von Einzelschicksalen geschehen, so interessant und anschaulich diese auch sein mögen. Doch chinesische Lebensläufe sind nicht minder vielfältig als deutsche. Beweise liefern sie daher für jede Art von Behauptung über China. Eine Aneinanderreihung von positiven oder negativen Beispielen kann daher nie mehr sein als eben: eine Aneinanderreihung. Einen tieferen Erkenntnisgewinn verspricht die Darstellung von Strukturen.

Einen weiteren Schwerpunkt legen wir auf die Politik. Weitgehend unbeeinflusst von westlich-liberalen Vorbildern und Vorwürfen schreitet China auf seinen eigenen Wegen voran und wird – im Unterschied zu anderen Entwicklungsländern, die einem stärkeren europäisch-amerikanischen Einfluss unterliegen – global immer mächtiger. Pekings Handeln ist mittlerweile nicht nur für China, sondern für die ganze Welt von Bedeutung. Da der Westen auf mittlere und längere Sicht mit Peking leben muss, sollte er sich schon aus Eigeninteresse nüchtern und unvoreingenommen mit dessen innovativem Sinomarxismus auseinandersetzen. Denn nur wenn man diesen kennt, werden historische und ideologische Zusammenhänge verständlich. Vielen „Enttäuschungen", die der Westen in der Vergangenheit in Bezug auf China erlebte, gingen Selbsttäuschungen voraus. So interessant und unseren Vorstellungen näher die Aussagen chinesischer Dissidenten sein mögen – wer die Grundlagen und Ziele der aktuellen Politik Chinas verstehen will, findet diese in den offiziellen Dokumenten und den Aussagen führender Politiker. Man sollte sie zur Kenntnis nehmen. Daher beschreiben wir die geistigen Grundlagen des „Sozialismus chinesischer Prägung", und wie dieser seit den Reformen Deng Xiaopings die Institutionen und Maßnahmen der chinesischen Politik bestimmt. Bei der Auffassung, die man vor allem seit der Finanzkrise so oft hört und liest, dass es „autoritäre Staaten eben einfacher haben als Demokratien, Beschlüsse umzusetzen"[3], wollen wir nicht stehen bleiben. Vielmehr untersuchen wir, ob die chinesische Regierung wirklich so „durchregieren" kann und will, wie es sich auch hierzulande so manche Politiker wünschen. Und selbst wenn dem so wäre, was wir bezweifeln: Jeder Staat, der erfolgreich sein und von seiner Bevölkerung akzeptiert werden will, muss außer über klare Zielvorstellungen und effiziente analytische Methoden auch über adäquate Regierungstechniken und Verfahren bei der Rekrutierung der politischen Akteure verfügen. Wir schildern die Reformen, die gegenwärtig auf diesen Feldern vorangetrieben werden. Des Weiteren skizzieren wir in diesem Kapitel die Sozialversicherungen und Rechtsinstitutionen der Volksrepublik.

Den letzten Schwerpunkt bilden Wirtschafts- und Finanzpolitik. Nach einem kurzen historischen Rückblick beschreiben wir die Auswirkungen der Finanz- und Wirtschaftskrise auf China. Darauf folgt eine Skizze der chinesischen Wirtschaft in ihrem Spannungsfeld zwischen der Abhängigkeit vom Export und dem Aufbau eines Binnenmarktes. Dieser geht einher mit den größten Entwicklungsprojekten der Weltgeschichte: der Erschließung Westchinas (xibu da kaifa) und dem Aufbau des neuen sozialistischen Dorfes (jianshe shehuizhuyi xin nongcun). Die Finanzpolitik dient den politischen und wirtschaftlichen Interessen des Landes.

Kultur und Geschichte – Ein kleiner Überblick

Im langen Schatten: Aus 5000 Jahren Geschichte

Die heutige Größe Chinas ist der vorläufige Endpunkt, wenn auch nicht der Höhepunkt einer uralten, bewegten Geschichte. Die ersten Hominiden siedelten vermutlich bereits vor 1,9 Millionen Jahren auf dem Boden der zentralchinesischen Provinz Sichuan. Von historischer Relevanz ist jedoch erst die chinesische Jungsteinzeit. Wie die sensationellen archäologischen Funde der letzten Jahrzehnte beweisen, standen zwischen 8000 und 2000 v. Chr. gleich mehrere Wiegen am Anfang der chinesischen Zivilisation. Weit über das heutige Staatsgebiet verteilt und unabhängig voneinander gewöhnten sich die frühen Chinesen an die Sesshaftigkeit, erzeugten Keramik, domestizierten Tiere und kultivierten Pflanzen. Als sie am Ende dieses langen Zeitraums gelernt hatten, Bronze zu legieren, entstanden neue politische und soziale Organisationsformen. Dank einer überlegenen Waffentechnik vermochte erstmals eine Dynastie, die Xia (um 2200–1700 v. Chr.), ein größeres Gebiet im Nordosten Chinas unter ihre Herrschaft zu bringen. Unter den nachfolgenden Dynastien der Shang (um 1700–1050 v. Chr.) und der Zhou (ca. 1050–256 v. Chr.) erweiterte sich das Siedlungsgebiet der Chinesen auf die gesamte nordchinesische Tiefebene und deren Randgebiete.

Eine weitere historische und geographische Zäsur markierte die Gründung des ersten Einheitsstaates unter der Qin-Dynastie im Jahre 221 v. Chr. Schon wenig später, im Jahre 206 v. Chr., wurden die Qin – von denen sich vermutlich die im Westen übliche Landesbezeichnung China ableitet – von einem Aufstand unzufriedener Volksmassen und entmachteter Feudaladliger hinweggefegt. Die ihr nachfolgende Han-Dynastie (206 v. Chr. bis 220 n.

Chr.) war das erste große Herrscherhaus des chinesischen Kaiserreichs. Die Han expandierten tief in den Süden bis in das heutige Vietnam. Im Nordosten gelangten sie bis an die Grenzen der koreanischen Halbinsel und im Westen bis in die Region des heutigen Xinjiang. Dieser enorme territoriale Zuwachs zeugt von der wirtschaftlichen, diplomatischen und militärischen Stärke der Han – und von einer aufgrund von Innovationen in Technik und Landwirtschaft erfolgten starken Zunahme der Bevölkerung: im Jahre 2 n. Chr lebten im Reich der Han bereits ca. 50 Millionen Menschen!

Noch bis zum Jahre 1911 sollte in China das Ideal eines geeinten chinesischen Kaiserreichs dominieren, auch wenn die politische Wirklichkeit dem keineswegs durchgängig entsprach. Unter den Dutzenden von Dynastien, die auf chinesischem Boden zwischen 221 v. Chr. und 1911 mit dem Anspruch herrschten, China zu repräsentieren, vermochten nur die „fünf großen Dynastien", nämlich die bereits erwähnte Han (206 v. Chr. – 220 n. Chr.), die Tang (618–906), die Song (960–1279), die Ming (1368–1644) und die Qing (1644–1911) über lange Zeiträume große Territorien in Ost- und Zentralasien unter ihrer Herrschaft zu vereinen.

Unter den Qing erlebte China Mitte des 18. Jahrhunderts mit 11,5 Millionen Quadratkilometern seine maximale Ausdehnung. Doch schon 100 Jahre später sahen sich die Qing aufgrund massiver Probleme im Landesinneren sowie der Bedrohung durch den westlichen und japanischen Imperialismus zunehmend außerstande, ihr Reich zu bewahren. Vor allem im Nordwesten und Nordosten – das nordöstliche Amurgebiet bis hin zu Wladiwostok war zuvor jahrhundertelang chinesisch gewesen – verlor China riesige Gebiete an das zaristische Russland. Als sich in den chaotischen Jahren nach dem 1911 erfolgten Zusammenbruch des chinesischen Kaiserreichs auch noch die Äußere Mongolei die Unabhängigkeit erkämpfte, brach ein weiterer riesiger Brocken aus dem Reich. Heute gehört deshalb „nur" noch eine Fläche von 9,6 Millionen km^2 zum chinesischen Staatsgebiet.

Über Jahrtausende war China sowohl in der Selbst- als auch in der Außenwahrnehmung ein kultureller, politischer und ökonomischer Koloss. Der konfuzianischen Lehre gemäß waren sämtliche zwischenmenschlichen Beziehungen, ob sie nun innerhalb des Reiches oder zu dessen Nachbarn bestanden, ritualisiert und hierarchisiert. An der Spitze stand der chinesische Kaiser. Er verstand sich als Sohn des Himmels und als Garant für Harmonie und Ordnung in der Menschenwelt und im Kosmos. Mittels Tributzahlungen bestätigten die Nachbarvölker zumindest formal diese Anschauung. So nahm jeder seinen festen Platz in der chinesischen Weltordnung ein; wer dabei oben und wer unten war, stand – in der Theorie, wenn auch keineswegs immer in der Praxis – außer Frage. Zumeist tat dies einem pragmatischen Umgang miteinander nach Maßgabe der realen Machtverhältnisse und des Eigeninteresses keinen Abbruch. Das Tributsystem hatte neben den weltanschaulichen nämlich auch ganz handfeste wirtschaftliche Aspekte und war im Grunde ein gigantischer Potlatch und ein interregionaler Markt: Ein wahrer Himmelssohn übertrumpfte die Tribute seiner Vasallen mit luxuriösen Gegengeschenken. Waren danach immer noch Wünsche offen, konnten sie bei Kaufleuten im Umfeld der Gesandtschaften befriedigt werden.

Der Konfuzianismus räumte der intellektuellen und moralischen Bildung das Primat ein, war also wesensmäßig kulturalistisch ausgerichtet. Eroberer, die fremden Ethnien angehörten und denen es gelang, ein Kaiserhaus auf chinesischem Boden zu etablieren, wurden von der Elite und der Bevölkerung durchaus akzeptiert, sofern die Kaiser sich als gute Konfuzianer gebärdeten. So bot der Umstand, dass die Begründer der kurzlebigen Sui-Dynastie (589–617) und der so vitalen wie hochkultivierten Tang-Dynastie (618–906) türkisches Blut in ihren Adern hatten, keinen Anlass zu Ressentiments. Den Herrschern der Yuan-Dynastie (1280–1368) schlug zwar der Hass der Bevölkerung entgegen, aber nicht primär weil sie Mongolen, sondern weil sie grausam und unfähig waren. Die ersten Kaiser der mandschurischen Qing-Dynastie (1644–1911) hingegen gelten bis heute als überragende

Gestalten der chinesischen Geschichte und ihre Nachfahren verloren den Drachenthron nicht wegen ihrer fremdländischen Herkunft, sondern aus wirtschaftlichen, politischen und militärischen Gründen.

Da die Assimilationskraft der chinesischen Kultur und die Akkulturationskraft der Chinesen gleichermaßen hoch entwickelt waren, konnten zwei Jahrtausende lang auch große historische Veränderungen bewältigt werden. Ein grundstürzender Wandel ereignete sich erst im 19. Jahrhundert. Als der große Qianlong-Kaiser der Qing (reg. 1736–1795), unter dem China eine lange Blütezeit erlebte, 1799 starb, litt das Reich bereits an den klassischen Problemen übermäßig ausgedehnter Imperien. Das Niederschlagen von Aufständen im fernen Nordwesten kostete den Kaiserhof sehr viel Geld. Die politisch-administrativen Strukturen erwiesen sich als ungenügend zur Beherrschung der riesigen Territorien: die Zentrale in Peking war über die reale Lage in den Problemgebieten schlecht informiert und vor Ort trafen kaiserliche Befehle erst verspätet ein. Auch das ökonomische System stieß an seine Grenzen. Die Produktionstechniken, Handelspraktiken und verfügbaren Ackerflächen entsprachen nicht mehr einer Bevölkerungszahl, die von 138 Millionen im Jahre 1700 auf 381 Millionen im Jahre 1820 hochgeschnellt war. Um die Wende vom 18. zum 19. Jahrhundert geriet China daher in eine Abwärtsspirale aus zu hohen Staatsausgaben, dramatischem Anwachsen des Staatsdefizits, Senkung der Gehälter der Staatsbediensteten, steigender Korruption des Verwaltungsapparates, Erhöhung der Steuerlast für die Bevölkerung, allgemeiner Verarmung und – als letzte Konsequenz – flächenbrandähnlicher Aufstände. Zu diesen gravierenden hausgemachten Problemen kamen ab etwa 1840 die fortgesetzten Aggressionen seitens des technisch und militärisch überlegenen Westens. Wie hoch trotz des gebündelten Auftretens von, wie die Chinesen sagen, *„Chaos im Innern und Gefahr von Außen“* (Nei huan wai luan) die Fallhöhe Chinas war, belegt eindrucksvoll folgende Tatsache: Erst im Jahre 1890 hatte das Reich der Mitte, das 2000 Jahre lang die größte Volkswirtschaft der Welt gewesen war, diese Position endgültig an die USA verloren! Von den letzten Jahrzehnten des 19. Jahrhunderts an war das einst so stolze und mächtige Reich der Mitte nur noch ein semikoloniales Wrack und seine Regierung ein Marionettenensemble, das an den kurzen Fäden ausländischer Spieler hing. Der Daseinszweck des Kaiserhofs erschöpfte sich in den Augen der Unterdrücker Chinas in der Aufrechterhaltung der „inneren Ordnung", worunter sie vor allem eine von chinesischen Rebellen ungestörte Abwicklung ihrer Geschäfte verstanden.

So sah sich China von der zweiten Hälfte des 19. Jahrhunderts an zum ersten Mal in seiner Geschichte Invasoren gegenüber, die in keiner Weise bereit waren, sich wie die früheren Eroberer Chinas assimilieren zu lassen. Ein zutiefst empfundener Sinozentrismus war frontal auf einen nicht minder eingefleischten „Abendlandzentrismus" geprallt. Damit war die Systemfrage gestellt. Auf der Suche nach einer Antwort radikalisierte sich China Schritt für Schritt.

Eine der frühesten Reaktionen auf die ausländische Herausforderung war – inspiriert von der erfolgreichen japanischen Meiji-Reform – die Selbststärkungsbewegung, die sich in den 1860er Jahren formierte. Ihr Scheitern zeigt beispielhaft die Reformunfähigkeit des kaiserlichen China. Die Selbststärkungsbewegung hielt am konfuzianischen Gesellschaftssystem fest, aber ansonsten war sie in guter chinesischer Tradition durchaus bereit, von den „Barbaren" zu übernehmen, was sie für China als nützlich erachtete, nämlich deren technisch-militärisches Know-how. Zu diesem Zweck kooperierte sie unter anderem mit der deutschen Rüstungsfirma Krupp, die bald eine beherrschende Stellung auf dem chinesischen Markt einnahm. Erste Erfolge wurden sichtbar, den Durchbruch für die Selbststärkungsbewegung brachten sie jedoch nicht. China litt an Fachkräftemangel: Aus Überzeugung und um die schwierigen Aufnahmeprüfungen für den Staatsdienst zu bestehen, studierten die intelligentesten Chinesen nach wie vor die konfuzianischen Klassiker und ignorierten die in der zweiten Hälfte des 19. Jahrhundert errichteten neuen Sprachen- und Ingenieursschulen. Auch der Kapitalmangel der Selbststärkungsbewegung war und blieb chronisch. Die Herstellung von Waffen für den eigenen Gebrauch verschlang viel Geld, doch einheimische Finanziers für den Aufbau einer Industrie nach westlichem Vorbild zu gewinnen war fatalerweise noch schwieriger als ausländische: Die Schicht der wohlhabenden Chinesen („Gentry") fühlte sich mehr dem eigenen Wohl als der Zukunft des Landes verpflichtet und zog es vor, in renditestarke traditionelle Zweige wie Landerwerb, Pfandleihen oder landwirtschaftliche Darlehen zu investieren. Außerdem schröpfte der ewig klamme Staat die aufstrebenden Industrien mit beträchtlichen Abgaben. Auch innenpolitisch stand die Selbststärkungsbewegung unter Druck: Ihre relative Offenheit setzte sie der Verdächtigungen von chinesischen Erzkonservativen am Kaiserhofe aus. Deren feindselige Einstellung gegenüber dem Westen hatte eine lange Vorgeschichte: In der ersten Hälfte des 18. Jahrhunderts verdammten die Päpste die konfuzianischen Riten als heidnisches Brauchtum und verboten den chinesischen Christen deren Ausübung. Über diesen massiven Eingriff in die inneren Angelegenheiten seines Herrschaftsbereichs erbost, verwies der Kaiser in Peking daraufhin die Jesuiten, die zuvor als Kulturbrücke zwischen China und dem Westen fungiert hatten, des Landes. Danach riss der ohnehin dünne Kommunikationsfaden vollständig. Von 1759 an war der private und geschäftliche Verkehr zwischen Ausländern und Chinesen auf ein nur acht Hektar großes Gebiet außerhalb Kantons beschränkt. Ausländern war sogar das Erlernen der chinesischen Schrift und Sprache verboten. Der Sieg der Briten im Opiumkrieg (1839–1842) erzwang zwar die Öffnung chinesischer Häfen, aber eine Aufgeschlossenheit gegenüber dem Westen ließ sich mit militärischen Mittel nicht herbeiführen.

Eine neue Qualität erreichte die Auseinandersetzung mit westlichen Ideen nach der chinesischen Niederlage im Krieg gegen Japan (1894–1895). Das Reich verlor unter anderem Taiwan, das zuvor über zwei Jahrhunderte chinesisch gewesen war und musste Reparationszahlungen in schwindelerregender Höhe leisten. Mindestens ebenso demütigend war, dass das riesige China vom kleinen asiatischen Nachbarn seine Rückständigkeit aufgezeigt bekam. Die Selbststärkung innerhalb der alten politisch-sozialen Ordnung erwies sich damit endgültig als gescheitert. Ihr folgte nun ein erster Schritt zur Selbstneuerfindung. 1898 kamen in Peking Reformer an die Macht, die den Konfuzianismus so lange interpretatorisch zurechtbogen, bis sich auf seiner Grundlage eine konstitutionelle Monarchie nach westlichem Vorbild rechtfertigen ließ. Nach legendären 100 Tagen beendete jedoch eine konservative Oberschicht, die ihre Pfründe in akuter Gefahr sah, das Experiment mit drastischen Mitteln. Der Aufschub, den die Qing-Dynastie dadurch erreichte, währte allerdings nur bis 1911.

Mit den Qing endete das chinesische Kaiserreich. Die Modernisierungsprobleme hingegen sollten noch für lange Zeit fortbestehen. In den ersten Jahrzehnten des 20. Jahrhunderts standen sich Revolutionäre ohne Militärmacht und Militärmachthaber ohne Visionen gegenüber. Zwar rief Sun Yatsen (1866–1925), der Führer der damals fortschrittlichsten politischen Organisation (Tongmenghui), im Februar 1912 die chinesische Republik aus und führte sofort den westlichen Kalender in China ein. Aber mit der hoch symbolischen neuen Zeitrechnung brach keine neue Zeit an. Schon nach wenigen Monaten musste der unermüdliche Agitator Sun zugunsten des Generals Yuan Shikai zurücktreten. Yuan hielt alle Trümpfe in seiner Hand: Er kommandierte die modernste Armee Chinas und genoss die Unterstützung des Westens. Wie wenig dieser Militärmachthaber jedoch China einen Weg in die Zukunft zu weisen vermochte, zeigt nichts deutlicher als sein Versuch, sich noch kurz vor seinem Tode 1916 zum Kaiser einer neuen Dynastie zu erklären.

Yuan Shikai hinterließ ein politisches Chaos, wirtschaftliches Massenelend und, wenn auch ohne Absicht und eigenes Verdienst, ein überaus fruchtbares intellektuelles Milieu. An den neu errichteten Universitäten, allen voran in Peking, diskutierten Lehrer und Studenten dieselbe Bandbreite von Ideen, mit der sich auch die ausländische Intelligenz zu Beginn des 20. Jahrhunderts beschäftigte. Während Studenten, die in Deutschland studiert hatten, die Gedanken der Selbststärkungsbewegung weiterspannen und nach einem spezifisch chinesischen Weg in die Moderne suchten, befürworteten Heimkehrer aus England und den USA eine umfassende Verwestlichung Chinas. Ihr Maßstab war die Modernitätstauglichkeit eines Konzeptes. Am erfolgversprechendsten schien ihnen die Nachahmung der westlichen „Erfinder" der Moderne zu sein. Nicht nur Technik und Naturwissenschaften, auch politische Institutionen sowie Geistes- und Sozialwissenschaften sollten vom Westen übernommen werden, um China zu retten. Das konfuzianische „historia docet" hatte ausgedient, fortan sollten es Mr. Democracy und Mr. Science richten. Denn warum war eine dem Westen analoge Entwicklung in China ausgeblieben, das doch schließlich Papier, Kompass, Druckkunst und Schießpulver erfunden hatte? „Schuld" daran trug tatsächlich der Konfuzianismus. Das hohe Ansehen, das die hoch gebildeten chinesischen Beamten genossen, hatte zur Folge, dass es das höchste Ziel eines reichen Kaufmanns war, seinen Sohn im Staatsdienst unterzubringen. Eine Klasse wie das Bürgertum mit seiner kapitalistischen Wirtschaftsform konnte unter diesen Bedingungen in China nicht entstehen. Vielmehr bestimmte eine enge Verfilzung von kaiserlichen Beamten und Kaufleuten das Wirtschaftsleben. Des Weiteren bewirkte das konfuzianische Primat der Weisheit vor dem Wissen und ethischer Selbstvervollkommnung vor Spezialistentum, dass in der Neuzeit der Westen China in Bezug auf technische Innovationen überholte.

Westlich-liberal gesinnte chinesische Intellektuelle übten in den 20er und 30er Jahren des vorigen Jahrhunderts zwar einen großen kulturellen Einfluss aus. Um aber politisch erfolgreich zu sein, fehlte ihnen die breite soziale Basis. Denn der Sturm, der die konfuzianische Ordnung hinwegfegte, hatte auch die Bande zwischen den verschiedenen Bevölkerungsschichten zerrissen:

Die liberalen Intellektuellen standen westlichen Akademikern geistig näher als dem allergrößten Teil der eigenen Landsleute. Chinas Schicksal sollte sich jedoch nicht in den Universitäten der Großstädte, sondern in seinen Dörfern und Gemeinden entscheiden, wo in der ersten Hälfte des 20. Jahrhunderts fast 90 Prozent der Bevölkerung lebten. Von dort aus startete mit dem Marxismus ein ebenfalls aus dem Westen stammendes System seinen Siegeszug.

1921 hatte ein Dutzend links gerichteter Intellektueller in Shanghai die Kommunistische Partei Chinas gegründet. In der Oktoberrevolution von 1917 sahen sie ein Vorbild für ihre geschundene Heimat, hatte sich doch mit Russland ein rückständiger Agrarstaat mit Hilfe von Marx und Lenin auf den Weg gemacht, sich in einen Industriestaat zu verwandeln. Die Lehre von Marx, die allerdings nur bruchstückhaft ins Chinesische übersetzt war, klang revolutionär und antitraditionell und entsprach somit der Grundstimmung dieser Intellektuellen. Gleichzeitig war sie antiwestlich, insofern sie den Untergang des imperialistischen und kapitalistischen Westens und den historisch unvermeidlichen Aufschwung der revolutionären Kräfte verhieß. Das befriedigte den uralten chinesischen Kulturstolz, der nun im nationalen Gewande – China als Führer der Weltrevolution – weitergedeihen konnte.

Der Radikalisierung vorausgegangen war eine Serie tiefer politischer Enttäuschungen, die auch die humanitäre Unterstützung Chinas durch wohlmeinende Amerikaner nicht kompensieren konnte. Der Hauptgrund für die Entfremdung sozial und patriotisch eingestellter Intellektueller von westlichen Nationen war zu jenem Zeitpunkt nicht länger deren Anteil am Niedergang Chinas im 19. Jahrhundert. Der Beitrag, den die Misswirtschaft und die unzeitgemäße Herrschaft der alten Kaiser leisteten, wurde von kritischen Chinesen sehr genau gesehen. Sie sehnten sich keineswegs nach der alten Ordnung zurück. Doch Sun Yatsens Versuch von 1912, eine parlamentarische Republik in China zu etablieren, war nicht zuletzt am Fehlen jeder einheimischen demokratischen

Tradition gescheitert und ließ ein politisches System nach westlichem Muster in vielen Augen als ungeeignet erscheinen. Dass der Westen den Diktator Yuan Shikai, der demokratische Kräfte gnadenlos verfolgen ließ, mit politischer Anerkennung und teuren Krediten unterstützte, tat dem Glauben an die zivilisatorische Überlegenheit des Abendlandes ebenso Abbruch wie die Kunde von den entsetzlichen menschen- und materialverschlingenden Schlachten des I. Weltkriegs.

Der nächste Schlag folgte 1919. Die Verlautbarungen von US-Präsident Wilson hinsichtlich des Selbstbestimmungsrechts der Völker und den Rechten schwacher Nationen hatten unter chinesischen Patrioten große Hoffnungen geweckt. Von der Friedenskonferenz von Versailles 1919 erwarteten sie die Abschaffung der ausländischen Rechte in China, darunter vor allem eine Rückgabe der ehemaligen deutschen Pachtgebiete in Shandong, die Japan während des I. Weltkriegs an sich gerissen hatte. Als Japan sich in Versailles unnachgiebig zeigte und mit dem Abbruch der Verhandlungen drohte, gab die amerikanische Regierung dem Druck nach und erklärte die von China unter Zwang unterschriebenen Abtretungsverträge mit Japan für gültig. Dagegen demonstrierten am 4. Mai 1919 Pekinger Studenten und Intellektuelle aller politischen Richtungen. Sie fanden bald Unterstützung in der Bourgeoisie. Der chinesische Nationalismus war geboren. In den Augen westlicher Politiker hingegen waren die Demonstranten mit ihren unbequemen Forderungen nichts als Störenfriede. Statt ihrer protegierten sie regionale Militärmachthaber, die China in den Jahren zwischen 1916 und 1927 unter sich aufgeteilt hatten. In dieser Lage bot die Sowjetunion den revolutionär gesinnten Chinesen, die sich um Sun Yatsen geschart hatten, ihre nicht ganz uneigennützige Hilfe an. Moskau hoffte die Revolution in den Industrieländern zu beschleunigen, indem es Aufstände in den Kolonien und Halbkolonien unterstützte, um den Imperialisten eine ihrer finanziellen Grundlagen zu entziehen. 1923 unterschrieben Sun Yatsen und der russische Diplomat Adolf Joffé ein Manifest, in dem die Sowjetunion für die Wiederherstellung der nationalen Souveränität und inneren Einheit Chinas eintrat. Außerdem schickten die Sowjets militärische, administrative und politische Berater. Auch beeilten sie sich, die Rückgabe von Gebieten und den Verzicht auf Vorrechte zu versprechen – mit der Erfüllung dieser Versprechen beeilten sie sich allerdings weniger.

Letztlich waren es allerdings nicht die Sowjets, die entscheidend zum Sieg der chinesischen Kommunisten beitrugen. Der grausame Eroberungskrieg, den Japan zwischen 1937 und 1945 in China führte, erweckte erstmals auch unter den sonst so leidensfähigen Bauernmassen nationalistische Gefühle. Ihren Führer fanden sie in Mao Zedong, der in den 1920er Jahren, in denen andere berühmte Kommunisten wie der spätere Ministerpräsident Zhou Enlai, der Oberkommandierende der Volksbefreiungsarmee Zhu De und der Reformer in spe Deng Xiaoping in Europa studierten, in den Dörfern Chinas die Lebensverhältnisse der Bevölkerung untersuchte.

Unter Druck zur Preisgabe ihres traditionellen politischen und sozialen Systems gezwungen, vollzog sich im 20. Jahrhundert eine geradezu kopernikanische Wende des chinesischen Weltbildes: China verstand sich erstmals als Staat unter anderen Staaten. Man kann sich diesen Kulturbruch nicht dramatisch genug vorstellen, zumal sich der chinesische Modernisierungsprozess nicht wie im Westen aus den Notwendigkeiten der eigenen Geschichte und im langsamen Vorwärtsschreiten der Jahrhunderte entwickelte, sondern von außen erzwungen wurde und in sehr kurzen Zeiträumen vollzogen werden musste. Wo zuvor nur das traditionelle Tributsystem mehr oder weniger lose Herrschaftsverhältnisse begründete und Riten im wechselseitigen Umgang mehr als Verträge zählten, stellte sich im 20. Jahrhundert unter den völlig veränderten politischen Ordnungsvorstellungen das praktische Problem der Festlegung allgemein anerkannter Landesgrenzen. Wenn Geschichte politisch so brisant wird, hat es auch die Wissenschaft schwer. Ein Vergleich der historischen Karten, die heute von chinesischen und westlichen Fachleuten erstellt werden, ergibt erwartungsgemäß kein einheitliches Bild, zumal Diskrepanzen zwischen nominellen und faktischen Herrschaftsverhältnissen schon in der Vergangenheit viel Interpretationsspielraum zuließen. Das trifft zwar auch auf viele andere nichtwestliche Staaten zu, ist aber gerade im Falle Chinas besonders kompliziert. Mit über 22.000 km hat China die längste Grenze der Welt, die es mit 14 Nachbarländern auf dem asiatischen Festland teilt. Nur noch Russland grenzt an ebenso viele Staaten. Von sechs weiteren Ländern ist die Volksrepublik durch das Meer getrennt. Konfliktstoff gibt es reichlich, aber China ist mit Blick auf seine rasche Entwicklung auf ein friedliches Umfeld angewiesen. Einige Streitigkeiten konnten daher bislang beigelegt oder zumindest auf kleiner Flamme gehalten werden, wie der chinesisch-vietnamesische Grenzkonflikt im Jahre 1999. Ein weiteres Beispiel für den Wunsch nach Einvernehmen ist die von den ASEAN-Staaten[4] und China einstimmig beschlossene „Declaration of conduct of Parties in the South Chinese Sea“ aus dem Jahre 2002. Darin verzichten die Unterzeichnenden darauf, die erdölhöfigen Spratleyinseln gewaltsam an sich zu reißen und verpflichten sich zur friedlichen Konfliktlösung und zur Respektierung der freien Schiff- und Luftfahrt im umstrittenen Gebiet. Auch die Grenzstreitigkeiten zwischen China und Russland, die Ende der 60er Jahre beinahe zu einem Krieg führten, sind mittlerweile weitgehend ausgeräumt. Heute sind Russland und China Mitglieder der Shanghai Corporation Organisation (SCO), halten gemeinsame Militärmanöver ab und handeln mit Waren und Rohstoffen. Ein potenzieller künftiger Konfliktherd ist allerdings Sibirien: Viele russische Siedler kehrten in den frühen 1990er Jahren wieder in den westlichen Landesteil zurück. Weil die Bevölkerungszahl Russlands generell sinkt, ist kaum zu erwarten, dass diese Verluste in naher Zukunft wieder ausgeglichen werden können. An ihrer Stelle rücken Hundertausende von Chinesen in diese riesige, rohstoffreiche Region nach, um der Übervölkerung ihrer Heimat zu entgehen und ein Auskommen zu finden.

Vergleichsweise komplexer sind Chinas Beziehungen zu seinen beiden großen asiatischen Rivalen Indien und Japan. Nach jahrzehntelangen Spannungen gibt es seit 1996 erstmals wieder vertrauensbildende Maßnahmen zwischen Indien und China. Die Sorge um schmelzende Himalayagletscher zwingt den südasiatischen und den ostasiatischen Kulturriesen zur Zusammenarbeit. Auch bei der Ressourcensicherung versuchen die beiden Länder zu kooperieren, um nicht zu beiderseitigem Schaden die globalen Rohstoffpreise hochzutreiben. Belastend auf die bilaterale Beziehung wirken sich der alte Grenzkonflikt im Himalaya sowie innerasiatische Rivalitäten in Myanmar und Pakistan aus. Noch offen ist, ob die SCO, in der Indien und Pakistan einen Beobachterstatus innehaben, künftig einen Rahmen zur friedlichen Konfliktlösung bilden wird.

Japan ist seit über 100 Jahren der große ostasiatische Gegenspieler Chinas. Dass Japan in den letzten Jahren mit Unterstützung der USA seine militärische Stärke wieder ausbaut und im Jahre 2005 Taiwan in seine Sicherheitsinteressen einbezog, hat das chinesische Misstrauen verstärkt. Die wirtschaftliche Verflechtung der beiden Länder hingegen ist mittlerweile sehr eng. China ist seit 2007 der größte Handelspartner Japans und der bedeutendste Importeur japanischer Produkte. Beide Länder teilen ein Interesse am Aufbau eines ostasiatischen Binnenmarkts, sind Mitglieder des Asiatischen Währungsfonds und – zusammen mit Südkorea – Teilnehmer der ASEAN+3 Gespräche. Außerdem sind Japan und China die Hauptgläubiger der USA. Getrieben von der gemeinsamen Sorge um ihre Anlagen kooperierten sie, als es 2008 galt, die amerikanische Regierung zur Rettung der halbstaatlichen Hypothekenfinanzierer Fannie Mae und Freddy Mac zu zwingen.

Obwohl ungeklärte territoriale Ansprüche, eine unbereinigte Vergangenheit und eine sich abzeichnende Konkurrenz um die Hegemonie in Asien das Verhältnis zwischen China, Indien und Japan immer wieder stark belasten, ist derzeit keiner Seite an einer Eskalation gelegen. Gemeinsame energiepolitische, ökonomische, finanzpolitische und ökologische Interessen zwischen den drei asiatischen Großmächten bilden bislang ein ausreichendes Gegengewicht zu den Problemfeldern. In naher Zukunft dürften sich die Machtkämpfe freilich verschärfen.

Der Nationalitätenstaat: China und seine Minderheitenpolitik

Die heute international anerkannten Grenzen der Volksrepublik gehen größtenteils auf die Eroberungen der Qing-Dynastie im 18. Jahrhundert zurück. Damals hatte der Kaiser außer seiner heimatlichen Mandschurei noch die Mongolei, das heutige Xinjiang (früher „Sinkiang") und Tibet unter seine Oberherrschaft gebracht und erstmals die Grenzen seines Reiches klar definiert. In der von zentralstaatlichem Zerfall und Kriegen geprägten Zeit zwischen 1912 und 1949 verlor China zwar faktisch die Kontrolle über große Teile seines Reiches, aber der Anspruch auf den Einheitsstaat in seinen alten Grenzen blieb bestehen und wurde, zumindest was Xinjiang und Tibet betrifft, auch vom Ausland anerkannt. Nach der Gründung der Volksrepublik China legitimierte sich die kommunistische Herrschaft in den Augen der Mehrheit der Bevölkerung unter anderem dadurch, dass sie – bis auf die Äußere Mongolei und die an Russland verlorenen Gebiete – das chinesische Reich restaurierte.

Verwunderlich ist das nicht: Seit über zwei Jahrtausenden gilt Chinesen ein starker Einheitsstaat als Garant für ein menschenwürdiges Dasein. In dieser Überzeugung hatten sie die Schwäche Chinas und die darauf folgende Zersplitterung des Landes in den Jahren zwischen 1840 und 1949 einmal mehr bestärkt. Die lange Zeit der Demütigung ist immer noch tiefer im kollektiven Bewusstsein verankert, als im Westen oft wahrgenommen wird. Daher weiß die chinesische Regierung die Mehrheit der Bevölkerung hinter sich, wenn sie wie im Falle des Dalai Lama oder radikaler Uiguren in Xinjiang mit äußerster Härte auf echte oder vermeintliche Sezessionsbestrebungen reagiert. Das gilt nicht nur, weil der Westen Chinas rohstoffreich, das Wasserreservoir Asiens und geostrategisch bedeutsam ist, auch wenn diese Faktoren gewiss eine große Rolle spielen. Keine chinesische Regierung, ganz unabhängig davon wer sie bildet, würde – wie übrigens die überwiegende Mehrzahl aller Staaten dieser Welt – jemals freiwillig Territorien aufgeben. Die Gewährleistung von staatlicher Einheit und nationaler Souveränität sind eine zentrale Legitimitätsgrundlage der Regierung in Peking.

Machtpolitik ist jedoch nur die eine Seite der Medaille, es gibt noch eine andere. Die Kommunisten haben 1949 die Herrschaft mit dem Anspruch angetreten, auch im Verhältnis der Ethnien auf chinesischem Territorium alles besser zu machen als ihre Vorgänger. Vor der Gründung der Volksrepublik wurde staatlicherseits von den Minderheiten zwar gefordert, die konfuzianischen Wertvorstellungen zu übernehmen, aber der Rassismus spielte in China nie die Rolle wie zeitweise im Westen. Seit 1949 werden hingegen ethnische Minderheiten erstmals in der chinesischen Geschichte als gleichwertig anerkannt. Laut offizieller Erklärung sind die grundlegenden Prinzipien des wechselseitigen Umfangs der verschiedenen Nationalitäten „Gleichberechtigung, Eintracht, gegenseitige Hilfe und gemeinsame Prosperität", wenn auch die politische Wirklichkeit diesen Anspruch oftmals weit verfehlte. Aber immerhin ist Peking auch aus ideologischen Gründen zu einem Austarieren der Interessen seiner vielen Ethnien gezwungen.

Folgende Zahlen veranschaulichen die Schwierigkeit dieser Herausforderung: Die chinesischen Bevölkerung setzt sich zu etwa 90 % aus Angehörigen der Han-Nationalität (Hanzu bzw. Hanren) und zu etwa 10 % aus Angehörigen der 55 offiziell anerkannten nationalen Minderheiten zusammen. Trotz der eindeutigen Majoritätsverhältnisse betrachtet sich China nicht als ein Nationalstaat, auf dessen Territorium auch Minderheiten leben, sondern ausdrücklich als ein Nationalitätenstaat (duo minzu guojia). Die geographischen Größenverhältnisse unterstützen diese Selbsteinschätzung: Die Minderheiten leben mehrheitlich auf ca. 60 % des chinesischen Territoriums.

Die Selbstbezeichnung der Majorität als Han ist eine Hommage auf die erste große Dynastie Chinas (206 v. Chr. – 220 n. Chr.).[5] Der Begriff suggeriert eine Homogenität, die im Gegensatz zur Heterogenität der Wirklichkeit steht. Wie die europäischen Völker sind auch die Han das Ergebnis einer bunten Völkermischung. Sie entstand, als sich im Laufe der Geschichte Völker chinesischer Sprache und Kultur aufgrund von demographischem Druck und – in geringerem Ausmaß – politischer Überlegungen in die Lebensräume nichtchinesischer Völker drängten. Die Berührung der chinesischen mit den nichtchinesischen Völkern hat bei beiden tiefe Spuren hinterlassen: mal vermischten sich die Ethnien, mal glichen sie ihre Lebensstile einander an. An diesen Prozess beteiligt waren im Norden vor allem türkische, mongolische, tungusische und koreanische Völker, im Süden und Südwesten tibeto-birmanische, Thai-, Miao und Yao- sowie Mon-Khmer-Ethnien und in geringerem Maße sogar Völker aus den indischen und iranischen Grenzräumen und aus Südostasien. Doch so unterschiedlich vor allem im Süden Chinas die einzelnen Vertreter der Han und so groß die politischen und wirtschaftlichen Rivalitäten zwischen Nord- und Südchinesen sein mögen: ein starkes Nationalgefühl hält sie am Ende doch zusammen.

Ein noch bunteres Bild als die Han liefern die 55 bislang anerkannten nationalen Minderheiten, denen über 100 Millionen Menschen angehören. Die schwierige ethnische Klassifizierung wurde von chinesischen Wissenschaftlern anhand von Kriterien wie der Einheitlichkeit der Sprache, des Territoriums, des Wirtschaftsleben und der Kultur vorgenommen. Eine nur untergeordnete Rolle hingegen spielte bei der Einteilung die zahlenmäßige Größe der Minderheiten. Nur ein Drittel der Minderheiten hat mehr als eine Million Angehörige. Die größte Volksgruppe bilden die im südchinesischen Guangxi lebenden Zhuang mit 16,18 Millionen Angehörigen, was ungefähr der Einwohnerzahl der Niederlande entspricht. Die nächstgrößeren Völker, die Mandschuren in Nordostchina und die muslimischen Hui im Norden sind mit ca. 10 Millionen Angehörigen so zahlreich wie die Belgier oder die Serben. Nur die Einwohnerzahl eines Dorfes hingegen weisen mit 3000 Angehörigen die Luoba im Südosten Tibets auf. Die im Ausland bekanntesten Minderheiten, die Tibeter (5,9 Mio.) bilden die neuntgrößte, die Uiguren (8,4 Mio.) die fünftgrößte Minderheit.

Das Selbstverständnis als Nationalitätenstaat reflektiert die offizielle Eigenbezeichnung *aller* Bewohner Chinas (Zhongguo),[6] also auch der Angehörigen von Minderheiten, als Chinesen (Zhongguo ren). Nur das chinesische Volk geniesst aus offizieller Sicht das Selbstbestimmungsrecht. China trägt seiner Situation als Nationalitätenstaat in seiner administrativen Gliederung Rechnung. In den 22 Provinzen des Festlandes leben mehrheitlich Han-Chinesen. Mehr als zwei Drittel der Minderheiten hingegen leben in den Autonomen Gebieten Xinjiang (Uiguren), Tibet, Innere Mongolei, Guangxi (Zhuang) und Ningxia (Hui) sowie in den mehr als 30 Autonomen Bezirken, 120 Autonomen Kreisen und 1100 Nationalitätengemeinden. Diese Autonomie löst sich jedoch in eine in der Verfassung festgeschriebene „untrennbare Verbundenheit mit der Volksrepublik China" und eine „einheitliche Führung des Staates" (und damit der Kommunistischen Partei Chinas) auf, sobald es um Sezessionswünsche oder die Forderung nach einer „echten Autonomie" geht, wie sie der Dalai Lama stellt und womit er eine von Peking unabhängige Kontrolle über 25 % des Territoriums der Volksrepublik anstrebt – übrigens fast das Doppelte der Fläche, über die Lhasa in den Jahren der faktischen Unabhängigkeit zwischen 1913 und 1950 herrschte.

In den politisch radikalsten Phasen nach der Gründung der Volksrepublik erlebten die Minderheiten Traumata. Die utopistische Politik Mao Zedongs erstreckte sich zwar auf ganz China; da aber die Minderheitengebiete ökonomisch seit jeher besonders unterentwickelt waren, hatten dort Maos Sprung in eine klassenlose Überflussgesellschaft (1958–1960) und die antitraditionelle Stoßrichtung der Kulturrevolution (1966–1976) noch weniger Aussicht auf Erfolg und noch schädlichere Auswirkungen als in Ostchina. Unter dem Eindruck der großen Armut in den Minderheitengebieten erfolgte Anfang der 1980er Jahre ein politischer Kurswechsel. Das Autonomiegesetz von 1984 garantiert den Minderheiten weitgehende Rechte bei der regionalen Verwaltung, der Wirtschaftsentwicklung, der Finanzplanung, dem Bildungs- und Gesundheitswesen und der Bewahrung und Pflege der eigenen Kultur, inklusive der eigenen Schrift und Sprache. In gewissen Grenzen wird auch in der Rechtsprechung Rücksicht auf nationale Minderheiten genommen. So steht in Tibet Bigamie bei Ehen, die vor dem 1. Januar 1981 geschlossen wurden, nicht unter Strafe. Der Anteil der regionalen Kader in den Minderheitengebieten ist sehr hoch, in Tibet beispielsweise betrug er schon im Jahre 1995 72 %. An der Spitze der Verwaltung steht zwar ein Tibeter, aber aufgrund der für China typischen Doppelstruktur von Staatsorganen und Partei muss sich der tibetische Gouverneur im Konfliktfall mit einem regionalen KPCh-Vorsitzenden der Han-Ethnie auseinandersetzen. Das Machtwort spricht dann der KPCh-Vorsitzende.

Eigentlich sind Han-Funktionäre, die in Gebieten von Minderheiten arbeiten, verpflichtet, deren Sprache zu beherrschen. Dieses Gebot wird allerdings in der Praxis häufig unterlaufen. Im negativen Sinne gleichberechtigt sind die Minderheiten bei der Umsetzung des an sich im Weltvergleich hervorragenden Autonomiegesetzes mit den Han, insofern sie mit denselben Hindernissen wie diese zu kämpfen haben: die Kommunistische Partei behält sich vor, politisch wichtige Prozesse an sich zu ziehen, es gibt in China kein Verfassungsgericht und es gibt noch zu wenig gut ausgebildetes Rechtspersonal (s. S. 153).

Trotz aller Probleme: Ist es wirklich sachlich angemessen, das Verhältnis Pekings zu den Minderheiten auf ein Täter-Opfer-Schema zu reduzieren? Trägt, um wieder zum Beispiel Tibet zurückzukehren, wirklich Peking die Schuld an allen Übeln, wie die Exiltibeter behaupten, oder die „Dalai-Lama-Clique", wie Peking dagegenhält?

Bei dem in der westlichen Presse ausgetragenen Kampf um die Deutungshoheit über die Tibetfrage wird zumeist ein Aspekt ausgeblendet, obwohl dieser für die betroffene Bevölkerung im Alltag entscheidend sein dürfte: die Modernisierungsproblematik. Nicht anders als die Han nach der Begegnung mit dem Westen im 19. Jahrhundert erfahren auch die Tibeter seit 1950, dass sie die Entwicklungen in anderen Kulturen nicht ignorieren können und sich wirtschaftlich, technisch und gesellschaftlich modernisieren müssen, um in der Welt von heute zu überleben. Dies betrifft sowohl die 2 % der Exiltibeter, die unter dem 14. Dalai Lama aus dem Westen stammende demokratische und emanzipatorische Ideen aufnehmen, die im Widerspruch zu ihren Traditionen stehen, als auch die 98 % der Tibeter, die in China leben und dort – wie alle anderen Chinesen auch – eine durch die KPCh eingeleiteten Modernisierung unter sinomarxistischen Vorzeichen durchleben.

Seitdem in der Mitte des 19. Jahrhunderts erstmals westliche Ideen und Technik in die Städte Ostchinas eindrangen, ohne jedoch im riesigen Hinterland Wirksamkeit zu entfalten, entwickelte sich China sowohl mental als auch materiell in sehr unterschiedlichen Geschwindigkeiten. Diese Kluft besteht bis heute und stellt für den inneren Zusammenhalt des Einheitsstaates eine permanente Belastung dar. Seit den 1990er Jahren setzt Peking daher im Umgang mit seinen Minderheiten vor allem auf den oben erwähnten Punkt „gegenseitige Hilfe und wirtschaftliche Prosperität". Um das Wohlstandsgefälle im Inland zu verringern, sind in den letzten 20 Jahren aus den reichen Han-Provinzen Milliarden an Steuergeldern in die Minderheitengebiete geflossen, um dort die Infrastruktur auszubauen, die Wirtschaft anzukurbeln und den Lebensstandard der Bevölkerung anzuheben. Vermutlich würde selbst eine vom Dalai Lama mit westlichen Geldern finanzierte Entwicklung Tibets diese Ziele anstreben. Dennoch stößt Pekings Entwicklungsprogramm in gewissen Kreisen auf Kritik: Wo früher die himmelschreiende Armut in den Minderheitengebieten beklagt wurde, heißt es heute, Peking wolle sich die Loyalität der Minderheiten mit zweistelligen Wirtschaftswachstumsraten erkaufen. Diese Argumentation übersieht, dass auch Angehörige von Minderheiten Menschen sind, die auf Handys, Kühlschränke, Fernsehgeräte, Computer und Fahrzeuge ebenso wenig verzichten wollen wie der Rest der Welt. Sie erwarten geradezu von der Regierung, dass sie technische Annehmlichkeiten auch für sie zugänglich macht. Außerdem bringt ihnen der Fortschritt nachweisbar mehr Lebensqualität. So hat sich beispielsweise in Tibet aufgrund von verbesserter Hygiene und moderner Medizin die Lebenserwartung seit 1959 von 35,5 Jahren auf ca. 67 Jahre (2008) erhöht. Die Kindersterblichkeit sank von 430 pro 1000 im Jahre 1951 auf 27,1 pro 1000 im Jahre 2008. Diese Rate ist allerdings immer noch aufgrund der physiologischen Auswirkungen der Höhe und der schwierigen medizinischen Versorgung der extrem weitläufigen Siedlungsgebiete die höchste in China. Die Analphabetenrate sank laut offiziellen Angaben von 98 % im Jahre 1949 auf 2,4 % im Jahre 2010. Dies ist umso bemerkenswerter, weil jahrzehntelang seitens der Behörden darauf verzichtet wurde, bei Nomadenkindern auf der Schulpflicht – die in diesen Fällen gleichbedeutend mit einer Unterbringung der Kinder in Internaten gewesen wäre – zu bestehen, wenn die Eltern dagegen waren. Heute wissen aber auch immer mehr tibetische Eltern um die Bedeutung von Bildung und die Einschulungsquote steigt kontinuierlich.

Die Angehörigen von Minderheiten genießen zahlreiche Privilegien. Ihre Bevölkerungszahl wächst stärker als die der Han, denn die restriktive Politik der Geburtenkontrolle wird nicht auf sie angewandt. Sie bezahlen, wenn überhaupt, weniger Steuern und Abgaben als die Han. Um den Anteil der Akademiker zu erhöhen und den erschwerten Lernbedingungen in entlegenen Gebieten Rechnung zu tragen, erhalten studierende Angehörige von Minderheiten bei den schwierigen Zulassungsprüfungen an die Universitäten einen Punktebonus und Fragebögen in ihrer Muttersprache. Diese Vorteile sind so erheblich, dass immer wieder davon zu hören und zu lesen ist, wie Han mit Hilfe von Bestechung versuchen, sich zu einer anderen Ethnie zu bekennen. In welchem Umfang dies geschieht, ist allerdings, wie nicht anders zu erwarten, in keiner Statistik verzeichnet.

Eine Modernisierung läuft umso friedlicher ab, je länger sie Zeit zu ihrer organischen Entfaltung hat und je verwurzelter die ihr zugrunde liegenden Ideen in einer Kultur sind. Treffen diese Voraussetzungen nicht zu, verläuft sie zumindest phasenweise gewaltsam. Der Westen hatte Jahrhunderte Zeit, sich von vielen Traditionen zu lösen, China 150 Jahre, doch die Minderheiten stehen erst wenige Jahrzehnte im Sturm der Modernisierung. Entsprechend hoch ist der Druck, der auf ihnen lastet. Der Fortschritt fordert seinen Preis: Gesellschafts- und Wirtschaftssysteme, religiöse und kulturelle Traditionen, die ihm im Wege stehen, marginalisiert oder begräbt er. Kulturbrüche verunsichern die Gesellschaft und Verlierer bekämpfen das Neue. All dies findet sich auch in Tibet.

Im Jahre 1959 floh ein Großteil der klerikalen und aristokratischen Oberschicht aus Tibet, die 95 % der Bevölkerung als Leibeigene gehalten und sämtliche Reichtümer an sich gezogen hatte. Aber selbst das Ende der Leibeigenschaft kann einen schmerzhaften Kulturbruch bedeuten, vor allem wenn das neue Leben so verläuft wie in den 1960er und 1970er Jahren, die von Zwangskollektivierungen, massivsten Angriffen han-chinesischer und tibetischer Roter Garden auf die traditionelle Kultur, Kampfsitzungen gegen „Klassenfeinde" und einer miserablen Ernährungssituation aufgrund einer verfehlten Agrarpolitik geprägt waren.

Heute sind die meisten der 3000 zerstörten Klöster wieder aufgebaut, doch der psychologische Schaden besteht fort und verlorene Menschenleben sind ohnehin unersetzlich. Außerdem steht die mit Abstand größte Berufsgruppe in Tibet, die Nomaden und Bauern, unter Druck: ihre Bevölkerungszahl hat sich in den letzten Jahrzehnten verdoppelt, die Weideflächen hingegen sind allein in den von Tibetern besiedelten Gebieten in der Provinz Qinghai um 25 % geschrumpft. Die Region hängt seit Jahrzehnten völlig von finanziellen Zuwendungen aus Peking ab. Um neue Einkommensmöglichkeiten für die Bevölkerung zu erschließen, wird, ebenso wie in anderen landschaftlich schönen, aber strukturschwachen Weltgegenden auch, in Tibet der Tourismus aufgebaut. Im Jahre 2009 reisten über 5,6 Millionen überwiegend han-chinesische Touristen nach Tibet und verhalfen dort zu Einnahmen in Höhe von 5,6 Milliarden Yuan. Im Jahr 2010 wird fast eine Million Touristen mehr erwartet.

Selbst ein eingefleischter Kritiker von Pekings Tibetpolitik wie der han-chinesische Autor Wang Lixiong räumt ein, dass es vom materiellen Gesichtspunkt her betrachtet *allen* Tibetern noch nie so gut ging wie heute. Der oft erhobene Vorwurf, dass nur zugezogene Han und nicht die Tibeter selbst von den zweistelligen Wachstumsraten ihrer Region profitieren, trifft so pauschal nicht zu. Eine unbestreitbare Tatsache ist jedoch, dass der Pekinger Geldregen zahlreiche arme Han aus den Nachbarprovinzen als Gastarbeiter in das Autonome Gebiet Tibet lockt, in das sich noch vor wenigen Jahrzehnten kaum ein Ortsfremder verirrte. In Konkurrenz der Han-Chinesen stehen allerdings nicht die tibetischen Bauern und Nomaden, die noch immer ca. 75 % der Bevölkerung ausmachen, sondern vor allem jene Tibeter, die als Händler in größeren Städte wie Lhasa und Xigaze leben. Obwohl auch Freizügigkeit zu den Menschenrechten zählt, wird seitens des Westens oft eine Zuzugsregelung für Han-Chinesen nach Tibet oder in andere Minderheitengebiete gefordert. Doch damit ist nicht zu rechnen: *„Sollen wir den Angehörigen der Minderheiten dann auch den Zuzug nach Ostchina verbieten? Diese leben dort zu Hunderttausenden. Und außerdem: dürfen sich denn die Bürger westlicher Staaten in ihrem Land nicht auch dort niederlassen, wo sie wollen?"*, lauten die Gegenargumente vieler Han, mit denen wir über das Thema diskutierten.

Zu den Modernisierungsverlierern zählen in Tibet – nicht anders als in westlichen Industrienationen – arbeitslose und unterqualifizierte städtische Jugendliche. Vornehmlich diese Gruppe verschaffte beim Aufstand im März 2008 ihren Frustrationen durch gewalttätige Randale Luft. Zu ihrer Orientierungslosigkeit trägt bei, dass die Wirtschaftsreformen der 1980er Jahre auch in Tibet zu einer sehr ungleichen Verteilung des Wohlstands und zur Auflösung traditioneller Beziehungsstrukturen führten. Das Autoritätsprinzip innerhalb der Familie zwischen Eltern und Kinder wird in Frage gestellt, emanzipatorische Forderungen der Frauen werden laut, Blue Jeans gelten unter Jugendlichen für schicker als traditionelle Kleidung, Diskos für hipper als traditionelle Bräuche und so wie Anglizismen ins Deutsche fließen ins Tibetische Sinizismen ein. All das muss eine Gesellschaft erst einmal verkraften: Dafür braucht sie Zeit und Ruhe. Von Aufständen hingegen und der darauf einsetzenden dumpfen Repression profitieren allein die Falken in beiden Lagern,

Wie Modernisierung auf sehr spannende Weise gelingen kann, zeigt der deutsche Tibetspezialist Andreas Gruschke in einem Artikel über den tibetischen Architekten Sonam Topgyal. Sonam Topgyal studierte in Xi'an (Provinz Shaanxi) und ist heute wohl der einflussreichste Architekt in Osttibet. In enger Zusammenarbeit mit tibetischen Lamas, unterstützt von den Behörden und finanziert unter anderem von reichen Anhängern des Lamaismus – darunter auch viele Han –, baut Sonam Topgyal in der Großregion Yushu eine Klosteranlage mit integrierter Schule. Dabei greift er auf traditionelle tibetische Architektur, Fengshui und moderne Baumaterialien zurück – getreu seiner Devise: *„Kultur ist umso lebendiger, je mehr sie andere Einflüsse auf eigene Weise einbezieht.“*[7]

Bei ethnischen Mischehen bestimmt zumeist der Vater die Nationalität der Sprösslinge, auch wenn laut Gesetz Wahlfreiheit herrscht. Diese Ehen kommen in den großen Städten Ostchinas häufiger vor als in den Autonomen Regionen. Das Verhältnis der Majorität der Han-Gesellschaft über die Minderheiten weist viele Facetten auf. Unter den Han gibt es am einen Ende des Spektrums brillante Wissenschaftler, die über die Minderheiten forschen und Millionen von Anhängern des tibetischen Buddhismus. Am anderen Ende gibt es Vertreter eines Han-Chauvinismus, die auf die Minderheiten herabschauen. Dabei handelt es sich um ein gesellschaftliches, nicht um ein politisches Phänomen. Offizielle Hetze gegen Minderheiten in der chinesischen Presse oder aus dem Munde populistischer Politiker ist ein Tabu. Problematisch ist vielmehr das Gegenteil: In der veröffentlichten Meinung in China werden Spannungen zwischen Han und Minderheiten oder nicht minder brisante Spannungen unter den zumeist wie auf einen Flickenteppich zusammengewürfelt lebenden verschiedenen Ethnien gerne von einer Harmonierhetorik und klischeehaften Bildern von Minoritäten in bunten Trachten zugedeckt.

Chinesisch: 80 Sprachen und 56.000 Schriftzeichen

China ertönt vielstimmig. Über 80 Sprachen und eine Vielzahl von Dialekten aus fünf verschiedenen Sprachfamilien werden auf dem Festland und Taiwan gesprochen.[8] Mit ungefähr 1,2 Milliarden Sprechern ist die chinesische Gruppe der sino-tibetanischen Sprachfamilie am meisten verbreitet. Alle Dialekte dieser Gruppe sind Tonsprachen: je nach Tonhöhe verändert sich die Bedeutung eines Wortes. Die Wörter sind einsilbig und unveränderlich; sie kennen also weder Einzahl noch Mehrzahl, weder Konjugation noch Deklination, weder Indikativ noch Konjunktiv und auch keine Zeitenbildung des Verbs. Diese Gemeinsamkeiten bedeuten noch lange nicht, dass sich die Angehörigen der chinesischen Sprachgruppe miteinander verständigen könnten: Ihre Dialekte sind zum Teil so unterschiedlich wie beispielsweise Französisch und Portugiesisch. Im Grunde handelt es sich eher um verschiedene Sprachen; die Klassifizierung als Dialekte haben chinesische Wissenschaftler vor allem aufgrund des gemeinsamen kulturellen Erbes und des Zusammengehörigkeitsgefühls der Sprechenden vorgenommen. Han-Chinesen sind also auch in linguistischer Hinsicht keine homogene Gruppe. Dennoch sind die von dem Völkergemisch zwischen den Gebieten der Mongolei und dem Fluß Yangzi gesprochenen nordchinesischen Dialekte vergleichsweise einheitlich, wohingegen in Süd- und Südostchina viele verschiedene und zum Teil noch sehr alte Elemente enthaltende Dialekte gesprochen werden. Aufgrund ihrer sprachlichen Zersplitterung ist besonders die südostchinesische Provinz Fujian ein wahres Paradies für Linguisten, denn dort wechselt der Dialekt oft innerhalb weniger Kilometer.

Dieses babylonische Sprachgewirr machte eine Verkehrssprache schon immer unumgänglich. 2500 Jahre lang verständigten sich die politisch-administrative Elite in einer „Beamtensprache" (guanhua). In ihren amtlichen und literarischen Schriften verwendete sie das klassische Chinesisch (Wenyanwen), das in den letzten vorchristlichen Jahrhunderten entstand und sich in der Zeit des vormodernen China relativ wenig veränderte. Unter den zeit- und raumübergreifenden Kommunikationsmedien nimmt somit das klassische Chinesisch eine einzigartige Stellung ein. Bis zum Zusammenbruch des chinesischen Kaiserreiches 1911 übertraf es an Bedeutung die des Altgriechischen und Lateinischen für unsere abendländische Kultur. Zugänglich war es allerdings nur für eine exklusive Schicht von 10 bis höchstens 20 % der Bevölkerung. Die große Mehrheit der Menschen des riesigen und bevölkerungsreichen Landes hingegen war um 1900 in doppelter Hinsicht ohne gemeinsame kommunikative Basis: Sie waren des Lesens unkundig und verfügten noch nicht einmal über eine allgemein verständliche Standardsprache.

In den Augen der Revolutionäre des frühen 20. Jahrhunderts stellte diese Lage eines der größten Modernisierungshindernisse dar. Spielraum für Kompromisslösungen sahen sie nicht. Gleich mehrere Überlegungen sprachen gegen eine Weiterverwendung des klassischen Chinesisch auf breiter Basis. Für eine Verkehrssprache war es zu schwierig. Als Sprache der Tradition und ihrer mächtigen Vertreter war das klassische Chinesisch auch zu eng eingewoben in das kunstvoll verschlungene Netz aus Kultur, Politik und Gesellschaft des alten China. Die Optionen jener Zeit spitzten sich auf zwei Möglichkeiten zu: Alles beim Alten zu belassen oder einen radikalen Neubeginn zu wagen. Angesichts des unreformierbaren und unzeitgemäßen alten Systems entschieden sich die Intellektuellen der 4.-Mai-Bewegung von 1919 für das letztere. Sie forderten eine „Kulturrevolution“[9] mit neuen politischen und sozialen Ideen, einer neuen Verkehrssprache für Massenmedien, Literatur und Wissenschaft sowie einer neuen Machtbasis: dem Volk. Die Realisierung dieser ehrgeizigen Modernisierungspläne setzte ein ganzes Bündel von Maßnahmen voraus.

Zur neuen Landessprache wurde „Mandarin“ bestimmt, dem der Pekinger Dialekt und nördliche Regionalsprachen zugrundeliegen. In den 1920er und 1930er Jahren gestalteten Schriftsteller wie Lu Xun, Mao Dun und Lao She eine moderne Schriftsprache, die sich bis heute ständig weiterentwickelt. Ihre Literatur kreiste um aktuelle Inhalte – doch damit sie den Weg zu einem breiten Publikum finden konnte, musste zuerst ein flächendeckendes Schulwesen für die mehrheitlich leseunkundige Bevölkerung geschaffen werden. Eine zielstrebige und umfassende Umsetzung der sprachpolitischen Ziele der 4.-Mai-Bewegung gelang aufgrund des politischen und militärischen Chaos der zwanziger, dreißiger und vierziger Jahre des 20. Jahrhunderts erst nach der Gründung der Volksrepublik. 1955 wurde die neue Landessprache als „allgemeine Sprache“ (Putonghua) bezeichnet, um keine Bevölkerungsgruppe zu diskriminieren.

Bis heute stellen neue Gedanken, neue technische Errungenschaften und neue wissenschaftliche Erkenntnisse die Chinesen vor die Herausforderung, sie in ihre Sprache zu integrieren. Im Allgemeinen ziehen sie es vor, neue Wörter aus ihrer eigenen Sprache zu schöpfen. Die Eisenbahn nennt man im Chinesischen „Feuerwagen“ (huoche), ein Flugzeug ist ein „fliegender Apparat“ (feiji) und ein Computer ein „Elektronenhirn“ (dian nao). In manchen Fällen werden ausländische Wörter im Chinesischen in ähnlich klingenden Silben wiedergegeben, so wird beispielsweise „Logik“ zu „luoji“ oder „modern“ zu „modeng“. Diese Wortbildungen wirken jedoch gekünstelt und sind auch aufgrund ihrer Schriftzeichenkombination sofort als Fremdkörper zu identifizieren.

Am häufigsten wird dieses Verfahren daher bei der Übertragung ausländischer Namen ins Chinesische angewendet: Beispielsweise wird „Marx“ zu „Makesi“. Weitere berühmte Deutsche in China sind außerdem „Fulansi Beikenbaoer“ (Franz Beckenbauer) und „Shumahe“ (Michael Schumacher). Da in chinesischen Texten der Originalname oftmals nicht neben der chinesischen Übertragung angegeben wird, kann es für einen Ausländer ganz schön knifflig werden, einen vertrauten Namen im chinesischen Gewande wiederzuerkennen.

So fremdartig wie das gesprochene Chinesisch für westliche Ohren klingt, so fremdartig wirkt die chinesische Schrift auf westliche Augen. Die chinesische Schrift ist keine Lautschrift, sondern eine Zeichenschrift. Jedes Schriftzeichen hat eine, zumeist sogar mehrere Bedeutungen. Seine Aussprache muss eigens gelernt werden, da sie nicht aus dem Schriftzeichen selbst abgeleitet werden kann. Das umfangreichste Wörterbuch der Qing-Dynastie, das „Kangxi Zidian“ aus dem Jahre 1716 enthält genau 47.035 Schriftzeichen und zusätzlich noch einmal 1995 graphische Varianten. Das Standard-Wörterbuch des modernen China, das „Hanyu Da Zidian“, enthält über 56.000 Eintragungen. Die Computer der chinesischen Regierung können exakt 32.252 Schriftzeichen lesen.

Trotz dieser imposanten Zahlen kommt ein Akademiker in seinem Berufsleben mit 6000–7000 Zeichen aus. Einer Statistik zufolge gibt es in den Gesamtwerken von Mao Zedong 3136 verschiedene Schriftzeichen, der moderne Klassiker „Rikscha Kuli“ des Autors Lao She verwendet sogar nur 2413 Schriftzeichen und dem „Modern Chinese und English Dictionary“[10] genügen 4800 chinesische Schriftzeichen, um über 100.000 englische Begriffe zu erklären. Wer eine Zeitung lesen will, muss ungefähr 2500 bis 3000 Schriftzeichen beherrschen. Diese zu erlernen traute der schwedische Sinologe Bernhard Karlgren einem erwachsenen Ausländer „im Laufe eines Jahres ohne Schwierigkeiten“ zu; chinesische Grundschüler bewältigen dieses Pensum in der zweiten und dritten Klasse. Das Erlernen der Schrift bietet also keineswegs so unüberwindliche Schwierigkeiten, wie es auf den ersten Blick erscheinen mag.

Die Transkription der chinesischen Laute in lateinische Buchstaben war lange Zeit eine sehr konfuse Angelegenheit, denn jedes Land hatte eines, wenn nicht sogar mehrere Systeme entwickelt. Für einen Laien, der ein altes Buch in die Hand bekommt, ist es keineswegs eindeutig, dass es sich bei Dschuang Dsi, Chuang-tzu, Tschuang-tse, Tchouang-tseu und Zhuangzi um eine und dieselbe Person handelt! Mittlerweile hat sich international die Pinyin-Umschrift durchgesetzt, die seit 1958 offiziell in der VR China verwendet wird. Die Schriftzeichen kann das Pinyin jedoch nicht ersetzen, denn wegen der Vielzahl gleich klingender Laute sind chinesische Texte in Buchstabenschrift schwer verständlich. Ein berühmtes Beispiel ist die 92silbige „Geschichte des Herrn Shi, der Löwen isst". Shis amüsante Erfahrungen, die alle mit den verschiedenen Tönen des Lautes „shi" wiedergegeben werden, würden sich auch einem Chinesen in Pinyin nicht erschließen. Schriftzeichen hingegen sorgen für sofortige Klarheit.

Da der Sinn eines Zeichens unabhängig von der Aussprache ist, dient die chinesische Schrift wie seit jeher als überregionales Verständigungsmittel. Und nicht zuletzt dank der Zeichenschrift kann ein Chinese des 21. Jahrhunderts trotz der veränderten Grammatik relativ leichter den groben Sinn eines zweieinhalbtausend Jahre alten Klassikers erfassen als ein Deutscher einen althochdeutschen Text.

Selbst für den Siegeszug des Computers in China stellt die Zeichenschrift kein Hindernis dar. Die entsprechende Software vorausgesetzt, kann ein Benutzer sogar zwischen mehreren Arten der chinesischen Texteingabe wählen. In der einen gibt er das gewünschte Wort in Pinyin ein, dann schlägt ihm das Programm verschiedene Zeichen vor, unter denen er das richtige auswählen muss. Diese Methode funktioniert bei geübten Usern recht schnell, zumal viele Programme häufig benutzte Zeichenkombinationen erkennen können. Eine andere Möglichkeit besteht darin, Zeichen mithilfe von Codes einzugeben. Diese müssen jedoch eigens auswendig gelernt werden. Die Zeichen handschriftlich einzugeben ist eine weitere Variante.

Familiennamen: Nur 700 für eine Milliarde

Ausgerechnet im bevölkerungsreichen China mit seinen 1,2 Milliarden Han gibt es nur etwa 700 verschiedene Familiennamen, von denen ungefähr 30 am häufigsten auftreten und ungefähr 100 bei 85 % der Bevölkerung vorkommen. Diese Eigentümlichkeit stammt noch aus Zeiten, als der gesamte von einer mächtigen Sippe abhängige Personenkreis - Diener, Bauern, usw. - deren Familiennamen trug. Der Familiennamen steht immer vor dem Vornamen. Chinesische Frauen nehmen bei der Heirat nicht den Namen des Mannes an. Eltern können selbst entscheiden, welchen Nachnamen die Kinder aus ihrer Ehe haben sollen. Zumeist wird jedoch der Nachname des Vaters fortgeführt.

Chinesische Vornamen sind nicht standardisiert, wenn auch bei Frauennamen oftmals Elemente wie Blumen, Geschicklichkeit, Schönheit oder Zärtlichkeit vorkommen, wohingegen männliche Vornamen häufig Bestandteile wie Kraft, Berg, Fluss, Tugend oder Reichtum aufweisen. Erst die moderne elektronische Datenerfassung limitiert die grenzenlose Freiheit bei der Namensgebung. Die Verwendung sehr seltener Schriftzeichen, mit der Chinesen gerne die Uniformität ihrer Nachnamen kompensieren, soll fortan verboten und die Zahl der erlaubten Zeichen auf 8.000 eingeschränkt werden.

Chinesische Vornamen sind ein- oder zweisilbig. Sie gaben im Kaiserreich Aufschluss über die Stellung ihres Trägers in der Generationenfolge. Bei den zweisilbigen Vornamen war der Generationsname deutlich zu erkennen, bei den einsilbigen Namen musste man ihn aus der Bedeutung der Zeichen entschlüsseln. Ein Beispiel: In der wohlhabenden Bauernfamilie Mao trugen alle Kinder „Ze" als Generationsname: außer dem berühmten Zedong, gab es noch eine Schwester namens Zehong (rot) einen

Bruder namens Zemin (Volk) und einen Bruder namens Zetan (Morgen). „Dong“ bedeutet Osten. Da die Chinesen in solchen Fällen die Himmelsrichtung in der Reihenfolge Osten, Süden, Westen und Norden aufzählen, lässt sich schon am Vornamen Maos ablesen, dass er der erstgeborene Sohn der Familie Mao war. In gebildeten Familien mit vielen Söhnen konnten die Vornamen nacheinander aufgesagt auch ein Gedicht ergeben. Oftmals wurden die Namen künftiger Generationen in der „Familientafel“ (jiapu) schon lange vor ihrer Geburt festgelegt. Die Namensgebung erleichterte den Überblick in großen Sippen und festigte natürlich auch die Hierarchie.

Heute legen sich Chinesen, die viel Kontakt mit Ausländern haben, gerne der Einfachheit halber zusätzlich zu ihrem chinesischen einen ausländischen Vornamen zu. Umgekehrt sind sie jederzeit dafür zu gewinnen, einem Ausländer einen chinesischen Namen zu verleihen.

Die Minderheiten folgen bei der Namensgebung ihren eigenen Bräuchen. In den nationalen Medien werden diese Namen und in offiziellen Dokumenten nach ihrem Klang in chinesischen Zeichen wiedergegeben.

Beziehungsorientiert: Der chinesische Kommunikationsstil

Konfuzius (551–479 v. Chr.), der maßgebliche Denker des alten China, erkannte schon vor mehr als 2500 Jahren: *„Ihrem Wesen nach ähneln sich die Menschen, erst durch ihre Gewohnheiten unterscheiden sie sich.“*[11] Und er zeigte auf, wie man sich angesichts dessen zu verhalten habe: *„Was dir selbst unerwünscht ist, das füge auch keinem anderen zu.“*[12] Vermutlich reißt die Nichtbeachtung dieser Goldenen Regel tiefere Gräben zwischen den Angehörigen andersartiger Kulturen auf als die jeweiligen kulturellen Unterschiede (und Unterschiedchen). Damit sollen diese nicht weggeredet werden. Selbstverständlich existieren sie. Zum Teil werden sie im Zeitalter der Globalisierung sogar bewusst gepflegt, um die eigene Unverwechselbarkeit zu spüren; zum Teil verlieren sie an Bedeutung: Ein chinesischer Geschäftsmann verhandelt heutzutage genauso hart und direkt wie ein amerikanischer oder ein deutscher. In chinesischen Hotels, Restaurants oder anderen Dienstleistungsbereichen werden Wünsche selbstverständlich nicht erst in umständliche Höflichkeitsfloskeln verpackt. Außerdem gelten nicht anders als in Deutschland für den privaten Raum weitaus weniger strenge Regeln als für den öffentlichen. *„Chinesen erinnern mich in ihrer ungezwungenen Fröhlichkeit bei privaten Begegnungen an Italiener"*, erzählte ein Bekannter nach einem längeren China-Aufenthalt. Tatsächlich genießt „hao wanr" (sich bei einem Gläschen, Gesang und Spiel im Freundeskreis zu amüsieren) unter Chinesen einen hohen Stellenwert.

Dennoch gelten vor allem für den offiziellen und halboffiziellen Raum einige Verhaltensregeln, deren Beachtung das Leben in China einfacher macht. Das betrifft vor allem den Umgang mit der mittleren und älteren Generation. Der Kommunikationsstil der jüngeren Stadtbewohner hingegen orientiert sich mittlerweile stark an westlichen Gepflogenheiten.

Für Chinesen ist es im gesellschaftlichen Verkehr das Wichtigste, ihr „mianzi" – zumeist wörtlich mit „Gesicht" im Sinne von „persönliches Ansehen" oder „persönliche Würde" übersetzt – nicht zu verlieren. Nun blamieren sich Menschen in anderen Weltgegenden ebenfalls höchst ungern. Das Besondere in China ist die Verknüpfung dieses Selbstschutzmechanismus mit der konfuzianischen Ethik. Nach dieser lässt nur ein unkultivierter Mensch (xiaoren) seinen subjektiven Gefühlen und Gelüsten freien Lauf und ignoriert die allgemeinverbindlichen sozialen Normen. Ein „edelgesinnter Menschen" (junzi) hingegen findet gerade in der Erfüllung dieser Normen seinen persönlichen Frieden. Zugleich dient er seinen Mitmenschen, denn sein Verhalten ist berechenbar und auf das Gemeinwohl ausgerichtet. Dieses persönliche und soziale Entwicklungsmodell des Konfuzius hat jedoch auch seine Schattenseite: Wenn das Ansehen, das ein Mensch in seinem Umfeld genießt, so eng an die Erfüllung allgemeiner Normen geknüpft ist, dann wird er alles tun, um zu vermeiden, dass er bei Abweichungen vom comme-il-faut ertappt wird. Obwohl Konfuzius selbst wusste, dass Irren menschlich ist und gelassen meinte: *„Fehler begehen und sich nicht ändern, ist erst wahrhaft ein Fehler“*,[13] können ein gesellschaftlicher Fauxpas, eine offene Zurückweisung und selbst ein Irrtum am Arbeitsplatz tiefe Schamgefühle auslösen – für einen Chinesen ein vernichtendes Gefühl, dessen emotionale Intensität nur mit dem Begehen einer Sünde durch einen tiefgläubigen Christen vergleichbar ist. Entsprechend vorsichtig geht man daher zu Werke und versucht, peinliche Situationen zu vermeiden. Das gilt vor allem beim Aussprechen und Ablehnen einer Bitte und bei persönlichen Stellungnahmen zu Sachverhalten und Personen. Daher ist es erfolgversprechender, negative und provokative Äußerungen zu unterlassen und nicht mit der Tür ins Haus zu fallen. Allzu direkte Fragen zu heiklen Themen sind in China schon während des Kaiserreichs ein Tabu gewesen. Heute genügt es allerdings oftmals, ein Weilchen zu warten und das chinesische Gegenüber beginnt von sich aus ein Gespräch über brisante politische und soziale Fragen – wenn es sich für das Thema denn überhaupt interessiert.

Jedes Schweigen oder jedes ausweichende oder nichtssagende Antworten eines Chinesen sollte als Signal, nicht nachzuhaken, interpretiert werden, denn Chinesen versuchen nicht nur das eigene Gesicht zu wahren, sondern auch dem anderen sein Gesicht zu lassen, indem sie direkte Absagen oder Kritik vermeiden. Weil dadurch vieles ungesagt oder vieldeutig bleiben kann, erfordert eine erfolgreiche Kommunikation von beiden Seiten mehr Sensibilität und einen schärferen Blick für die jeweilige Situation, als westliche Ausländer es gewohnt sind.

Das Gesicht eines Gegenübers kann man erhöhen, indem man das eigene erniedrigt. Der Sinologe Bernhard Karlgren erzählt eine köstliche Anekdote aus dem alten China über einen Gast, dessen Kleider durch eine aufgeschreckte Ratte, die einen Topf umstieß, arg befleckt wurden, als er im Empfangszimmer wartete. Daraufhin entschuldigte er sich beim Gastgeber mit folgenden

Worten: „*Als ich in euer ehrenwertes Gemach trat und mich unter eurem ehrenwerten Balken niederließ, erschreckte ich versehentlich eure ehrenwerte Ratte, die darauf floh und euren ehrenwerten Öltopf umwarf, der sich über meine billigen, unbedeutenden Kleider ergoss. Das ist der Grund für mein verächtliches Aussehen in eurer ehrenwerten Gegenwart.*“[14]

Heute würde kein Chinese mehr in seiner Ausdrucksweise so weit gehen. Dennoch spielen Bescheidenheitsfloskeln und ihre Kehrseite, nämlich Komplimente, nach wie vor eine große Rolle in der Kommunikation. Jeder Ausländer, der drei Sätze Chinesisch radebricht, wird sicherlich auf einen Chinesen stoßen, der seine hervorragenden Sprachkenntnisse preist. Dies ist natürlich keinesfalls wörtlich zu nehmen. Es gehört sich dann - nicht nur aus Wahrheitsliebe - dem Kompliment energisch zu widersprechen.

Zur Bescheidenheit gehört auch, dass Gastgeber bei Einladungen zum Essen und beim Überreichen von Geschenken beteuern, wie minderwertig das dargebotene doch sei - selbst wenn es sich um kulinarische Leckerbissen oder Kostbarkeiten handelt. Aus demselben Grund ist bei Einladungen zu einem „kleinen Imbiss“ davon auszugehen, dass dieser sich auf mehr Gerichte erstreckt als ein gesunder Erwachsener je verspeisen kann.

Chinesen sind sehr großzügige Gastgeber. Sie kümmern sich wie in einem Rundum-sorglos-Paket um ihren Gast. Manche Ausländer empfinden diese Fürsorge schon als ein Zuviel des Guten. Umgekehrt können sich Chinesen in Deutschland alleingelassen fühlen, wo die Deutschen dem Gast doch nur Gelegenheit geben wollen, seinem Privatvergnügen zu frönen.

Angehörige westlicher Nationen reden mehr und über Dinge, die in China als selbstverständlich angesehen und keiner Bemerkung wert erscheinen. Wenn beispielsweise in einem chinesischen Restaurant ein Teilnehmer an einem Essen plötzlich aufsteht und verschwindet, wissen die anderen auch ohne vorausgegangene Erläuterung, welchem dringenden Bedürfnis der Betreffende nachgehen möchte. Ebensowenig bedanken sich Chinesen unter guten

Bekannten oder Freunden für kleine Gesten der Aufmerksamkeit, vieles wird einfach als „selbstverständlich" vorausgesetzt. Auch Hörersignale werden im Chinesischen weitaus sparsamer eingesetzt als bei uns. Wo wir mit „mhm" und „ah ja" unsere Aufmerksamkeit ausdrücken, bleiben Chinesen eher stumm. Auch legen sie mehr Gesprächspausen oder als höflich zu verstehende Wiederholungen des Gehörten ein. In ihrer Körpersprache sind Chinesen zurückhaltend. Sie meiden einen direkten Blick- und Körperkontakt und verzichten auf ein Unterstreichen des Gesagten mit Gesten. Ein Lachen kann wirklich Frohsinn bedeuten, aber auch Verlegenheit ausdrücken.

Da die chinesische Sozialstruktur kollektivistisch ist, endet die Wahrung des Gesichts nicht bei der einzelnen Person. Sie umfasst auch deren Sippe und darüber hinaus deren Kollektiv. Die einseitig negative Berichterstattung in den westlichen Medien während der Olympischen Spiele stieß daher auch viele Chinesen ab, die sich ansonsten durchaus einen kritischen Blick auf ihr Land bewahrt haben.

Im Unterschied zum eher direkten und sachorientierten westlichen Kommunikationsstil ist der chinesische mehr beziehungsorientiert. Je nachdem, wo man sich befindet, kann es immer noch vorkommen, dass für unseren Geschmack indiskrete Fragen nach Herkunft, Alter, Bildung und Familie gestellt werden. Sie dienen in chinesischen Augen (neben der Befriedigung der allzu menschlichen Neugierde) der Vertrauensbildung.

Das oberste Kommunikationsziel ist nicht, recht zu behalten, sondern Harmonie zwischen den Gesprächspartnern zu schaffen und so Beziehungen (guanxi) im gewünschten Sinne zu beeinflussen. Die Beziehungspflege ist der Blutkreislauf des sozialen Lebens und besteht aus einem System wechselseitiger Unterstützung, die sich bis zum Freund des Freundes eines Bekannten erstreckt. Guanxi sind eine wichtige Überlebenshilfe. Manchmal gelangt man nur über Beziehungen an wichtige Informationen und geschäftliche Aufträge. Die Grenzen zwischen der Hilfe für einen Freund und ungesetzlicher Vorteilsnahme sind dabei fließend.

Im Umgang mit Chinesen ist es gut, für kulturelle Andersartigkeiten sensibilisiert zu sein. Diese sind jedoch noch lange kein Grund, sich verunsichern zu lassen und aus Angst vor Fehlern in eine gekünstelte Überhöflichkeit zu verfallen. Wer über Humor, Offenheit und ein gewisses Maß an natürlichem Taktgefühl verfügt und auch zuhause keine sozialen Probleme hat, wird diese auch in China kaum bekommen. Und sollte dies trotzdem der Fall sein, dürfte die Schuld zum geringsten Teil bei ihm selbst liegen ...

LEBEN IN CHINA – ZWISCHEN TRADITION UND MODERNE

Ein ehrgzeiziges Ziel: Die Errichtung einer „sozialistischen Geisteskultur"

In der westlichen Öffentlichkeit wenig bekannt ist, dass der Ehrgeiz der KPCh weit über die Mammutaufgabe einer wirtschaftlichen Modernisierung Chinas hinausgeht. Schon 1979 sprach der Reformer Deng Xiaoping davon, auch eine „sozialistische Geisteskultur" (shehuizhuyi jingshen wenming) schaffen zu wollen. Dieses Ziel schlug sich in der Neuformulierung des politischen Programms der KPCh im Jahre 1979 nieder, in dem sie ausdrücklich die wachsenden kulturellen Bedürfnisse des Volkes erwähnt (s. S. 96).

Dass politische Eliten als Erzieher des Volkes auftreten ist für das moderne Abendland eine befremdliche Vorstellung. In China hingegen bildet dies einen zentralen Bestandteil der politischen Tradition. Sie geht zurück auf Konfuzius, dessen Lehre von 140 v. Chr. an das chinesische Kaiserreich prägte. Konfuzius wusste wie jeder Ethiker um die menschliche Wahlfreiheit zwischen Gut und Böse. In letzter Instanz legte er die Verantwortung für das eigene Verhalten in die Hände jedes einzelnen Menschen. Die Festlegung der Normen freilich, an denen sich das Verhalten ausrichtete, war für ihn alles andere als Privatsache. Konfuzius hielt gewöhnliche Menschen – zu denen er sich selbst ebenfalls zählte – nicht für fähig, Gut und Böse aus eigener Kraft zu erkennen. Zu einem Verständnis des ethischen Weltgesetzes (dao) konnte nur gelangen, wer in Schriften aus dem Altertum die Worte und Taten von mit außergewöhnlicher Einsicht begabten Menschen (shengren) studierte. Aus dem Kreis dieser Studenten wollte Konfuzius die politische Elite rekrutieren, die wiederum durch ihr Vorbild einen erzieherischen Einfluss auf das leseunkundige Volk ausüben sollte.

Oberflächlich betrachtet setzt die KPCh den Erziehungsanspruch des Konfuzianismus fort. War jener jedoch personalisiert in der Gestalt des Kaisers und seiner Eliten, nimmt diese Rolle heute mit der KPCh eine politische Partei ein. Auch inhaltlich gibt es selbstverständlich große Differenzen. Konfuzius glaubte an einen Himmel, der ihn damit beauftragt hat, seine Zeitgenossen zu einem dao-gemäßen Lebenswandel zu bewegen. Trotzdem antwortete er auf die Frage, was noch zu tun bleibe, wenn das Volk zahlreich sei, ganz nüchtern: *„Es wohlhabend zu machen"*. Erst auf die Nachfrage, was denn zu tun sei, wenn das Volk wohlhabend wäre, antworte Konfuzius: *„Es belehren"*.[15] Im Unterschied dazu verstehen sich die Kommunisten als Vertreter einer wissenschaftlichen Lehre. Sie gründen ihren „Lebensauftrag" in der Geschichte, nicht im Übernatürlichen. Im Einklang mit der marxistischen Lehre betonen sie eine Wechselwirkung zwischen Wirtschaft und Gesellschaft: Um ein hohes kulturelles Niveau zu entwickeln, bedürfe eine Gesellschaft einer ausreichenden materiellen Grundlage, eine geistige Kultur schaffe wiederum materielle Werte.

Der Marxismus prägt auch die Wertvorstellungen der „sozialistischen Geisteskultur". Deng Xiaoping erläuterte diese im Dezember 1980: *„Geisteskultur ist nicht nur auf Bildung, Wissenschaft und Kultur beschränkt, auch wenn diese Faktoren sehr wichtig sind, sondern beinhaltet auch die Lehre des Marxismus, marxistische Ideale und Überzeugungen, Moral, Disziplin, einen revolutionären Standpunkt und revolutionäre Grundsätze sowie solidarische Beziehungen zwischen den Menschen."*

In verschiedenen Kampagnen wurde bislang versucht, die sozialistische Geisteskultur in die Praxis umzusetzen. Im Jahre 1981 warb die Regierung für kultiviertes Verhalten,[16] 1982 bestimmte sie den März zum „Monat der Höflichkeit". 1995 erfolgte eine weitere Kultivierungskampagne, die speziell auf die ländliche Bevölkerung zugeschnitten war. Ein Jahr später startete in 300 Unternehmen eine Kampagne unter dem Motto „dem Volke dienen und neue Sitten pflegen". 1997 wurden 100 Städte, 50 Kreise, 50 Gemeinden und 100 Dörfer ausgewählt, in denen Ideen zum Aufbau einer vorbildlichen Kultur erprobt wurden.

Nichts spricht in der Menschheitsgeschichte im Allgemeinen und der Geschichte Chinas im Besonderen dafür, dass menschliches Fehlverhalten jemals ein Ende nähme. Wie bei allen gesellschaftlichen Utopien ist es daher auch in diesem Fall ein leichtes, auf die Kluft zwischen Anspruch und Wirklichkeit zu verweisen oder die ganze Angelegenheit ins Lächerliche zu ziehen. Anstand lässt sich nicht erzwingen. Schon Konfuzius war sich darüber im Klaren, in welchen Misskredit seine Ethik durch Heuchler zu geraten drohte, die mit seinen Sprüchen auf den Lippen ihr selbstsüchtiges Verhalten zu bemänteln trachteten. Die KPCh kämpft mit demselben Problem, was von offizieller Seite auch nicht bestritten wird.

Die Frage, wie China ohne die Kultivierungskampagnen wäre, lässt sich kaum beantworten. Messbar hingegen sind die Fortschritte auf dem Gebiet der Grundversorgung mit kulturellen Einrichtungen. In den letzten Jahren hat sich das einschlägige Angebot, auf das Chinesen zurückgreifen können, enorm erweitert. Dazu zählen sowohl Einrichtungen wie Fernsehen, Internet, Theater, Kinos, Bibliotheken, Museen, Parks und Naturschutzgebiete als auch Freizeitbeschäftigungen wie essen gehen, reisen, Sport sowie das weite Feld der Literatur, Kunst, Kalligraphie und Musik. Auf dem Lande, das in dieser Hinsicht bislang weit hinter dem Niveau der Städte zurücklag, laufen seit einigen Jahren langfristig angelegte Entwicklungsprogramme, die das Leben der Ortsansässigen vermutlich tiefgreifender verändern werden als alle Umbrüche der letzten Jahrtausende, (s. S. 179 ff.)

Die kulturelle Versorgung der großen Städte orientiert sich mittlerweile an westlichen Standards. Auch in China entstehen Themenparks wie beispielsweise der Lebendiges-Wasser-Park (Huoshui Gongyuan) in Chengdu, in dem die Bevölkerung lernen kann, wie Regenwasser und Abwasser aufgefangen und auf biologischem Wege in Nutzwasser verwandelt wird.

Die neue sozialistische Kultur erhebt den Anspruch, sowohl aus traditionellen als auch aus modernen, aus einheimischen wie aus internationalen Quellen zu schöpfen. Ungefiltert werden deren Wasser jedoch nicht genossen. Maßstab ist ihr Nutzwert für die Modernisierung Chinas, Eichmeister ist die KPCh. Nur Traditionen und ausländische Einflüsse, die mit dem Sozialismus vereinbar sind, werden gepflegt bzw. aufgegriffen. Unter diese Kategorie fallen, vom Marxismus abgesehen, westliche Berater beim Aufbau des Sozialversicherungssystems und Rechtswesens, westliche Technik, Kunst, Musik, Medizin und Sportarten. Darunter fällt auch die beeindruckende künstlerische Tradition Chinas, in der die ganze chinesische Geschichte hindurch vor allem die politische Elite bis hinauf zum Kaiser brillierte. Das zeitigte Nachwirkungen. Hohe Politiker von Mao bis Hu Jintao dichten selbst bzw. können klassische Gedichte rezitieren und beherrschen die chinesische Kalligraphie. Auch außerhalb dieser Kreise leben viele Elemente der alten Kultur weiter: klassische Vier-Zeichen-Zitate (chengyu) würzen die Konversation; viele Kanäle des staatlichen chinesischen Fernsehen CCTV bringen der Bevölkerung die philosophischen und historischen Klassiker näher; Religionen dürfen, sofern die dazugehörigen Organisationen in den Augen der Regierung politisch unverdächtig sind, ebenso wieder praktiziert werden wie traditionelle Feste und die chinesische Geomantik (fengshui).

Außen vor hingegen bleibt das politische System des Westens. Außerdem bekämpfen die Kommunisten seit Jahrzehnten mal mit mehr, mal mit weniger Erfolg patriarchalische Sitten und gewisse traditionelle Bräuche wie Bestattungen außerhalb offizieller Friedhöfe, das Abbrennen von Feuerwerken außerhalb bestimmter festgelegter Anlässe, Brautpreise, Wettspiele, verschwenderische Hochzeitsfeiern u.ä. und versuchen entsprechende Reformen auch gegen den Widerstand der Betroffenen durchzusetzen.

Nach einer langen Periode voller Selbstzweifel bis hin zu den Zerstörungsorgien während der Kulturrevolution sind die Chinesen heute wieder stolz auf ihre alte Kultur und wollen diese im wachsenden Maße anderen Ländern nahebringen. Als kulturelle Repräsentanten Chinas wurden bis 2010 weltweit ca. 500 Institute und Schulklassen eingerichtet, die nach Konfuzius benannt sind. Auch sonst nimmt China zunehmend seine Außendarstellung in die eigenen Hände. Kanal 9 des chinesischen Fernsehen CCTV sendet schon lange in englischer Sprache, im Juli 2010 wurde das internationale Angebot um den Internet-Nachrichtensender CNC erweitert.

Qi in Harmonie – Gesundheit in China

Der Tag in China beginnt sowohl in der Stadt als auch auf dem Lande früh. Trotz eines immer schneller werdenden Lebensrhythmus nehmen sich viele Städter Zeit für ihren Morgensport. Ob pensioniert oder berufstätig, die Devise lautet: Heraus aus den Federn und hinein in den Park, auf einen offenen Platz, unter eine verkehrsfreie Brücke, auf die Grünfläche der Wohnanlage oder wo auch immer ein paar freie Quadratmeter zu finden sind. Auf ein unbeobachtetes Üben gibt es in seit jeher übervölkerten Städten keine Chance. Das Bedürfnis danach scheint auch nicht verbreitet zu sein. Ungezwungen, fröhlich und doch konzentriert praktizieren Grüppchen von Chinesen Taiji, Qigong, Tänze aller Provenienz, Aerobic ... – alles geht: von traditionell bis zum letzten Schrei, von chinesisch bis westlich. Kondition und Neigung allein setzen die Grenzen. Wer sich frühmorgens noch nicht für das Kollektiv begeistern mag, joggt derweil ein paar Runden oder trainiert an Sportgeräten. In den letzten zehn Jahren hat die Regierung viele Fitnessgeräte in Parks, in neuerrichteten Wohnanlagen und gelegentlich sogar entlang der Autobahn aufstellen lassen. Ihre Benutzung ist kostenlos und wird gerne in Anspruch genommen.

Die morgendliche Sportbegeisterung flammt nach Feierabend erneut auf. Oft sind es dieselben Gruppen, die sich ein zweites Mal an ihrem Lieblingsplatz zusammenfinden. Und für extrem gestresste Chinesen, die weder morgens noch abends Zeit für sich haben, gibt es mittlerweile in den großen Städten rund um die Uhr geöffnete Fitnessstudios. Sportvereine hingegen, wie wir sie aus Deutschland kennen, gibt es in China nur wenige.

So unbefangene Sportfreunde wie die modernen chinesischen Stadtbewohner waren ihre Vorfahren nicht. Zumindest in den letzten Jahrhunderten des chinesischen Kaiserreichs wurden körperliche Leistungen gering geschätzt. Physisch betrachtet war der konfuzianische Gelehrte geradezu die Antithese zum englischen Gentleman: Wohlgerundet und würdevoll blicken uns alte Chinesen der Oberschicht aus verblichenen Fotos entgegen. Drahtiger waren die Anhänger des Daoismus, der neben dem Konfuzianismus zweiten großen einheimischen Geisteslehre. Allerdings diente ihr Körperkult keinem Selbstzweck. Vielmehr versuchten die daoistischen Meister im Dreiklang von Atmung, Bewegung und Meditation ihre Lebensenergie (qi) in Harmonie zu bringen und ihre Lebenskraft zu bewahren.

Erst im frühen 20. Jahrhundert kam in China das Interesse an westlichen Sportarten auf. Zu den ersten Anhängern zählte Mao Zedong. Nach der Staatsgründung 1949 verordnete Mao dem chinesischen Volk zur Gesundheitsprophylaxe Gymnastik. Seither gehört Schulsport zum Stundenplan. Bis in die 1980er Jahre war auch Betriebssport Pflicht, heute hingegen wird er nur noch in gut geführten Unternehmen ausgeübt.

Die Öffnungspolitik brachte nicht nur in Gesellschaft und Wirtschaft, sondern auch in den Sportarten mehr Vielseitigkeit. Westliche Tänze galten nicht mehr wie während der Kulturrevolution als Inbegriff bourgeoiser Dekadenz. In den 1980er Jahren begann China sehr zum Missfallen einiger Moralisten wieder zu tanzen. Veranstaltungen in den Hochschulen, in den Arbeitseinheiten und in großen Hotels brachten Paare zusammen – und gelegentlich auch auseinander. Den Siegeszug des Tanzes in all seinen Variationen konnte dies nicht aufhalten. In rhythmischen Schritten geht es aus den geschlossenen Sälen ins Freie. Für Musik sorgt ein Abspielgerät, das irgendjemand mitbringt.

In den letzten zwei Jahren ist bei jüngsten, jungen und nicht mehr ganz jungen Damen der Bauchtanz groß in Mode gekommen. Er wird sogar Männern als Erste Hilfe gegen den Bierbauch empfohlen. Selbst Poledance, hierzulande eher eine Spezialität einschlägiger Bars, findet in den großen Städten seit kurzem enormen Zulauf seitens der jungen Generation. Öffentlich geübt wird freilich in bekleidetem Zustand.

Gesund und fit zu sein ist nicht nur Privatsache, sondern auch ein Bestandteil der ganzheitlichen Entwicklung Chinas. Dieser Auffassung ist jedenfalls die chinesische Regierung. Im Januar 2009 hat sie den 8.8. zum nationalen Fitnesstag ausgerufen – die Acht gilt in China als Glückszahl, außerdem soll die Zahl an die Olympischen Spiele im August 2008 erinnern.

Weitere konkrete Maßnahmen enthält die „Verordnung zum Gesundheitstraining des Volkes", die am 1. Oktober 2009 in Kraft trat. Darin werden u.a. die Schulen aufgefordert, den Schülern während der Schulzeit täglich mindestens eine Stunde für Sport und Bewegung einzuräumen. Die Sporteinrichtungen müssen auch in den Ferien für die Schüler geöffnet bleiben. Außerdem soll beim Bau neuer Wohnanlagen ein Sportplatz eingeplant werden.

Essen, spielen, reisen - Chinesische Freizeit

„Min yi shi wei tian", lautet ein chinesisches Sprichwort: *„Das Volk betrachtet das Essen als seinen Himmel."* Chinesen nehmen täglich drei warme Mahlzeiten zu sich. Auch beim Essen spielt der gesundheitliche Aspekt eine große Rolle: Jeder Speise wird eine spezifische gesundheitsfördernde Wirkung zugeschrieben, je nach Jahreszeit erhalten andere Gerichte den Vorzug. Das Klima, die geographischen Bedingungen sowie lokale Traditio-

nen haben in China schon vor Jahrtausenden acht verschiedene Küchen hervorgebracht, die landesweit beliebt sind.

Seit der Öffnungspolitik boomt in den Städten die Gastronomie. Essen gehen gehört zu den liebsten Freizeitbeschäftigungen der Chinesen. Außer Haus zu essen ist für jeden Geldbeutel erschwinglich. Zahllose Imbissstände bieten rund um die Uhr ihre Gerichte feil. Wer mehr ausgeben kann, verabredet sich nach Feierabend mit Freunden in einem Restaurant. In der Regel bestellt jeder eine andere Speise. Alle Gerichte kommen dann auf eine drehbare Platte, von der sich alle bedienen. Beim Bezahlen der Rechnung empfänden es die meisten Chinesen als peinlich, unter Freunden auf Heller und Pfennig abzurechnen. Hatte früher immer eine Person für die ganze Gruppe bezahlt, so geht man heute allmählich dazu über, die Gesamtkosten untereinander aufzuteilen. Im Unterschied zu Deutschland, wo man ein gutes Essen eher ruhig genießt und lieber anschließend noch zum Plaudern zusammensitzt, geht es in China schon während des Essens hoch her. Ist jedoch erst einmal abgeräumt, verabschiedet man sich schnell voneinander. Oft kommt es vor, dass man sich Übriggebliebenes einpacken lässt und mit nach Hause nimmt.

Ein anderer Ort, an dem Chinesen ihrem geselligen Naturell freien Lauf lassen, sind die öffentlichen Parkanlagen, die es seit der Gründung der Volksrepublik zur Erholung der Bevölkerung in jeder größeren Stadt gibt. Dort wird längst nicht nur Sport getrieben und getanzt. Ein Besuch beispielsweise des Kohlehügelparks (Jingshahn Gongyuan) nördlich des Kaiserpalastes in Peking ist immer ein einzigartiges Erlebnis. Es geht laut zu und hoch her: Eine Sängerin gibt eine Arie aus einer Pekingoper zum Besten, wenige Meter weiter singt ein Chor Volkslieder und ein alter Mann spielt die Kniegeige (erhu). In einer Ecke übt eine Jazzcombo. Alle Hobbymusiker sind mit glücklichen Gesichtern bei der Sache und auf nichts anderes kommt es hier an.

Um die wechselseitige Toleranz, die dieses bunte Durcheinander erfordert, ist es in der Hektik der chinesischen Millionenstädte in der Regel auch nicht besser bestellt als anderswo auf der Welt. Doch hier funktioniert die „Eintracht in Vielfalt", die die chinesische Regierung in letzter Zeit propagiert. Jeder findet sein Plätzchen mit Gleichgesinnten. Vogelliebhaber bringen ihre Käfige, damit ihre Vögel vom Gesang der anderen lernen können. Ein paar alte Männer sitzen an eine Mauer gelehnt in der Sonne, rauchen ihre dünnen Pfeifchen und plaudern dabei über *„den Süden des Himmels und den Norden der Meere"*, wie die Chinesen für unser „Gott und die Welt" sagen. Schachspieler tragen umringt von Zuschauern ihre Partien aus. Wieder andere spielen Karten oder Mahjong, eine Art chinesisches Romme mit Dominosteinen, das in allen gesellschaftlichen Schichten beliebt ist. Es erfordert viel Ausdauer, die die spielverliebten Chinesen freilich mühelos aufbringen. Da in der Vergangenheit oft um Geld gespielt wurde, was zum Ruin vieler Familien führte, war es bis Mitte der 1980er verboten. Seither ist Mahjong als Freizeitbeschäftigung wieder erlaubt, solange kein Geld gesetzt wird.

In dem Maße, wie Chinesen zu mehr Wohlstand gelangen, wächst ihre Reiselust. Über 42 Millionen Chinesen reisten 2009 ins Ausland, über 200 Millionen besuchten an den nationalen Urlaubstagen im Herbst 2010 Ziele innerhalb Chinas. Die chinesische Regierung, der aus wirtschaftlichen Gründen sehr am Tourismus gelegen ist, unterstützt diesen Trend, indem sie u.a. den Chinesen mehr Freizeit einräumt. Vor 20 Jahren mussten Arbeitnehmer sechs Tage pro Woche arbeiten, heute sind es nur noch fünf Tage. Im Jahr gibt es elf terminlich durch das Gesetz festgelegte Urlaubstage. Je nach Kulanz des Arbeitgebers kommen noch weitere Tage hinzu. Aus deutscher Sicht ist die chinesische Urlaubsregelung nicht großzügig, dennoch bedeutet sie für Chinesen einen sozialen Fortschritt.

Die freie Zeit wird intensiv genutzt. Einheimische Touristengruppen, die mit einem einheitlichen Fähnchen oder Hütchen ausstaffiert hinter einem Führer hereilen, der ihnen durch sein unvermeidliches Megafon Informationen zubrüllt, sind mittlerweile an den meisten historischen Sehenswürdigkeiten ein vertrauter Anblick. Im Kaiserpalast in Peking stauen sich an den nationalen Urlaubstagen über 50.000 Touristen! Die Sehnsucht nach alter Bausubstanz lässt wahre Menschenströme in so schöne traditionelle Dörfer wie Xidi und Hongcun in der Provinz Anhui oder Pingyao in der Provinz Shanxi fließen. Diese chinesischen Äquivalente zum deutschen Rothenburg ob der Tauber verführen zum Tagträumen in einer musealisierten Vergangenheit.

Ein reiner Erholungsurlaub wie das im Westen beliebte Faulenzen am Strand ist in China noch unpopulär. Das Reisevergnügen wird ernst genommen. Das Beweisfoto vor einer berühmten Kulisse gehört zum Pflichtprogramm. Strapazen schrecken chinesische Touristen nicht. Tagelang reisen sie in überfüllten Zügen, stundenlang erklimmen sie in die Berge gehauene Treppenstufen, nur um einen Sonnenaufgang auf den berühmten Gipfeln des Huang Shan oder des Tai Shan zu sehen, deren Schönheit die großen Literaten schon vor 1000 Jahren priesen.

Der neueste Trend sind Kurzreisen aufs Land. Man wohnt im sogenanntem „Bauernfamilienglück-Hotel“, isst ländliches Essen und genießt die Idylle. Je nach Ortsgegebenheiten gibt es Angebote für Erlebnistouristen wie „Erdbeerpflücken“, „Bienenbeobachten im Rapsfeld“ oder „eine Bootsfahrt mit Fischern auf das offene Meer “ – der Fantasie der Anbieter sind keine Grenzen gesetzt (s. S. 181 f.).

Rotes und weißes Glück – Geburt, Heirat und Tod

Im Leben eines Chinesen gibt es zwei Arten von großen Glücksereignissen: rote und weiße (hong bai xishi). Die Farbe Rot bedeutet Glück, Erfolg und Wohlstand. Deshalb wird ein Neugeborenes sofort in ein rotes Tuch gewickelt. Rot ist auch die dominierende Farbe bei einer traditionellen Hochzeit. Ungefärbte („weiße“) Kleidung hingegen wird bei Beerdigungen angelegt.

Diese gelten allerdings nur dann als glückliches Ereignis, wenn ein Mensch in hohem Alter verstirbt und ein gutes Leben geführt hat, so dass ihm sein Lohn im – sehr diesseitig vorgestellten – Jenseits gewiss ist.

Ein gesundes, schönes und kluges Kind zu bekommen, ist wohl der Wunsch aller werdenden Mütter. So auch in China. Um diesen Wunsch Wirklichkeit werden zu lassen, kursieren zahllose Tipps aus allen möglichen Quellen, die einander nicht selten widersprechen. Im Zweifelsfall verlässt sich die Schwangere daher am liebsten auf die Weisheit der Frau, der sie vertraut: der eigenen Mutter. Nach der Geburt soll die Wöchnerin gemäß der Tradition einen Monat lang das Bett hüten oder zumindest schwere körperliche Anstrengung vermeiden. Nach uraltem Rezept wird sie mit Hirsebrei, Schweinefüßen und Eiern gestärkt. Alle Aufgaben rund um das Baby und den Haushalt übernimmt in dieser Zeit, wo immer dies möglich ist, eine der beiden frischgebackenen Großmütter. Zu diesem Zweck ist ihr keine Anreise zu weit oder zu mühsam.

Wenn das Kind einen Monat alt ist, lädt eine Familie ihre Freunde und Verwandten zur „Vollmonatsfeier" ein. Ein Fotograf schießt die ersten Fotos des Neugeborenen, die stolz weiterverschenkt werden. Für Hochspannung sorgt am ersten Geburtstag ein altes Orakelspiel: Man breitet Bücher, Münzen, Nadeln und ähnliche symbolische Gegenstände vor dem Kind aus, um aus seiner Wahl Rückschlüsse auf die späteren beruflichen Neigungen zu ziehen.

Traditionell wurden nur bei kleinen Kindern und Erwachsenen ab 40 Jahren Geburtstage gefeiert. Eine wichtige Rolle spielten dabei Eier und lange Nudeln, denn sie symbolisieren Geburt und Langlebigkeit. Vor allem in den Städten orientiert sich die jüngere Generation mittlerweile freilich an westlichen Gebräuchen. Auf dem Land hingegen halten sich die Traditionen länger. Besonders bei hohen Geburtstagen engagiert die Familie sogar einen Koch und eine lokale Theatergruppe, um mit den vielen geladenen Gästen gebührend zu feiern. *„Es ist eine Selten-*

heit, bis 70 Jahre zu leben" sagt ein altes Sprichwort bewundernd. Das trifft heute zwar nicht mehr zu, aber es spiegelt doch wieder, in welchem Maße Chinesen ein hohes Alter schätzen.

Ein Großteil der ländlichen Bevölkerung zählt die Lebensjahre immer noch nach dem chinesischen Mondkalender. So haben viele Chinesen zweimal Geburtstag im Jahr: einen offiziellen, der in den amtlichen Papieren eingetragen ist, und einen nach dem traditionellen Mondkalender. Letzterer steht den Menschen emotional näher und liegt der Berechnung der nach wie vor beliebten Horoskope zugrunde.

Ihre ganz große Zeit hatten die Horoskope freilich im alten China. Zur Vorbereitung des zweiten „roten Glücksereignisses", der Heirat, prüften Astrologen anhand der Geburtsdaten des Paares, ob es harmoniert, und wählten ein glücksverheißendes Datum für die Hochzeitsfeier. Nach der Gründung der Volksrepublik verurteilten die Kommunisten diese Sitte als Aberglauben und die Zunft der Astrologen geriet in Verruf. So herrscht heute Personalmangel. Die meisten Chinesen müssen sich daher bei der Wahl ihres Hochzeitstages selbst behelfen. Das tun sie, indem sie einen Tag mit gerader Zahl - also einen, der durch zwei (!) teilbar ist - aussuchen.

Nach alter Sitte wird die Braut am Hochzeitstag vom Bräutigam von ihrem Zuhause abgeholt und zu seiner Familie gebracht - früher mit der Sänfte, heute mit dem Auto. Ein Zeremonienmeister wacht über die Einhaltung der Bräuche wie beispielsweise der traditionellen Verbeugungszeremonie: Weil Chinesen seit alters her glauben, dass die Vorhersehung ein Paar zusammenführt, müssen die Brautleute zuerst dem Himmel und der Erde ihre Dankbarkeit erweisen, indem sie sich dreimal vor ihnen verbeugen. Atheistisch eingestellte Brautpaare verneigen sich stattdessen dreimal vor den Gästen, um ihnen für ihr Kommen zu danken. Mit der nächsten dreifachen Verbeugung dankt das Paar den Eltern beider Seiten für die langjährige Fürsorge und bringt ihnen Tee oder Wein. Abschließend verbeugt sich das Paar dreimal voreinander, um sich gegenseitig Respekt und Pflichterfüllung in der Ehe zu versichern. Während der Regierungszeit von Mao Zedong war der Ablauf allerdings schlichter: Da verbeugte sich das Paar nur dreimal vor einem Mao-Portrait. Nach Ablauf der Verbeugungszeremonie variieren die Hochzeitsbräuche lokal. Doch bei keinem Hochzeitbankett dürfen rote Datteln, Erdnüsse, Guiyuan (im Westen bekannter als „Longgan") und Maronen fehlen. Aus diesen vier Zutaten kann man im Chinesischen durch ein Wortspiel den Satz „Zao sheng gui zi", („so früh wie möglich ein Kind gebären") bilden. Die Braut muss diese vier Speisen essen, ob sie ihr nun munden oder nicht ...

Nicht nur einer modern gesinnten Braut schwer im Magen liegt ein anderer Hochzeitsbrauch. Die Tradition verlangt nämlich, dass die Familie des Bräutigams das „Caili", einen Brautpreis, bezahlt und die Familie der Braut eine Mitgift beisteuert. Nach der Gründung der Volksrepublik China wurden zwar finanzielle Transaktionen bei der Heirat offiziell verboten. In der Phase zwischen 1949 bis gegen Ende der Kulturrevolution Mitte der 70er Jahre fand dieses Verbot Beachtung, denn niemand hätte sich freiwillig dem Tadel, einer feudalistischen Sitte zu huldigen, ausgesetzt. Doch mit verblassenden revolutionären Idealen und wachsendem Wohlstand kehrt der alte Brauch zurück. Obwohl die Regierung jährlich dazu aufruft, keine ruinös teuren Hochzeiten zu feiern und auf Geldtransfers bei der Eheschließung zu verzichten, obwohl sie kostengünstige Sammelhochzeiten organisiert und sogar alternative Ideen zur Hochzeitsfeier anbietet, sind diese Traditionen immer noch tief verwurzelt.

Die sozialen Kollateralschäden sind beträchtlich, wie sich am Beispiel der Provinz Heilongjiang in Nordchina zeigen lässt. Dort hat im Jahre 2009 die Frauenvereinigung eine Umfrage zu Brautpreisen durchgeführt und über 600 Fragebögen verteilt. Es stellte sich heraus, dass die Hälfte der Haushalte einen Brautpreis bezahlt bzw. erhalten hat. Dessen Summe richtete sich nach den wirtschaftlichen Verhältnissen der Ortschaft und der einzelnen

Familien, die Bandbreite reichte von 10.000 Yuan bis 120.000 Yuan. Da die Einkommen der Bauern in den letzten 30 Jahren nur um das 25fache, die Brautpreise hingegen um das 100fache angestiegen sind, müssen die meisten Bauern schon vom ersten Geburtstag eines Söhnchens an für dessen Heirat sparen. Obwohl die ärmsten unter den jungen Männern keine Ehe schließen können, viele Familien durch Brautpreise in Armut geraten und viele junge Paare nach einem glänzenden Hochzeitstag jahrelang in Schulden leben, waren in Heilongjiang 45,5 % der Bevölkerung gegen die Abschaffung des Brautpreises. Dies nicht nur aus finanziellen Erwägungen, sondern auch aus psychologischen: An der Höhe des Brautpreises bemisst eine Frau ihren Wert, und daher möchte sie mindestens soviel erhalten wie ihre Nachbarin.

Zwar bezieht sich diese Statistik nur auf einige Regionen der Provinz Heilongjiang, aber ähnliche Verhältnisse herrschen überall auf dem Lande in China. Ein Aspekt des landesweiten Programms zum „Aufbau des neuen sozialistischen Dorfes" (s. S. 179 ff.) ist daher Aufklärung und Erziehung der Landbevölkerung zu einem neuen Wertebewusstsein in Bezug auf Ehe und Familie. Besonders die Frauen sollen nach dem Willen der Regierung eine „Vier-Selbst-Haltung" entwickeln: Selbstachtung, Selbstvertrauen, Selbständigkeit und Selbstbewusstsein.

Auch in den Städten kostet eine Hochzeit ein Vermögen. Zwar teilen sich dort heute die Familien des Brautpaares zumeist die Kosten, um dem jungen Paar bei der Haushaltsgründung zu helfen. Allein die Preise rennen mit den Ansprüchen um die Wette. Mitte der 1970er Jahre gehörten noch ein Fahrrad, eine Armbanduhr, eine Nähmaschine und ein Radio zur häuslichen Grundausstattung. In den 1980ern richtete sich die Begehrlichkeit auf elektronische Haushaltsgeräte wie Fernseher, Waschmaschine und Kühlschrank. In den 1990ern waren dann schon ein Auto, eine Wohnung und ein Sparguthaben gefragt. Hinzu kommen Kosten für Hochzeitsfotos, das Hochzeitsbankett und die Hochzeitsreise. So startet auch das gemeinsame Eheleben von Stadtbewohnern oft vom Gipfel eines riesigen Schuldenbergs.

Bestattungen werden ebenfalls sehr aufwendig gefeiert, wenn auch deren Form von Ethnie zu Ethnie und von Ort zu Ort stark variiert. Viele Chinesen glauben an ein Leben im Jenseits und scheuen keine Kosten, um es ihren Verstorbenen so angenehm wie möglich zu gestalten. Wie in alten Zeiten verbrennen sie zu diesem Zweck vor allem auf dem Land Papiergeld und aus Papier gebastelte Gegenstände am Grab. Traditionell werden nach der Beerdigung noch siebenmal im Rhythmus von sieben Tagen, danach nochmals am 100. Tag und am ersten, dritten und zehnten Jahrestag Gedenkfeiern für den Verstorbenen abgehalten. Oft bezahlen Hinterbliebene außerdem buddhistische oder daoistische Priester, damit diese Gebete für den Verstorbenen durchführen.

Vor der Gründung der Volksrepublik wurden alle Han-Chinesen in der Erde bestattet. Die reichen und mächtigen Familien beauftragten einen Fengshui-Meister damit, eine gute Grabstätte zu finden, denn sie glaubten, dass dies das Schicksal der Nachfahren über Generationen hinweg beeinflussen könne. Arme Chinesen hingegen begruben ihre Verstorbenen einfach auf dem eigenem Feld oder im Wald. In den 1950er Jahren erkannte die KPCh, dass es in Anbetracht einer auf über 500 Millionen Menschen angewachsenen Bevölkerung nicht länger möglich war, wertvolles Ackerland auf diese Art zu nutzen. Deshalb führte sie die Feuerbestattung ein. Auf dem Land stieß die neue Sitte auf den heftigen – und erfolgreichen – Widerstand der Bevölkerung. In den 1980er Jahren unternahm Peking einen neuen Anlauf, öffentliche Friedhöfe in Dörfern anzulegen und die wilden Grabstätten zu beseitigen. Bis heute ist dies jedoch ein Konfliktpunkt zwischen der Landbevölkerung und der Regierung geblieben, weil viele Menschen noch der traditionellen Überzeugung anhängen, dass ein Toter – und damit auch die Hinterbliebenen – nur in der Erde und im Familiengrab seinen Frieden finden kann.

Religiös ohne Abgrenzung – Glaube in China

Konfuzianismus, Daoismus und der im ersten nachchristlichen Jahrhundert über die Seidenstraße aus Indien eingeführte Buddhismus bestimmten über Jahrtausende das spirituelle Leben der Chinesen. In den ersten drei Jahrzehnten der Volksrepublik wurden diese Lehren als feudalistischer Aberglaube verurteilt. Vor allem während der Kulturrevolution wurden Mönche und Nonnen massiv verfolgt und ihre Tempel zerstört.

Seit Beginn der Reformpolitik blühen die alten Kulte wieder auf. Viele Tempel sind renoviert oder gar neu errichtet. Die Anlagen finanzieren sich durch hohe Spenden von Privatpersonen und Unternehmen aus dem In- und Ausland sowie durch staatliche Zuschüsse und Eintrittsgelder. 25.000 registrierte Nonnen und Mönche leben in 1500 daoistischen Klöstern. Laut unvollständigen offiziellen Statistiken aus dem Jahre 2008 zählen die Buddhisten in 13.000 Tempeln 200.000 Nonnen und Mönche. Mindestens 120.000 von ihnen hängen dem tibetischen Buddhismus an. Der Klerus studiert an eigenen Universitäten und unterhält Beziehungen zum Ausland. In regelmäßigen Abständen finden nationale und internationale Kongresse, Symposien und religiöse Veranstaltungen statt.

Anders als die Christen in Deutschland sind die Anhänger des Buddhismus und Daoismus nicht als zahlende Mitglieder in einer Religionsgemeinschaft organisiert. Ihre genaue Zahl ist daher nicht zu ermitteln. Oft hängen sie sogar mehr als nur einer Richtung an, denn das Bedürfnis der Anhänger von monotheistischen Religionen, sich gegen andere Lehren scharf abzugrenzen, kennen chinesische Gläubige nicht. Schon in früheren Jahrhunderten entdeckten westliche Ausländer konsterniert in ein und demselben Tempel ein friedliches Nebeneinander der Statuen von Buddha, daoistischen Heiligen, Lokalgöttern und Konfuzius. Die Chinesen wiederum konnten die Verblüffung der Ausländer nicht nachvollziehen. Wozu sollte man sich als einfacher Mensch mit scharfsinnigen Definitionen und Dogmen belasten? Entscheidend sei doch wohl vor allem, dass ein Gebet die Seele tröste und befriede! Daneben sind natürlich auch handfestere Wirkungen bis heute höchst erwünscht. Die Mehrheit des chinesischen Volkes hat in seinem religiösen Leben seit jeher weniger nach Erleuchtung gestrebt als vielmehr nach göttlicher Hilfe bei der Erlangung irdischen Glücks in Form von Gesundheit, Geld und Söhnen. Das uralte Bedürfnis, mit den höheren Mächten ins Geschäft zu kommen, findet seinen Widerhall in den Inschriften auf den Opferstöcken in den Tempeln: „Jeder Wunsch wird bestimmt erhört", steht da zu lesen, oder „Wer Spenden sät, wird Glück ernten".

Der traditionelle Synkretismus und andere uralte Glaubensmuster leben selbst unter Teilen der KPCh-Mitglieder und gebildeten Chinesen fort. Neben Atheismus und Rationalität räumen sie nach der Devise „es kann ja nicht schaden" auch der Religion ein Plätzchen in ihrem Seelenhaushalt ein.

Das undogmatische Verhältnis der meisten Chinesen zum Göttlichen prägt auch die Atmosphäre in den Tempelanlagen. Besonders im Südosten Chinas geht es dort zugleich andächtig und laut, inbrünstig und fröhlich zu. Alle Altersgruppen und sozialen Schichten sind vertreten. Nur wenige Meter neben Gemeinschaften, die gemeinsam mit den Mönchen Sutren singen und Einzelpersonen, die in ihr persönliches Gebet vertieft sind, plaudern Tempelbesucher angeregt miteinander, fotografieren, befragen ein Orakel oder wandern herum. Dennoch zischt niemand ein erbostes „Ruhe, bitte!". Die allgemeine Stimmung ist entspannt. Dazu mag auch die Architektur der Tempel beitragen. Zwar gibt es durchaus solche, die wie unsere gotischen Kirchen allein schon durch ihre Größe und den Prunk ihrer Statuen den Gläubigen auf die Knie zwingen. Aber die meisten Anlagen wirken nicht übermächtig und sind überdies, so sie außerhalb von Städten liegen, harmonisch in die Landschaft eingefügt. Innerhalb des Tempels wechseln mit symbolträchtigen Bäumen und Blumen bepflanzte Außenanlagen und Kultstätten einander ab: um von einer Halle in die nächste zu gelangen, muss man immer wieder Strecken im Freien zurücklegen.

Die chinesische Verfassung garantiert Religionsfreiheit. Wie Harro von Senger betont, interpretieren chinesische Verfassungskommentatoren diesen Begriff allerdings enger als ihre westlichen Kollegen: In China ist nur die Freiheit, an die Gehalte einer Religion zu glauben, gewährleistet, also ein Vorgang, der sich im Gläubigen selbst abspielt – bei dessen Ausübung aber Grenzen gezogen sind. Wie immer schon in der Geschichte Chinas behält sich der Staat das Recht vor, Religionsgemeinschaften zu verbieten und legale Tempel zu kontrollieren. Vor allem auf die Verquickung von religiösen mit politischen Inhalten wie im tibetischen Lamaismus oder bei der antikommunistischen Falungong-Bewegung reagieren die Behörden äußerst wachsam. In solchen Fällen geraten auch einfache Anhänger unter Generalverdacht, denn immer wieder in der chinesischen Geschichte wurden Herrschende durch religiös inspirierte Aufstände gestürzt. Dieses Misstrauen herrscht auch gegenüber christlichen Kirchen. Nach 1949 wurden alle ausländischen Missionare des Landes verwiesen. Grund war nicht allein deren Gegnerschaft zum Kommunismus. Viele von ihnen waren in der Vergangenheit tief in politisch-wirtschaftliche Angelegenheiten verstrickt, so dass sie von den neuen Machthabern als „Werkzeuge des Imperialismus“ wahrgenommen wurden. Für die verwaisten Katholiken wurde 1957 eine von Rom unabhängige – und deshalb vom Papst nicht anerkannte – patriotische Kirche gegründet. Bis heute widersetzt sich die Regierung allen Bestrebungen Roms, den verlorenen Einfluss auf die chinesischen Katholiken zurückzugewinnen. Geduldet hingegen wird der rege Zulauf, den christliche Kirchen, von denen es in China eine schier überschaubare Vielzahl gibt, in den letzten Jahren erleben. Diese Toleranz gilt jedoch aus den genannten Gründen nicht für die illegalen Hauskirchen.

Ansonsten scheint das Verhältnis von Staat und Religion heute so entspannt wie lange nicht mehr. Schon 2001 sprach der ehemalige Staatspräsident Jiang Zemin vom *„patriotischen Glauben“*, und 2006 erklärte sein Nachfolger Hu Jintao, *„Religion könne einen Beitrag zur sozialen Harmonie leisten“*.

Die neue Akzeptanz erstreckt sich auch auf Konfuzius. Der wunderschöne und architektonisch sehr bedeutsame Konfuzius-Tempel im ostchinesischen Städtchen Qufu, der Heimat des alten Meisters, entging einer Verwüstung während der Kulturrevolution. Heute ist er ein Touristenmagnet. In China werden Konfuzius-Konferenzen abgehalten, Konfuzius-Stiftungen haben sich konstituiert und es wird sogar im Ausland mit seinem Namen für die chinesische Kultur geworben. Aus all dem und anderen Zeichen der Achtung, die Konfuzius in der Volksrepublik wieder zuteilwerden, Rückschlüsse im Stile des amerikanischen Harvard-Professors Samuel Huntington zu ziehen, der in seinem Bestseller „The Clash of Civilizations“ behauptet, dass China ein konfuzianisches Land sei, ist jedoch anfechtbar. Die Rezeption des Konfuzius bewegt sich immer innerhalb des von der KPCh abgesteckten Rahmens. Dieser ist allerdings weit gefasst, wovon sich auch deutsche Leser des Buches „Konfuzius im Herzen“ der chinesischen Autorin Yu Dan, das in ihrer Heimat ein Millionenerfolg wurde, ein Bild machen können.

Natur, Ahnen und Glück – Chinesische Feste

Feste nehmen im Leben des chinesischen Volkes einen großen Raum ein.

Die Han-Chinesen feiern nach dem traditionellen Mondkalender. Das wichtigste und mit 4000 Jahren auch älteste Fest ist das chinesische Neujahrs- bzw. Frühlingsfest (Chun Jie) im Januar oder Februar. Alle Chinesen versuchen, es zusammen mit ihrer Familie zu verbringen. Das öffentliche Verkehrssystem ist in jener Zeit bis zum Anschlag ausgereizt, was Ausländer bei ihren Reiseplänen unbedingt berücksichtigen sollten. Traditionell wird am Silvesterabend im Familienkreis geschlemmt und getrunken. Seit ihrer erstmaligen Ausstrahlung Anfang der 1980er Jahre wird in jüngster Zeit außerdem die äußerst beliebte Silvestergala im Fernsehen angeschaut. Viele Leute schlafen in dieser Nacht nicht, um das alte Jahr zu verabschieden und das neue Jahr zu begrüßen. Nach alter Sitte wird der Küchengott, der zu jener Zeit in den Himmel reist, um Bericht über die Familie zu erstatten, mit Gaben gnädig gestimmt. Auch sonst wird alles unternommen, um günstige Voraussetzungen für das neue Jahr zu schaffen: Man ehrt die Ahnen, hängt rote Schriftrollen mit Glücksbotschaften an die Wände und Türen und brennt Feuerwerkskörper ab, um böse Geister zu vertreiben. Den Abschluss der Festlichkeiten bildet das Laternenfest, an dem die Straßen mit Laternen geschmückt sind und ein großes Feuerwerk veranstaltet wird.

Am 5. April findet seit 2000 Jahren das Qingming-Fest, eine Art chinesisches Allerheiligen/Allerseelen, statt. Qingming heißt auf Chinesisch klar und hell: Von diesem Tag an werden der Himmel klarer und das Wetter wärmer. Traditionell werden an Qingming die Gräber der Ahnen gepflegt und zu ihrer finanziellen Unterstützung im Jenseits Papiergeld verbrannt. Heute finden außerdem Gedenkveranstaltungen für die gefallenen Soldaten statt. Der Tag wird aber auch für Gruppenausflüge in die Natur genutzt, wo man wandert, Drachen steigen lässt oder einfach die Frühlingslandschaft genießt.

Am fünften Tag des fünften Monats wird seit alters her der Sommeranfang mit dem Drachenbootfest (Duanwu Jie) gefeiert. Bei diesem Fest gedenken die Chinesen des verbannten Staatsmanns und Dichters Qu Yuan (340–278 v. Chr.), der einer Legende zufolge an jenem Tag aus Verzweiflung über die Lage seines Heimatstaates Chu im Fluss Miluo (heute: Provinz Hunan) den Tod suchte. Das Volk trauerte sehr um ihn. Es entsandte Boote, um seine Leiche zu suchen und warf Reiswein, Eier und mit Bambusblättern umwickelten Reis (zongzi) in den Fluss, um den Appetit der Fische von Qu Yuans Leichnam abzulenken. Seither liefern sich an Duanwu Regattamannschaften, die ihre Boote mit Drachenköpfen geschmückt haben, Wettrennen. Zum Gedenken an Qu Yuan isst man Zongzi und schlägt hart gekochte Eier aneinander, um das härteste Ei zu ermitteln. Zuhause werden an den Türen Artemisia- und Kalmusblätter aufgehängt. Da diese Pflanzen viel in der chinesischen Medizin verwendet werden, trägt das Duanwu-Fest noch einen zweiten Namen: Gesundheitsfest.

Das Mittherbstfest (Zhongqiu Je), das auf den 15. Tag des achten Monats fällt, ist dem Mond geweiht. Auch zu diesem Fest versammelt sich die ganze Familie. Sie teilt sich die traditionellen runden Mondkuchen und preist die Schönheit des Vollmonds in Liedern und Gedichten.

Die chinesische Regierung hat auf die Liebe der Bevölkerung zu diesen Festen reagiert, indem sie diese bei der Festlegung der gesetzlichen Urlaubstage berücksichtigt: Zum Frühlingsfest gibt es drei Tage, zu Qingming, Duanwu und zum Mittherbstfest je einen freien Tag.

Außer den traditionellen Feiertagen, die sich am Mondkalender und den Jahreszeiten orientieren, gibt es heute noch zahlreiche offizielle und inoffizielle Gedenk- und Feiertage nach dem westlichen Kalender. Um den Nationalfeiertag am 1. Oktober ruht für drei Tage, am 1. Januar und am 1. Mai für je einen Tag die Arbeit in China. Die Globalisierung erweiterte den chinesischen Festtagskalender um westliche Feiertage wie den Valentinstag am 14. Februar, den Muttertag am zweiten Sonntag im Mai und den Vatertag am dritten Sonntag im Juni. Und selbst Atheisten finden seit einigen Jahren Geschmack am Feiern des Weihnachtsfestes.

Werte im Wandel – Frau und Familie

Mit derzeit 1,35 Milliarden Menschen stellt China ein Fünftel der Menschheit und ist, wie schon seit über 2000 Jahren, das bevölkerungsreichste Land der Welt. Die demographische Entwicklung verlief zumeist in Schüben und ging mit wirtschaftlichen und technischen Fortschritten einher: so zwischen dem 10. und dem 13. Jahrhundert und um das Jahr 1800.[17] Jahrtausendelang galt eine zahlreiche Bevölkerung als ein Zeichen guter Herrschaft, der die Wohlfahrt des Volkes am Herzen lag. Doch im frühen 19. Jahrhundert erkannten chinesische Denker erstmals den Zusammenhang zwischen Übervölkerung und Preissteigerung sowie allgemeiner Verarmung der Bevölkerung.

Verlässliche Statistiken gibt es nicht, doch zwischen 1850 und 1950 scheint die Bevölkerungszahl aufgrund der dramatischen politischen, wirtschaftlichen und militärischen Lage relativ konstant geblieben zu sein. Das änderte sich nach der Gründung der Volksrepublik. Die Friedenszeit, breit angelegte Hygienekampagnen und eine verbesserte Gesundheitsfürsorge führten zwischen 1949 und 1957 zu einem ersten Babyboom und einem rasanten Anstieg der Bevölkerungszahl. Zwischen 1958 und 1961 sank die Bevölkerungszahl wegen Naturkatastrophen und vor allem wegen Maos gescheiterter Politik des „Großen Sprung nach vorn" (s. S. 163 ff.). Doch bereits zwischen 1962 und 1970 kam es aufgrund der Besserung der Wirtschaftslage zu einem zweiten Babyboom. Das Bevölkerungswachstum zwang die Regierung Anfang der 70er Jahre zu einer gesellschaftspolitischen Kehrtwende. Kinderreichtum galt nicht länger als wünschenswert, stattdessen wurde in Kampagnen für eine freiwillige Teilnahme an der Familienplanung geworben. Bis Ende der 1970er Jahre hatten die meisten Familien in den Städten, wo damals allerdings nur ein Drittel der Bevölkerung lebte, nur zwei Kinder. 1978 wurde die Verpflichtung zur Familienplanung in die Ehegesetzgebung aufgenommen. Ab 1979 führte der Reformer Deng Xiaoping landesweit eine strenge, an ein System von Belohnung und Strafen gebundene Ein-Kind-Politik für Han-Chinesen ein. Die Minderheiten Chinas waren davon nicht betroffen.

Die Ein-Kind-Politik gehört zu jenen Maßnahmen, bei denen die KPCh den Konflikt mit der traditionell sehr kinderlieben Bevölkerung nicht scheute und rigoros die Zukunft des Kollektivs über das persönliche Glück stellte. Dies brachte enorme individuelle Härten mit sich. Aber man kann davon ausgehen, daß mit einigen Hundert Millionen Chinesen mehr, die laut Berechnungen ohne die Ein-Kind-Politik geboren wären, China heute vermutlich vor einem sozialen, wirtschaftlichen und ökologischen Abgrund stehen würde. Stattdessen gilt es jedoch andere Probleme zu lösen. Die Gesellschaft überaltert. 2009 waren 12,9 % der Bevölkerung älter als 65 Jahre, 2020 wird ihr Anteil auf 17 % steigen. 2040 soll er sogar 30 % betragen. Aus diesem Grund wurde in den letzten Jahren die Ein-Kind-Politik gebietsweise wieder etwas gelockert. Beispielsweise dürfen in Shanghai Ehepaare, die aus Ein-Kind-Familien stammen oder andere Bedingungen erfüllen, wieder zwei Kinder haben. Ob die berufstätigen Städterinnen, die einem stark verwestlichten Lebensstil anhängen, auf dieses Angebot eingehen, ist freilich eine offene Frage.

Eine weitere gravierende Konsequenz der Ein-Kind-Politik war – vor allem auf dem Land – die Abtreibung weiblicher Föten. Die Bevorzugung von Söhnen, die traditionell die alten Eltern versorgten und den Stammbaum weiterführten, hat zur Folge, dass das Verhältnis zwischen Männern und Frauen in China derzeit 117:100 statt der natürlichen Ratio von 105:100 beträgt, so dass es bald für Millionen von Männern schwierig werden dürfte, eine Ehefrau zu finden.

Auch wenn es bislang keine chinesische Staatspräsidentin gegeben hat, zählen die Frauen zu den Gewinnern der kommunistischen Machtübernahme. Ihre Emanzipation war ein großes Anliegen von Mao Zedong, das er gegen den Widerstand patriarchalisch gesinnter Männer innerhalb der Partei und der Bevölkerung durchsetzte. Die Lage der chinesischen Frauen geriet schon früh in Maos Blick. Im „Untersuchungsbericht über die Bauernbewegung in Hunan" aus dem Jahre 1927 zählte er die Frauen zu der am stärksten unterdrückten sozialen Gruppe in China: Zusätzlich zu der durch die lokalen Grundherren ausgeübten politischen Gewalt, der Gewalt durch die patriarchalisch organisierte

Sippe und der religiösen Gewalt, als die der Atheist Mao den Glauben an Götter bezeichnete, seien Frauen noch der Gattengewalt ausgeliefert.[18]

Bei der Beurteilung der weiblichen Lebensverhältnisse im alten China darf man nicht übersehen, dass auch Männer kein selbstbestimmtes Leben führten. Dennoch hatten die Frauen das schlechtere Los gezogen. Unabhängig vom sozialen Hintergrund verfügten sie über kein Privatvermögen und waren vom Erbe ausgeschlossen. Gemäß der Tradition gehörten sie nach der Heirat lebenslang zur Familie des Mannes. Obwohl ein Mann neben der Hauptgemahlin noch weitere Frauen heiraten durfte, wollte es die Sitte, dass es im Leben einer Frau nur einen Mann gab. Eine verwitwete Hauptgemahlin hatte zwar Macht, zumal als Mutter eines Sohnes, doch die Erfüllung als Frau, wenn je davon die Rede gewesen sein konnte, blieb ihr für den Rest ihres Lebens versagt. Da sie nicht sich selbst, sondern einer Interessengemeinschaft, nämlich der Familie ihres Mannes gehörte, verwehrte ihr die Sitte zur Vermeidung von Loyalitätskonflikten eine Wiederverheiratung. Witwen, die sich darüber hinwegsetzten, wurde in drastischen Farben ausgemalt, wie nach ihrem Tode ihre Ehemänner an ihnen zerrten und sie dabei in Stücke rissen. Bis in das letzte Jahrhundert hinein bestimmte die Einhaltung des Wiederverheiratungsverbots den Ruf einer Frau. Bemerkenswerterweise lebte selbst Song Qingling, die als Ehefrau des Revolutionärs Sun Yatsen die am meisten geachtete Frau des kommunistischen China war, nach dem frühen Tode ihres Mannes im Jahre 1925 bis zu ihrem Lebensende im Jahre 1981 als Witwe.

Der organische Aufbau der alten chinesischen Gesellschaft implizierte, dass es ohne eine Revolution keine Frauenbefreiung geben würde. Mitte des 19. Jahrhunderts war erstmals die Zeit für eine Verknüpfung der beiden Forderungen reif. Den größten und ideengeschichtlich folgenreichsten Aufstand löste 1850 die sozialrevolutionäre Bewegung der Taiping aus. Ihr Anführer Hong Xiuquan gehörte zur Minderheit der Hakka, die ihren

Frauen schon immer mehr Freiheiten zugestanden als die Han und die Unsitte des Füßebindens nicht praktizierten. Neben der Kollektivierung von Grund und Boden und der Verteilung aller Güter hatten sich die Taiping der Befreiung der Frauen verschrieben. Männer und Frauen galten als gleichberechtigt. Auf Vergewaltigung sowie Frauen- und Mädchenhandel stand die Todesstrafe, das Füßebinden war verboten und Frauen nahmen an den Beamtenexamina teil, die ihnen die Türen zum Staatsdienst öffneten. Monogamie war die einzige legitime Eheform und das Recht auf weibliche – und männliche – Selbstbestimmung drückte sich in der Forderung nach Liebesheiraten aus. 1864 wurde der Taiping-Aufstand mit westlicher Unterstützung niedergeschlagen.

Zu neuen Trägerinnen emanzipatorischer Ideale wurden Ende des 19. Jahrhunderts einige mutige Frauen der Mittel- und Oberschicht. Auch dabei spielten westliche Einflüsse eine Rolle, wenn diese auch ganz anderer Natur waren: Christliche Missionsschulen waren Vorläufer von Frauenbildungsanstalten, aus denen schließlich die Frauenbewegung hervorging.

Nach der Gründung der Republik im Jahre 1912 erhielten die Frauen das Wahlrecht. Freilich war im Jahre 1913 keine einzige Frau Mitglied der 120köpfigen Regierung. Die Chinesinnen hatten einen Kardinalfehler begangen: Benommen von der revolutionären Sprengkraft ihrer Forderungen, idealistisch gesinnt und von der Einsicht getragen, dass eine Verbesserung der Lage der Frauen nur mit gesamtgesellschaftlichen Veränderungen einhergehen konnte, verzichteten sie auf die Entwicklung spezifisch feministischer Positionen und verfielen unbewusst wieder in das traditionelle Verhaltensmuster der weiblichen Selbstaufopferung – nur diesmal für die Rettung des Vaterlands, nicht für den Gatten.

Diese Erfahrung sollte sich wenige Jahre später für die Kommunistinnen wiederholen. Aus der richtigen Einsicht heraus, dass sich ohne die Emanzipation der Frau die traditionelle Familienhierachie nicht zerschlagen ließ, wurde schon 1922, ein Jahr nach der Gründung der KPCh, eine Abteilung für Frauenfragen ins Leben gerufen. Die Frauenfrage wurde jedoch nach dem alten Muster sogleich vordringlicher erscheinenden politischen und wirtschaftlichen Belangen untergeordnet. Nur wenn es um Lohnkämpfe ging, wurden auch die Interessen von werktätigen Frauen berücksichtigt. Erst zu Beginn der 1930er Jahre veröffentlichte die KPCh erste Richtlinien für eine Frauenpolitik. Ihre Inhalte orientierten sich am Vorbild der Taiping: Die Gleichberechtigung von Mann und Frau, ein Verbot des Konkubinats und des Frauen- und Mädchenhandels (wie die Sinologin und Geschlechterforscherin Gudula Linck in ihrem Buch „Frau und Familie in China" gezeigt hat).

Nach der Gründung der Volksrepublik China im Jahre 1949 bot sich den Kommunisten die Möglichkeit, ihre Vorstellungen von einem modernen China in die Tat umzusetzen. 1950 verteilten sie den Boden neu, und zwar nicht pro Familie, sondern pro Kopf, was den Frauen wirtschaftliche Unabhängigkeit verschaffen sollte. Außerdem erließen sie ein Ehegesetz, in dem sie neben anderem die Gleichberechtigung von Mann und Frau, gemeinsames Anrecht auf das Familienvermögen, Monogamie und freie Partnerwahl, Recht auf Scheidung und Wiederverheiratung von Witwen sowie ein Verbot von finanziellen Transaktionen bei der Heirat festschrieben. Erstmals in der Geschichte Chinas wurde die offizielle Registrierung Voraussetzung für die Gültigkeit einer Ehe. Zuvor hatte es ausgereicht, wenn eine Ehe von den beiden betroffenen Familien anerkannt worden war.

Das von den Kommunisten erlassene Ehegesetz von 1950 enthielt nichts, was nicht ebenso in den Gesetzbüchern bürgerlich-kapitalistischer Länder hätte stehen können und nichts, was nicht schon aus früheren Diskussionen um die Modernisierung Chinas bekannt gewesen wäre. Darauf kam es auch gar nicht an. Was dem Lande nottat, war nicht Originalität, sondern der politische Wille, die altbekannten Forderungen zu verwirklichen. Das Verdienst Maos lag darin, dass er diesen Willen und den damit verbundenen Mut zur Unpopularität aufbrachte.

Seine revolutionäre Hauptstütze waren die armen Bauern, die die große Mehrheit der Bevölkerung ausmachten. Mit der Bodenreform hatten sich ihre Träume erfüllt. Die Emanzipation der Frauen stand nicht auf ihrer Wunschliste. Doch Mao ließ sich nicht beirren. Er hatte erkannt, von welch entscheidender Bedeutung es für den Aufbau des neuen China war, die Frauen als Trägerinnen der Revolution zu gewinnen. In China wie in anderen Teilen der Welt waren die Frauen die treuesten Anhängerinnen jedweder Heilslehren, und Maos politische Utopie gehört in diese Kategorie. Auch war ihm klar, dass sich ohne die Emanzipation der Frau die politisch und wirtschaftlich mächtigen patriarchalischen Sippen der Oberschicht nicht zerschlagen ließen. Die gesetzlichen Neuerungen, die Frauen mehr Rechte gewährten, waren vor allem gegen die Patri-Clans gerichtet. Die Frauen der unteren Schichten waren immer schon berufstätig gewesen und die armen Bauern konnten sich noch nie Nebenfrauen leisten.

Der praktische Nutzen, den die Frauen aus dem neuen Ehegesetz ziehen konnten, ließ allerdings noch viele Jahre auf sich warten. Die gewaltige Kluft zwischen dem allgemeinen gesellschaftlichen Bewusstseinsstand, den staatlichen und individuellen finanziellen Spielräumen und der Modernität der Ehegesetze erwies sich als Problem. So trat in den frühen 1950er Jahren die Verzweiflung an Stelle der erhofften Freiheit und die Selbstmordrate von Frauen schnellte nach oben. Frauenorganisationen, allen voran der Allchinesische Frauenverband, wurden ins Leben gerufen, um den Frauen beizustehen.

Heute sind die chinesischen Frauen sehr gut in den Arbeitsmarkt integriert. Etwa 80 % der Frauen arbeiten. Ihr Einkommen liegt etwa bei 80–90 % der Einkommen der Männer und damit über dem Weltdurchschnitt von 60–70 %.

Die Reformen der 1980er Jahre haben zu einem pluralistischen Erscheinungsbild der Frauen in China geführt. Reformgewinnerinnen sind die gut ausgebildeten Städterinnen. Sie stellen etwas mehr als 30 % der Führungskräfte vor allem im mittleren

Management. Ehefrauen von wohlhabenden Männern hingegen können sich einen Rückzug ins Innere des Hauses leisten, wenn ihnen die Doppelbelastung mit Beruf und Familie zu anstrengend erscheint. Vielen anderen Frauen hingegen hat die Einführung der sozialistischen Marktwirtschaft nicht mehr, sondern weniger Gleichberechtigung gebracht. In den staatseigenen Betrieben, die nunmehr profitorientiert arbeiten sollen, wurden Frauen als erste entlassen. Der Privatsektor der chinesischen Wirtschaft bezahlt Frauen trotz gesetzlich vorgeschriebener Gleichbehandlung des Öfteren schlechter als Männer und benachteiligt sie bei der Vergabe von Arbeitsplätzen aus den auch hierzulande bekannten Gründen: zu erwartende Ausfallzeiten aufgrund von Schwangerschaft und Mutteraufgaben.

Wie in allen Ländern sind auch in China Frauen politisch unterrepräsentiert. In der Zentrale der Macht, dem Ständigen Ausschuss des Politbüros der KPCh, sind die Herren unter sich. 20 % der Mitglieder des 11. Nationalen Volkskongresses (2008–2013) sind zwar Frauen, aber nur drei Frauen stehen an der Spitze der 28 Ministerien und Kommissionen.

Eine der größten Leistungen des modernen China ist seine Bildungspolitik. Der Anteil der Mädchen in den Grund- und Mittelschulen entspricht in etwa ihrem Anteil an der Bevölkerung, wobei Mädchen noch am ehesten in den unterentwickelten ländlichen Gebieten benachteiligt werden. Der Studentinnenanteil an den Universitäten beträgt im Jahre 2010 laut der stellvertretenden Vorsitzenden des Allchinesischen Frauenverbandes Zhen Yan 49 %.

Trotz all der aufgezeigten Probleme stellen sich chinesische Frauen besser als in anderen Entwicklungsländern und gewiss nicht schlechter als in vielen Industrieländern. Dieser Trend dürfte sich in Zukunft noch verstärken, da das Qualifikationsniveau der chinesischen Frauen stetig steigt und die chinesischen Regierung der Entwicklung des Hinterlandes, wo Frauen noch am stärksten diskriminiert werden, höchste Priorität einräumt.

Kulturbrüche, wie sie bei der Bevölkerungspolitik und der gesellschaftlichen Lage der Frauen festzustellen sind, finden sich auch bei der Einstellung zur Ehe.

Im alten China lag der einzige Sinn einer Ehe in der Zeugung von Söhnen, die die Ahnenreihe fortsetzen. Ehepaare teilten sich nicht den Alltag, sondern allein das Schlafzimmer. Da Männer und Frauen ihr Leben nur in sehr beschränktem Maße miteinander teilten und subjektive Leidenschaften als moralisch verwerflich und sozial schädlich galten, ist es nicht überraschend, dass im traditionellen China bei einer Heirat die Gefühle der beiden Hauptbetroffenen nie eine Rolle gespielt hatte. Die den Einzelnen schützende und staatstragende Funktion der Familie war zu wichtig, um sie dem Zufall, der Vergänglichkeit und auch der Ausschließlichkeit erotischer Gefühle zu überlassen. Die Eltern arrangierten daher die Ehen ihrer Kinder mit Hilfe der Unterstützung von Vermittlern.

In den nachchristlichen Jahrtausenden haben die fremdbestimmten Ehen dazu geführt, dass vermögende Männer sich neben ihrer Gemahlin noch mehrere Nebenfrauen leisteten, *„um auch den zarteren Gefühlen persönlicher Art Gehör zu schenken"*, wie es der deutsche Sinologe Richard Wilhelm einmal formulierte. Auf die zarteren persönlichen Gefühle der betroffenen Frauen wurde dabei allerdings keine Rücksicht genommen. Der einzige Schutz der Nebenfrauen waren die Zuneigung und die materiellen Zuwendungen ihres Mannes. Nach dessen Tod war ihnen in der Regel die Rückkehr in ihre Herkunftsfamilie verwehrt, die Hauptgemahlin hatte sogar das Recht, sie in Bordelle zu verkaufen.

Die traditionelle Eheform geriet ab Mitte des 19. Jahrhunderts unter starke Kritik von Reformkräften. In den 1930er Jahren propagierte auch die KPCh freie Partnerwahl und für kurze Zeit sogar freie Liebe. Letzteres bot den Gegnern der Kommunisten natürlich eine Gelegenheit zu Diffamierungen, die sie lustvoll zu nutzen wussten. Die kommunistische Wirklichkeit war allerdings weitaus prosaischer, als ihre Verleumder mutmaßten. Auch die Kommunisten waren letztlich Chinesen. Das generationenalte

Misstrauen gegenüber einem so subjektiven Gefühl wie der romantischen Liebe lebte in ihnen weiter. Die Trennlinie zwischen privaten und öffentlichen Angelegenheiten verlief sowohl im traditionellen wie auch im kommunistischen China grundlegend anders als in liberalen westlichen Gesellschaften mit ihrer ausgeprägten Wertschätzung des Individuums. Der aus dem Westen importierte Marxismus, der den Einzelnen in erster Linie als Mitglied einer gesellschaftlichen und wirtschaftlichen Klasse betrachtet, trug das Seine dazu bei, dass das Recht auf Selbstbestimmung und individuelles Glück als bourgeoiser Luxus verachtet wurde.

Zwar wurden nach der Gründung der Volksrepublik die jungen Leute ermuntert, selbst einen Partner zu suchen, aber in der Praxis war und ist die Eheanbahnung durch Vermittlung von Kollegen, Freunden, Nachbarn oder Verwandten immer noch weit verbreitet. Und war Liebe auch als Heiratsgrund akzeptiert, lag zu Maos Zeiten der Sinn einer Ehe in der gemeinsamen Beteiligung am Aufbau des sozialistischen Chinas, war also nichtindividualistischer Natur.

Welch geringen Stellenwert die Selbstverwirklichung noch im modernen China hatte, zeigt, dass es bis Ende der 1980er Jahre Schülern und Studenten ausdrücklich verboten war, eine Liebesbeziehung einzugehen. Das hat sich inzwischen geändert. Auch wenn es immer noch Eltern gibt, die befürchten, dass junge Liebe und Lernerfolge sich schlecht vereinbaren lassen, ist die Gesellschaft zumindest in den Städten toleranter geworden. Das gilt ebenfalls für zusammenlebende Paare ohne Trauschein oder Singles, die sich noch vor wenigen Jahrzehnten einem gesellschaftlichen Misstrauen ausgesetzt sahen. Die Anonymität der neuen städtischen Wohnblocks hat zweifellos zur Lockerung der sozialen Kontrolle beigetragen.

Von der größeren sozialen Freiheit profitieren auch chinesische Homosexuelle. Bis 1997 stand Homosexualität unter Strafe und war gesellschaftlich geächtet. Zwölf Jahre später, im Dezember 2009, eröffneten Homosexuelle in der Provinz Yunnan ihre erste offizielle Bar.

Ebenso stark verändert hat sich die traditionelle Einstellung gegenüber der Scheidung. In den ersten 30 Jahren der Volksrepublik lebten noch die meisten Chinesen in einer stabilen Ehe. In den letzten 30 Jahren hingegen hat sich die Zahl der Scheidungen stark erhöht. Trennten sich 1980 nur 341.000 Paare, stieg deren Zahl im Jahre 2005 bereits auf 1,6 Millionen an. Die meisten Ehen gehen in Großstädten auseinander. In Peking und Shanghai beträgt die Scheidungsquote bereits 39 % bzw. 38 %. Bemerkenswerterweise sind es in mehr als drei Viertel aller Fälle die Frauen, die die Scheidung einreichen. Diese wird nicht länger als Schande betrachtet. Es gibt sogar eine Online-Rechtsberatung für Scheidungswillige.

Einer der Gründe für die zunehmende Brüchigkeit von Ehen dürfte wie in westlichen Industrienationen im erhöhten Lebensstandard liegen. Während sich die wechselseitige wirtschaftliche Abhängigkeit mit steigenden Einkommen und der Berufstätigkeit der Frau verringert, wachsen die emotionalen Ansprüche. Mit welcher Hochspannung sich letztere entladen können, belegen zwei neu aufgekommene Begriffe, mit denen vor allem die Einstellung zur Ehe der in den 1970er und 80er Jahren geborenen Generation charakterisiert wird: „Blitzheirat“ (shanhun) und „Blitzscheidung“ (shanli).

Konfuzianismus – Das chinesische Ausbildungssystem

Bildung genießt in China seit Jahrtausenden einen sehr hohen Stellenwert. Die sprichwörtliche chinesische Lernkultur geht auf den Humanisten Konfuzius zurück. Politik und Pädagogik, intellektuelle und moralische Bildung waren bei ihm untrennbar miteinander verwoben. Das implizierte, dass Bildung, nicht Herkunft, den Ausschlag über die soziale Stellung eines Mannes geben sollte.[19] Die Faszination des Konfuzius für den Menschen und der Glaube an dessen Erziehbarkeit leben bis heute in der politischen Rhetorik Chinas und in elterlichen Ermahnungen fort.

„Das Kind möge ein Drachen werden“ (wangzichenglong) ist ein in China berühmtes Vier-Zeichen-Sprichwort, das die Hoffnung der Eltern auf den sozialen Aufstieg ihres Kindes durch Bildung ausdrückt.

Im Laufe der Zeit gewandelt haben sich freilich die Bildungspläne. Konfuzius lehrte vor allem Riten, um jeden Bereich menschlichen Tuns zu regeln, Musik, um dem Menschen zu innerer Harmonie zu verhelfen, und Geschichte, um das Urteilsvermögen künftiger Beamter und Politiker anhand positiver und negativer Vorbilder aus der Vergangenheit zu schulen. Im frühen 20. Jahrhundert wurden die chinesischen Lehrpläne nach westlichem Vorbild modernisiert. Eine allgemeine Schulpflicht wurde allerdings erst nach der Gründung der Volksrepublik im Jahre 1949 faktisch durchgesetzt.

Mit zweieinhalb Jahren besuchen kleine Chinesen zum ersten Mal den Kindergarten. Da die meisten Eltern ganztags arbeiten und chinesische Mütter nur zwischen drei und sechs Monaten Mutterschaftsurlaub nehmen können, werden die Kleinsten durch Großeltern, ein Kindermädchen oder in ganztätigen Krippen betreut.

Die Ausbildung der KindergärtnerInnen dauert drei Jahre, danach können weitere Qualifikationen in einem Universitätsstudium erworben werden. Die Kindergärten sind täglich von 7:30 bis 17:30 Uhr geöffnet. Die meisten Kindergärten sind Unternehmen angegliedert, es gibt jedoch auch teure private Kindergärten, die sogar eine zweisprachige Erziehung (Chinesisch und Englisch) anbieten. Auf Wunsch der Eltern lernen aber auch viele der anderen Kleinen, sofern sie in Städten aufwachsen, bereits im Betriebskindergarten oder in privaten Kursen Englisch und Kalligraphie, malen und musizieren.

Mit fünf oder sechs Jahren besuchen die Kinder einen Vorbereitungskurs für die Schule. Dort lernen sie erste Schriftzeichen sowie deren lateinische Umschrift Hanyu Pinyin, die Zahlen bis 20 sowie einfache Plus- und Minusrechnungen. Am Schluss wird die Schulreife der Kinder in den Fächern Lesen, Hörverständnis und Rechnen geprüft. In immer mehr Vorbereitungskursen wird bereits das Lehrmaterial des 1. Schuljahres der Grundschule unterrichtet. Das rief Pädagogen auf den Plan, die für die Kinder zeitliche Freiräume fordern, in denen sie unbeschwert spielen können. Daraufhin wurden diese Vorbereitungskurse seit 2010 zumindest in einigen Städten der Provinz Guangdong abgeschafft. Bemerkenswerter Weise erfolgen kindgerechte Reformen wie diese zumeist auf Druck von „oben" bzw. auf Rat von Pädagogen – oft gegen den Widerstand von Eltern, die um die Chancen ihre Kinder auf dem hart umkämpften Arbeitsmarkt fürchten.

Im Alter von sechs (in Südchina) bzw. sieben Jahren (in Nordchina) werden die Kinder eingeschult. Die Schule ist grundsätzlich ganztags von 8:00 bis 17:00 Uhr geöffnet, für ein Mittagessen wird gesorgt. Die Schulbildung dauert maximal zwölf Jahre. Nach neun Jahren endet die offizielle Schulpflicht. Wer im Anschluss keine Berufsschule besucht, kann allenfalls als Wanderarbeiter auf einer Baustelle, in Fabriken oder als Kellner arbeiten. Die Anforderungen an die Qualifikation wachsen auch in China ständig, selbst Haushaltshilfen werden vor ihrer Vermittlung zunächst geschult.

Der erfolgreiche Abschluss der zwölfjährigen Schulzeit berechtigt zur Teilnahme an den berüchtigten Aufnahmeprüfungen an den Universitäten und Fachhochschulen. Sie finden alljährlich am 7., 8. und 9. Juni statt. Dieser Zeitraum wird von Chinesen wegen seiner schicksalhaften Bedeutung traditionell als „schwarze Woche" bezeichnet, obwohl die Erfolgsquoten dank des Ausbaus des Universitätssystems permanent steigen: Wurden noch 1977 von 5,7 Millionen Bewerbern um einen Studienplatz nur 270.000 (4,8 %) zugelassen, konnten im Jahre 2008 mit 10,5 Millionen immerhin 57 % der Kandidaten ein Studium aufnehmen.[20] Ein kleiner Trost mag für manchen der Gescheiterten sein, dass die Prüfung wiederholbar ist: Wer beim ersten Versuch nicht besteht, kann es im folgenden Jahr erneut versuchen.

Das strenge Prüfungssystem ist keine Eigenart der Volksrepublik, sondern hat eine über 1000 Jahre alte Geschichte. Schon während der Kaiserzeit mussten Gelehrte verschiedene Prüfungsebenen absolvieren, bevor sie die soziale Spitzenposition eines Beamten antreten konnten. Nach der Gründung der Volksrepublik musste die Regierung ihre Studenten ebenfalls auf der Grundlage von Prüfungen auswählen: zu groß war das Missverhältnis zwischen der Zahl der Bewerber und den zur Verfügung stehenden Studienplätzen. Dieses Verfahren begünstigte freilich die Kinder aus Akademikerfamilien. Während der Kulturrevolution (1966–1976) schaffte Mao Zedong daher die Aufnahmeprüfung für die Universitäten ab und vergab die Studienplätze gezielt an eine kleine Zahl von Studenten aus Bauern- und Arbeiterfamilien. Der Preis war ein sehr niedriges akademisches Niveau, zumal umgekehrt viele Professoren aufs Land geschickt wurden, um „von den Bauern zu lernen". Erst 1977 wurden die Aufnahmeprüfungen wieder eingeführt. Bis 2001 durften nur Unverheiratete unter 25 Jahren daran teilnehmen. Danach entfielen diese Einschränkungen.

Heute sind es keineswegs nur junge Erwachsene, die unter enormen Prüfungsdruck stehen. Tatsächlich setzt dieser bereits vor dem ersten Schultag ein, denn die meisten Eltern sind bestrebt, ihre Kinder auf eine gute Schule zu schicken. Als Qualitätskriterium gilt ihnen die Zahl der erfolgreichen Studienbewerber, die eine Schule hervorbringt. Das führt zu einem Rückstoßeffekt: Man muss einen guten Kindergarten besucht haben, um die Aufnahmeprüfung für eine gute Grundschule zu bestehen, die ihrerseits gute Voraussetzungen für die Zulassung zu einer guten weiterführenden Schule schafft, von der der Sprung auf eine gute Universität mit größerer Wahrscheinlichkeit gelingt.

Die reguläre Studienzeit dauert vier Jahre und endet mit einem Bachelorabschluss. Gab es im Jahr 2003 noch 2,12 Millionen Absolventen, waren es 2010 bereits 6,31 Millionen. Ein Master bzw. Doktorgrad kann nach jeweils zwei bis drei Jahren weiteren Studiums erworben werden.

Glaubt man den internationalen Rankinglisten, liegt die Qualität der chinesischen Universitäten noch weit hinter den globalen Spitzenuniversitäten wie Harvard, Yale oder Oxford zurück. Innerhalb Chinas herrscht ein starkes Gefälle zwischen den nationalen Eliteuniversitäten in Peking und Shanghai sowie lokalen Universitäten.

Zwar stieg der Anteil der Ausgaben für Bildung am Bruttoinlandsprodukt zwischen 2004 und 2008 von 2,79 % auf 3,48 % und soll bis 2012 auf 4 % erhöht werden, aber um Anschluss an die internationale Elite zu finden, ohne gleichzeitig die Massenbildung zu vernachlässigen, sind größere Anstrengungen erforderlich.

Die Probleme der chinesischen Akademiker sind längst nicht gelöst, wenn sie ihren hart erkämpften Abschluss in der Tasche haben. Die ständig wachsende Zahl der Absolventen bekommt in aller Härte zu spüren, dass China ein übervölkertes Schwellenland ist: Es gibt einfach zu wenig angemessene Arbeitsplätze für sie. Dieses Dauerproblem wurde bis zur Mitte der 90er Jahre dadurch gelöst, dass die Hochschulabsolventen von ihrer Universität eine Arbeit zugeteilt bekamen. Zwischen 1996 und 1998 wurde das Zuteilungssystem reformiert. Seither dürfen sich Absolventen selbst eine Arbeitsstelle suchen – was allerdings vor allem für minderqualifizierte Absolventen von unbedeutenderen Universitäten das Risiko birgt, überhaupt keine Arbeit zu finden. Zusätzlich drücken zurückgekehrte Auslandsstudenten auf den Arbeitsmarkt, die sowohl mit chinesischen wie auch mit westlichen Gepflogenheiten vertraut sind und über Arbeitserfahrung im Ausland verfügen. Sie sind von der chinesischen Regierung stark umworbene Fachleute und spielen eine wichtige Rolle beim globalen Aufstieg Chinas.

STAAT UND POLITIK – SOZIALISMUS AUF CHINESISCH

Wann wird China demokratisch?

„Wann wird China demokratisch?“ ist eine der Fragen, die abendländische Chinabeobachter am intensivsten umtreiben. Unter „Demokratie“ verstehen sie dabei ausschließlich die in westlichen Staaten praktizierten Modelle. Zwischen diesen gibt es zwar beträchtliche nationale Unterschiede, aber in den meisten Demokratien wählt das Volk die Regierung direkt und in freien, allgemeinen und geheimen Wahlen. Außerdem existiert eine pluralistische Parteienlandschaft, in der sich die Vielfalt der politischen Anschauungen und Interessen des Volkes spiegelt.

Wenn man sich für diese Herangehensweise an das politische System Chinas entscheidet – wie übrigens nicht nur die meisten Medien, sondern auch viele westliche Politologen und Sinologen – muss man sich allerdings dessen bewusst sein, dass man Chinas Entwicklung an einem Ziel misst, das die chinesische Regierung seit der Gründung der Volksrepublik 1949 bis heute ausdrücklich nicht verfolgt. Nicht anders als Mao lehnte auch der Wirtschaftsreformer Deng Xiaoping jegliche „bürgerliche Liberalisierung“ nach Art westlicher Staaten rundweg ab. Die damit einhergehenden Freiheiten seien *„in Wirklichkeit eine Art Chaos, ein Stil, den uns die Kulturrevolution hinterlassen hat ... Wir benötigen ein politisches Klima der Ruhe, ohne ein ruhiges politisches Klima braucht man über nichts mehr zu reden“*.[21]

Jahrzehnte nach Deng Xiaopings Tod gilt diese Auffassung immer noch. Auch der derzeitige Staatspräsident Hu Jintao betont bei jeder Gelegenheit, dass China keinesfalls das politische System des Westens übernehmen werde.

Die entschiedene Absage an eine parlamentarische Demokratie wird in deutschen Medien häufig mit einem „politischen

Stillstand“ in China gleichgesetzt. Im Widerspruch dazu stellen renommierte westliche Wissenschaftler eine bemerkenswerte politische Dynamik in China fest, wenn sie diese auch nicht in Verbindung mit dem Sinomarxismus bringen.[22] Einen dritten Standpunkt vertritt Harro von Senger. Er bezeichnet den Sinomarxismus als eine geistige Triebkraft des chinesischen Wirtschaftsaufstiegs und weist darauf hin, dass sich die chinesische Regierung ununterbrochen seit der Gründung der Volksrepublik in ihrer Verfassung, in ihrem Parteistatut und in unzähligen offiziellen Dokumenten auf den Sinomarxismus als Grundlage ihres politischen Systems beruft und der Sinomarxismus an den Schulen und Universitäten gelehrt wird.[23]

Die bisherigen Staatspräsidenten Mao Zedong, Deng Xiaoping, Jiang Zemin und Hu Jintao haben sich allesamt nicht nur als Politiker, sondern auch als Theoretiker verstanden. In einer permanenten Anpassung des Marxismus an chinesische Verhältnisse sahen sie eine probate Methode zur Modernisierung Chinas. Die drei Letztgenannten gingen dabei zum Teil über Mao hinaus, zum Teil auch an ihm vorbei und entwickelten den „Sozialismus mit chinesischer Prägung“, wie er seit dem 17. Parteitag von 2007 im Parteistatut fixiert und in China bekannt ist. Seine Kennzeichen sind die Führung Chinas durch die KPCh, der Aufbau von Rechtsinstitutionen, das System der Volkskongresse und das System der Politischen Konsultativkonferenzen.

Trotz der weithin bekannten politischen, wirtschaftlichen und ökologischen Probleme, gegen die lokal phasenweise sehr heftig protestiert wird, findet der Kurs der KPCh die Unterstützung der großen Mehrheit der Bevölkerung – ein nicht unwesentlicher Aspekt, der in der Wahrnehmung Chinas durch den Westen meist zu wenig berücksichtigt wird.[24]

Bei unserer Beschreibung der intellektuellen und institutionellen Grundlagen des politischen Systems Chinas werden wir uns, darin Harro von Senger folgend, an den offiziellen Sprachgebrauch halten und diesen erläutern – Letzteres ist aufgrund der hierzulande weithin unbekannten kommunistischen Terminologie unerlässlich. Beispielsweise werden wir die Kommunikation zwischen den politisch Mächtigen und dem Volk nicht, wie John Naisbitt in seinem jüngst erschienenen Werk „Chinas Megatrends“ mit der Wortschöpfung „vertikale Demokratie“ umschreiben, die ein brandneues Konzept suggeriert, sondern dafür den chinesischen Terminus „Massenlinie“ (qunzong luxian) verwenden.[25] Diesen hat Mao Zedong im Jahre 1943 in seinem Artikel „Über einige Probleme der Führungsmethoden“ geprägt und entfaltet und so ist er trotz inhaltlicher Modifikationen seither für den Sachverhalt, den Naisbitt im Blick hat, in Gebrauch. Auch verzichten wir auf Vergleiche führender chinesischer Politiker mit „politischen Unternehmern“ (John und Doris Naisbitt) und der Regierung als einer „Entwicklungsagentur“ (Thomas Heberer) oder als ein „lernendes autoritäres System“ (Sebastian Heilmann). Zweifellos haben diese Zuschreibungen eine gewisse Berechtigung, doch verstellen sie unseres Erachtens letztlich die Sicht auf den marxistischen Kontext, innerhalb dessen die KPCh ihren Anspruch, eine politische Vorhutorganisation zu sein, vor dem Volk bislang erfolgreich legitimiert. Dass die Kommunistische Partei ihren Legitimationsverlust nach der Kulturrevolution und später den Zusammenbruch der kommunistischen Parteien in Osteuropa überstand, liegt eben nicht nur an dem immensen wirtschaftlichen Aufschwung der letzten 30 Jahre, wie gerne gemutmaßt wird, sondern auch an tief greifenden politischen und juristischen Reformen. Diese kündigte Deng Xiaoping bereits 1980 in einem Interview an, das er der italienischen Journalistin Oriana Fallaci gab. Darauf angesprochen, wie er weitere Kulturrevolutionen vermeiden wolle und welche Ziele die KPCh verfolge, erklärte er: *„Wir bemühen uns heute, eine künftige Wiederholung dieser Dinge* (i.e. die Kulturrevolution, d.A.) *zu vermeiden, und wir stehen im Begriff, mit der Reform unserer Institutionen zu beginnen. Unser Land blickt auf eine Geschichte von mehreren tausend Jahren Feudalismus zurück, es fehlt ihm noch an sozialistischer Demokratie und an einem sozialistischen Rechtssystem. Wir arbeiten heute in allem Ernst daran, eine solche sozialistische Demokratie und ein sozialistisches*

Rechtssystem aufzubauen. Nur auf diese Weise können wir die Probleme lösen."[26]

Was versteht man in China unter einer „sozialistischen Demokratie" und einem „sozialistischen Rechtsstaat"? Hat Deng Xiaoping Wort gehalten und hat es Fortschritte bei deren Institutionalisierung in den letzten 30 Jahren gegeben?

Von starken Führern zu starken Institutionen

Die Frage, ob eine Herrschaft durch Personen oder eine Herrschaft durch Institutionen vorzuziehen sei, ist so alt wie die politische Philosophie Chinas. Konfuzius legte den Schwerpunkt auf die Persönlichkeit des Herrschers. Er trat für eine Regierung von Königen ein, die in besonderer Weise das ethische Weltgesetz (dao) verinnerlicht hatten und kraft ihrer charismatischen Tugend ihre Untertanen lenkten. Im Idealfall war Regieren „geraderichten", worunter Konfuzius die Erziehung des Volkes durch das positive Vorbild der Eliten verstand. Die Gesellschaft wollte er auf gemeinsame Werte gründen, die nicht nur propagiert, sondern ganz konkret in ritualisierten Verhaltensweisen in allen Lebensbereichen verwirklicht werden sollten. Diesen Erziehungsoptimismus teilte die Schule der Legisten, die in den letzten vorchristlichen Jahrhunderten auf chinesischem Boden entstand, nicht. Die wirkungsgeschichtlich bedeutsamsten Gegenspieler der Konfuzianer argumentierten, dass es viel zu selten Herrscher gebe, die dem konfuzianischen Ideal entsprächen. Realistischer sei es daher, ein Land durch Gesetze und einen Beamtenapparat mit klar umrissenen Aufgaben zu regieren.

Sowohl im Kaiserreich als auch unter sinomarxistischen Vorzeichen setzte sich die inhaltliche Auseinandersetzung mit dem konfuzianischen und dem legistischen Standpunkt bis in die jüngste Gegenwart fort. Mao Zedong verfügte als maßgeblicher Gründer der Volksrepublik über eine sehr große persönliche Autorität. Gleich mehrmals während seiner Herrschaft setzte er diese ein, um in Massenkampagnen das Volk gegen bürokratische Strukturen und mächtige Institutionen zu mobilisieren, wenn ihm letztere seine revolutionären Ideale zu verraten schienen. Die Kulturrevolution (1966–1976) war Maos letzter Versuch, das Volk politisch zu aktivieren. Damit brachte er China an den Rand eines Bürgerkriegs. Mao selbst musste Ende der 1960er Jahre die Volksbefreiungsarmee hinzuziehen, um die phasenweise in maßloser Brutalität geführten Auseinandersetzungen zwischen den verschiedenen Fraktionen, in die Teile der chinesischen Bevölkerung zerfallen waren, einzudämmen.

Nach Maos Tod im Jahre 1976 wurden der kulturrevolutionäre Personenkult um Mao und sein Führungsstil heftig von Deng Xiaoping kritisiert. Mao habe ein *„patriarchalisches Verhalten, das feudalistisch geprägt ist"*, an den Tag gelegt.[27] Deng Xiaoping, ebenfalls ein Politiker mit dem Charisma des Revolutionärs der ersten Stunde, warf seine ganze Autorität in die Waagschale, um das Fundament, auf dem die KP ihre Herrschaft ausübte, zu erneuern. Die grundsätzliche Richtigkeit der Theorien des Sinomarxismus stellte Deng nicht in Frage, allerdings sollten diese nicht länger kraft der persönlichen Autorität hoher Amtsinhaber, sondern durch Institutionen in die Praxis umgesetzt werden.

Damit beabsichtige Deng die Weichen für eine Zukunft zu stellen, in der der revolutionäre Nimbus der KPCh verblasst sein würde und neue Generationen von Chinesen auf neue Weise von der Legitimation der kommunistischen Herrschaft überzeugt werden mussten. Dengs Reformprogramm war eine Reaktion auf die Stimmung im Volk. Dieses hatte genug von Massenkampagnen und wünschte einen wirtschaftlichen Aufschwung. Deng fand es daher an der Zeit, die bereits vom 1976 verstorbenen Ministerpräsidenten Zhou Enlai geforderten vier Modernisierungen (i.e. von Wissenschaft, Militär, Landwirtschaft und Industrie) anzustoßen. Um diese Ziele dauerhaft – und deshalb personenunabhängig – zu erreichen, betrieb er den Ausbau politischer und juristischer Institutionen. Wer diesen Prozess leiten und auf welchen Grundlagen er stehen sollte, formulierte Deng Ende der 1970er Jahre in vier Grundprinzipien.[28] Diese lauten: Festhalten am sozialistischen Weg, an der Diktatur des Proletariats, an der Führung durch die KPCh und am Marxismus-Leninismus. Mehr als 30 Jahre später gelten diese vier Grundprinzipien immer noch. Ausdrücklich betrachtet die KPCh nicht allein die Einführung der sozialistischen Marktwirtschaft, sondern das begleitende politisch-gesellschaftliche Gesamtkonzept als Schlüssel zum Erfolg. Nicht obwohl, sondern weil sich der sozialistische Weg erheblich verbreiterte und die konkrete Ausübung der Diktatur des Proletariats sich in Chinas sozialistischer Demokratie wesentlich veränderte, übt eine ebenfalls reformierte KPCh nach wie vor die Macht aus. Ihr theoretisches Fundament bilden die drei Hauptlehren des Marxismus-Leninismus: der Historische Materialismus, der Dialektische Materialismus und der Wissenschaftliche Sozialismus.

Wie weit ist China, kommunistisch gesehen?

Als Kommunist sah Deng Xiaoping sich veranlasst, seine Reformvorhaben theoretisch zu begründen. Bei seiner Argumentation stützte er sich auf die marxistische Geschichtsphilosophie: den Historischen Materialismus. Der Historische Materialismus deutet Geschichte vornehmlich als Wirtschaftsgeschichte. Er unterscheidet verschiedene Wirtschaftsformen und versucht daraus Gesetzmäßigkeiten abzuleiten, nach denen sich die Menschheitsgeschichte Stufe für Stufe höher entwickelt haben soll. So sei auf eine Urgesellschaft eine Sklavenhaltergesellschaft gefolgt, dann eine Feudalgesellschaft, dann der Kapitalismus.[29] Aus letzterem entstehe der Sozialismus als erstes Stadium des Kommunismus.

Um die politischen und wirtschaftlichen Prioritäten richtig zu setzen, ist es also für Sinomarxisten von entscheidender Bedeutung, anhand der Stadienlehre den aktuellen Entwicklungsstand Chinas korrekt zu bestimmen. Genau dies sei Mao nicht gelungen, kritisiert Deng. Maos Verdienste um die Gründung der Volksrepublik China werden zwar von Deng nicht bestritten, aber dann habe Mao im „Großen Sprung nach vorn“ (1958–1961) und während der Kulturrevolution (1966–1976) *„die ökonomischen Gesetzmäßigkeiten außer Acht gelassen“.*[30] Mao habe die Lehren des Historischen Materialismus ignoriert, als er das kapitalistische Entwicklungsstadium mit schierer Willenskraft überspringen wollte und Chinas tatsächliche ökonomische Lage überschätzt. China sei in sämtlichen Hinsichten wesentlich weniger fortgeschritten als Mao glaubte, deshalb habe der Sozialismus unter Mao Züge einer halbfeudalen, autoritätshörigen und abergläubischen Gesellschaft getragen, seine Produktivität sei unterentwickelt und der Industrialisierungsprozess noch rudimentär gewesen. Deng Xiaoping beruft sich auf Marx und Engels, wenn er behauptet, dass ein Sozialismus nur auf einen voll entwickelten Kapitalismus aufbauen könne. Der tiefste Gedanke der beiden Begründer des Marxismus sei daher nicht der Klassenkampf, wie Mao meinte, sondern das Erringen kollektiven Wohlstands gewesen! Nur bei hoher Produktivität, abgeschlossener Industrialisierung und in einer Gesellschaft, die keine feudalistischen Reste mehr aufweise, sei gewährleistet, dass nicht die Armut, sondern der Wohlstand sozialisiert werde.

Da nach der Geschichtsauffassung des Historischen Materialismus vor dem Kommunismus der Kapitalismus kommen muss, ist es durchaus mit dem Marxismus vereinbar, dass es heute in China Marktwirtschaft und Privateigentum an Produktionsmitteln gibt. In der Satzung der KPCh von 2002 steht denn auch: *„Man muss einen Teil der Gebiete und der Menschen ermutigen, als Erste wohlhabend zu werden, die Armut schrittweise beseitigen, den gemeinsamen Wohlstand verwirklichen und auf der Grundlage der Entwicklung der Produktion und des Zuwachses des gesellschaftlichen Reichtums die wachsenden materiellen und kulturellen Bedürfnisse des Volkes ständig befriedigen.“*

Anders als Mao, der in seinen Schriften einen „neuen Menschen“ forderte, der sich patriotisch und altruistisch für den Aufbau eines modernen China einsetzte, träumte Deng bei seiner berühmten Reise nach Südchina im Jahre 1992, in der er den stokkenden Wirtschaftsreformen wieder Schwung verlieh, vom wohlhabenden Menschen: das Wesen und das Ziel des Sozialismus sei es, gemeinsam reich zu werden. Da dies vor Deng noch kein chinesischer Kommunist in dieser Deutlichkeit so formulierte, mussten daraufhin ganze Lehrbücher umgeschrieben werden.

China hat noch einen weiten Weg bis zum kommunistischen Paradies zurückzulegen. Laut der derzeit gültigen Analyse des aktuellen Entwicklungsstandes von China befindet sich das Land gerade *„im Anfangsstadium des Sozialismus"* – und das noch für einen sehr langen Zeitraum: Deng schätzte ihn auf eine Spanne von 50–70 Jahren, heute wird der Zeitraum bis zum Erreichen des Kommunismus nicht mehr präzisiert. Das Anfangsstadium des Sozialismus wird von dem marxistischen Sinologen Helmut Peters interpretiert als eine *„Zwischenetappe oder eine Übergangsformation zwischen einer spätfeudalen Gesellschaft und der sich spät entwickelnden Länder und der ersten Phase der kommunistischen Gesellschaft"*.[31] Im Mittelpunkt stehen dabei die *„Befreiung und Entwicklung der Produktivkräfte"*, sprich: *„mehr Fortschritt, Effizienz und Wohlstand; die Abschaffung der Ausbeutung und der sozialen Polarisierung und letztlich allgemeiner Wohlstand"*.[32] Richtig für dieses Stadium seien die neuerliche Herausbildung einer vielfältigen Eigentumsstruktur, wobei die dominierende Rolle des staatlichen Eigentums gewahrt bleiben soll sowie der Übergang zu einer sozialistischen Marktwirtschaft und die Nutzung ausländischen Kapitals. In vielen Augen sieht das Anfangsstadium des Sozialismus dem Kapitalismus zum Verwechseln ähnlich. Dennoch gab es – jedenfalls vor Ausbruch der Finanz- und Wirtschaftskrise – einen großen Unterschied zu westlichen Industrienationen: Peking hat trotz der Einführung marktwirtschaftlicher Elemente die makroökonomische Steuerung nie aus der Hand gegeben.

Obwohl auch Deng von gesellschaftlichem Fortschritt sprach, legte er in seinem politischen Wirken den Schwerpunkt auf die Entwicklung der wirtschaftlichen Leistungsfähigkeit Chinas. Das zeitliche Nebeneinander von Kapitalismus und Sozialismus war ihm nicht länger ein Anlass zum Klassenkampf auf Leben und Tod, auch wenn er den Klassenkampf keineswegs ad acta legte. Doch statt rabenschwarzem Kapitalismus und strahlend weißem Sozialismus sah er die Welt in bunten Farben, die Fanfarenstöße wichen milderen Tönen. Unermüdlich wird in vielen offiziellen Publikationen der letzten Jahrzehnte die Vielfalt der globalen Systeme und Entwicklungswege hervorgehoben.[20] In einer sensationellen Wendung wird dem Kapitalismus eine lange Lebensdauer prophezeit und das ohne jedes Bedauern: Jedes System habe seine Stärken und Schwächen, daher solle man sich wechselseitig respektieren, einander ergänzen und in den Unterschieden die Übereinstimmungen finden, um eine gemeinsame Entwicklung zu verwirklichen. Nicht nur, dass laut dem Historischen Materialismus der Kapitalismus einen höhere Entwicklungsstufe als der Feudalismus ist und sich damit sehr wohl dazu eignet, feudalistische Elemente in China zu überwinden, manche seiner Methoden wirken laut Deng Xiaoping systemunabhängig: *„Wir dürfen nicht behaupten, dass alles, was in kapitalistischen Ländern entwickelt wird, kapitalistischen Charakter trägt: So nützen zum Beispiel Technik und Wissenschaft - und selbst modernes Produktionsmanagement ist eine Art Wissenschaft - jeder Gesellschaft und jedem Land ... An sich haben diese Dinge keinen Klassenscharakter.“*[33]

Das ändert jedoch nichts daran, dass sowohl laut Verfassung als auch gemäß dem derzeit aktuellsten Parteistatut von 2007 das höchste Ideal und das endgültige Ziel der KPCh nach wie vor die Verwirklichung des Kommunismus ist.

Wohin es geht und die Lehre vom Hauptwiderspruch

Neben dem Historischen Materialismus ist der Dialektische Materialismus ein weiterer Pfeiler des Marxismus-Leninismus. Den Dialektischen Materialismus charakterisiert ein dynamisches Weltbild, gemäß dem sich auf der Welt eine Vielzahl von materiellen Widersprüchen gegenüberstehen und mit ihren Auseinandersetzungen die Geschichte vorantreiben.

In China spielt die Lehre vom Hauptwiderspruch (Zhuyao maodun) eine zentrale praktische Rolle, die von Nichtmarxisten häufig übersehen wird. Das Fundament dafür legte Mao im Jahre 1937 mit seiner kleinen, aber überaus wirkungsstarken Schrift „Über den Widerspruch". Der zufolge ist unter all den Widersprüchen, die es auf dieser Welt gibt, ein Hauptwiderspruch zu identifizieren und von der Politik vorrangig zu lösen. Die Lösung dieses Hauptwiderspruchs erleichtert laut Mao die Lösung von Nebenwidersprüchen. Die wichtigste politische Aufgabe eines bestimmten Zeitraums und alle Einzelmaßnahmen hängen also von der jeweiligen Definition des Hauptwiderspruchs ab.[34] Die jüngste chinesische Geschichte kannte vor 1978 drei Hauptwidersprüche: Der erste galt in der Zeit des chinesisch-japanischen Krieges von 1937 bis 1945 und lautete China gegen Japan. Da es den Kommunisten zu jener Zeit in erster Linie auf den Sieg gegen Japan ankam, waren sie sogar dazu bereit, sich mit ihrem politischen Todfeind Tschiang Kaishek zu verbünden. Dieses Bündnis endete jedoch mit der Niederlage Japans am Ende des II. Weltkriegs. Der lange schwelende Machtkampf zwischen Mao Zedong und Tschiang Kaishek brach offen aus und der Hauptwiderspruch von 1946 bis 1949 lautete entsprechend: KPCh gegen Tschiang Kaisheks Partei Guomindang. Nachdem der chinesische Bürgerkrieg zugunsten der Kommunisten entschieden war, wurde 1949 ein neuer Hauptwiderspruch bestimmt: Der Klassenkampf zwischen Proletariat und Bourgeoisie.

Nach Maos Tod nutzte Deng Xiaoping geschickt Maos Theorie, um dessen Politik von Grund auf zu revidieren: Deng definiert den Hauptwiderspruch neu. Auf sein Betreiben hin verabschiedete sich die KPCh vom Klassenkampf als Hauptwiderspruch und bestimmte im Jahre 1978, dass bis auf Weiteres der Hauptwiderspruch zwischen *„den wachsenden materiellen und kulturellen Bedürfnissen des Volkes und der rückständigen gesellschaftlichen Produktion"* besteht. Diesem einen Ziel, der Modernisierung Chinas, sind bis heute und in die nächste Zukunft hinein alle innen- und außenpolitischen sowie wirtschaftlichen Maßnahmen der chinesischen Regierung untergeordnet.[35]

Die Änderung des Hauptwiderspruchs erlaubte Deng Xiaoping und seinen Nachfolgern, 30 Jahre maoistische Politik als verfehlte Anwendung des Marxismus zu kritisieren, ohne zugleich das nach wie vor vorhandene Prestige Maos in der Bevölkerung komplett zu demontieren. Vielmehr konnten sich die Reformer der chinesischen Öffentlichkeit als maoistischer als Mao darstellen, indem sie dessen theoretischen Beitrag zum Marxismus priesen und sich als erfolgreichere Anwender empfahlen.

Mit wissenschaftlichem Anspruch – Der Sinomarxismus

Neben dem Historischen Materialismus, auf dessen Grundlage die historische Entwicklungsstufe Chinas bestimmt wurde, und neben dem Dialektischen Materialismus, der den Weg zu einem neuen Hauptwiderspruch wies, stützten sich Deng Xiaoping und seine Nachfolger auf einen weiteren Pfeiler des Marxismus, um ihre Reformen theoretisch zu untermauern: auf den Wissenschaftlichen Sozialismus. Als Kinder des 19. Jahrhunderts legten Marx und Engels größten Wert auf die Feststellung, dass ihre Lehre nicht der Ausdruck von Wunschdenken sei, sondern auf nüchterner Wissenschaftlichkeit beruhe. Beim Wissenschaftlichen Sozialismus handelt es sich um eine „marxistische Soziologie", die Gesellschaft und Wirtschaft auf die Frage hin analysiert, wie die Theorien des Marxismus (i.e. die „reine Ideologie") unter den spezifischen Gegebenheiten eines Landes praktisch umgesetzt werden können (i.e. die „praktische Ideologie"). Schon Marx und Engels hatten vorausgesagt, dass es keinen Gießkannensozialismus, der sich überall gleich entwickelt, geben kann. Vielmehr würde der Sozialismus in unterschiedlichen Staaten unterschiedliche Ausprägungen annehmen.

Die praktische Ideologie Chinas ist der Sinomarxismus, und als dessen Ahnherr gilt über seinen Tod hinaus Mao Zedong. Auch wenn erst seit der Neudefinition des Hauptwiderspruchs durch Deng Xiaoping vom „Sozialismus chinesischer Prägung" gesprochen wird, markiert dieser Sprachgebrauch weder für Deng noch dessen Nachfolger einen absoluten Bruch mit Mao – schließlich wird ihm von Seiten der KPCh nicht vorgeworfen, dass er Marxist war, sondern dass er den Marxismus zu bestimmten Zeiten fehlerhaft interpretierte. Das hält Deng nicht davon ab, es als Maos größtes Verdienst zu bezeichnen, dass er *„die Prinzipien des Marxismus-Leninismus mit der konkreten Praxis der chinesischen Revolution verbunden hat"*.[36]

Die Theorien von Marx, Engels und später auch von Lenin eröffneten der Umsetzung des Marxismus in die Praxis weite Räume. Wo verläuft die rote Linie, diesseits derer eine Maßnahme noch marxistisch mit den „spezifischen Gegebenheiten Chinas" zu rechtfertigen ist und wann dient der Sozialismus nur noch als Fassade? Zweifellos haben über dieser Frage nicht wenige Chinesen und westliche Marxisten, die der Wechsel von der Volkskommune in die Privatwirtschaft schwer irritierte, ihren Glauben an die marxistische Kompetenz oder KPCh verloren. Aber haben die Kritiker wirklich recht, wenn sie den Sinomarxismus nach Deng Xiaoping für pure Rhetorik halten? Die KPCh verweist auf den lupenrein marxistischen Wissenschaftlichen Sozialismus als ideologisches Fundament und darauf, dass das Adjektiv „wissenschaftlich" die Freiheit von dogmatischen Fesseln, pausenlos durchgeführte Untersuchungen und Umfragen und die Erprobung von Problemlösungen in der Praxis bedeute: *„Wir müssen von der besonderen Situation Chinas ausgehen, noch flexiblere und effizientere Richtlinien und Maßnahmen ergreifen, mehr experimentieren, uns mehr auf Neuland wagen, um einen lebendigeren und attraktiveren Sozialismus aufzubauen"* (Dong Degang, Professor und Vize-Dekan der philosophischen Fakultät der zentralen Parteischule).

Dynamik war, ist und bleibt ein wesentliches Mal des modernen China. Doch wo Mao permanente Revolution und Klassenkampf propagierte, treten seine Nachfolger an der Parteispitze für eine permanente Weiterentwicklung des Sozialismus entlang einer dialektischen Spirale ein: die Theorie verändert die Praxis, die Praxis wirkt zurück auf die Theorie. Ständig muss der Marxismus unter neuen Bedingungen richtig interpretiert werden, damit die Parteilinien und die konkreten politischen Maßnahmen ihre wissenschaftliche Basis nicht verlieren. In den Augen der Reformer wäre es blinder Dogmatismus gewesen, an sozialistischen Konzepten wie der Planwirtschaft mit ihrem ausschließlichen Staatseigentum an Produktionsmitteln und ihrem garantierten Einkommen für alle – der sogenannten „eisernen Reisschüssel" – bei gering ausdifferenzierter Lohnskala festzuhalten, wenn doch das praktische Resultat davon allgemeine Armut war. Eine korrekte Anwendung des Wissenschaftlichen Sozialismus war in den Augen der Reformer vielmehr, mit diesen wirtschaftlichen Dogmen zu brechen, wie das auf der 3. Plenarsitzung des 12. Zentralkomitees 1984 geschehen ist, und eine sozialistische Marktwirtschaft einzuführen. Die Praxis, nämlich die in den letzten 30 Jahren errungenen Erfolge, beweist jedenfalls in den Augen der Reformer, dass Deng den Sozialismus tiefer verstand als sein Vorgänger Mao.

Nach Deng Xiaoping hat es immer wieder theoretische Ergänzungen des Sinomarxismus gegeben. Schließlich fordert die Parteilinie ausdrücklich, dass ihre Mitglieder sowohl am Marxismus festhalten müssen als auch ihn permanent weiterzuentwickeln und an die chinesischen Verhältnisse anzupassen haben. Jiang Zemin, der von 1989 bis März 2003 der führende Politiker Chinas war, steuerte als theoretischen Beitrag zur Weiterentwicklung des chinesischen Sozialismus das Konzept der „drei Vertretungen" (San ge daibiao) bei, obwohl er selbst Wert darauf legte, dass er nichts Neues sage, sondern nur altbekannte Tatsachen ins rechte Licht rücke. Auf einer Reise in die Provinz Guangdong im Februar 2000 hat Jiang das Konzept der drei Vertretungen zum ersten Mal ausführlicher erläutert. Die KPCh vertrete *„ständig die Entwicklung der fortschrittlichen Produktivität Chinas, ständig die Entwicklung der fortschrittlichen Kultur Chinas und ständig das Grundinteresse der Mehrzahl der Bevölkerung Chinas"*. Hinter diesen sperrigen Worten verbirgt sich nichts weniger als eine offiziell abgesegnete Wandlung der KPCh von einer Arbeiter- und Bauernpartei zur Volkspartei, die sich auch der neu entstandenen Mittelschicht Chinas öffnet. Die bis dato offene Frage, ob Privatunternehmer, von denen es in China damals schon einige Millionen gab, Parteimitglieder werden dürften, war somit bejaht. Schließlich gehörten die Privatunternehmer eindeutig zu den fortschrittlichen Produktivkräften: ihr Anteil am Bruttoinlandsprodukt wuchs ständig und sie schufen dringend benötigte Arbeitsplätze. Klassenfeind war vorgestern, fortan konnten Unternehmer Teil der politischen Elite werden. Ihre Opposition zum System war allerdings schon damals ohnehin kaum zu befürchten, da sie in erster Linie an politischer Stabilität interessiert sind und, wie traditionell in China, enge und nicht immer moralisch und juristisch einwandfreie Beziehungen zu Partei und Staat unterhalten. Der oben zitierte Dong Degang rechtfertigt Jiang Zemins Theorie zum einen mit dem Argument, dass die KPCh seit der Ära Deng Xiaopings bewiesen habe, dass sie nicht nur für die Arbeiterklasse, sondern für die gesamte chinesische Nation gekämpft habe. Außerdem sei sie ihrerseits schon immer auf die Kraft und den Einsatz der ganzen Nation bei der Modernisierung Chinas angewiesen gewesen. Die KPCh sei also die Führerin des Volkes und müsse daher auch das ganze Volk als seine Basis betrachten.

Der Umbau von einer Plan- in eine Sozialistische Marktwirtschaft unter Deng Xiaoping und Jiang Zemin erforderte den Verkauf und die Schließung zahlreicher Staatsunternehmen, die aufgrund veralteter Technik, unattraktiver Produkte und – last not least – enormer Sozialkosten unrentabel waren. Aus berechtigter Sorge wegen der Abermillionen von Chinesen, die auf dem Weg in das reformierte Wirtschaftssystem ihre Arbeit verloren, kämpften Deng und Jiang für ein Wirtschaftswachstum um jeden Preis. Sie unterstützten Joint Ventures mit ausländischen Unternehmen und die chinesische Privatwirtschaft, um neue Arbeitsplätze zu schaffen und landesweiten Arbeiterunruhen vorzubeugen. Seit den ersten Jahren des 21. Jahrhunderts sind die Folgen dieser Prioritätensetzung unübersehbar. Die Kluft zwischen arm und reich provoziert auf sozialer Ebene Spannungen – unabhängige Quellen sprechen von bis zu 100.000 gegen lokale Missstände, nicht gegen das System als solches gerichteten Protesten pro Jahr – und auf individueller Ebene Depressionen und Neurosen.[37] Unter Mao war die Armut ziemlich gleichmäßig auf die gesamte Bevölkerung verteilt. Niemand konnte deshalb sein Gesicht verlieren, denn den Nachbarn ging es in materieller Hinsicht auch nicht besser. Seit dem chinesischen Wirtschaftswunder tragen jedoch neureiche Chinesen ihren Wohlstand gerne zur Schau, so dass sozialer Neid bei den weniger Erfolgreichen nicht ausbleibt. Eine weitere Fehlentwicklung stellen die gravierenden Umweltschäden dar. Saurer Regen, Versteppung und verschmutztes Wasser gefährden die Gesundheit der Bevölkerung und drohen alle hart erarbeiteten wirtschaftlichen Erfolge zunichte zu machen.[38] Deshalb ist es die zentrale Aufgabe von Jiangs Nachfolger an der Staatsspitze Hu Jintao (seit März 2003), den Sozialismus chinesischer Prägung wieder zu entökonomisieren. Die Steigerung des Bruttosozialprodukts genießt nicht mehr absolute Priorität. Gesellschaftliche, politische und ökologische Reformen, auf deren Notwendigkeit schon der im Jahre 1978 neuformulierte Hauptwiderspruch mit dem Hinweis auf die „kulturelle Rückständigkeit des chinesischen Volkes" anspielt, werden als gleichermaßen dringlich angesehen.

In einer wichtigen Rede aus dem Jahre 2003 forderte Hu eine ganzheitliche, umfassende – und selbstverständlich: wissenschaftliche – Entwicklung von Mensch und Wirtschaft, Stadt und Land sowie Mensch und Natur. Das damit zusammenhängende Ziel, den Aufbau einer „harmonischen Gesellschaft", stellte er erstmals während des 16. Parteitags (16.–19.9.2004) vor. Mit dieser Wortwahl knüpfte er geschickt an ein traditionelles Ideal an, das auf Konfuzius zurückgeht. Harmonie bestand in den Augen des Konfuzius dann, wenn jeder an seinem sozialen und beruflichen Platz die damit verbundenen Pflichten und Aufgaben erfüllte. Hu erweiterte diese Vorstellung um die Forderung Deng Xiaopings nach einer sozialistischen Demokratie und einer Herrschaft auf der Grundlage von Gesetzen. Dabei sollen die Interesse aller gesellschaftlichen Schichten berücksichtigt und die auftretenden

Interessenskonflikte gerecht gelöst werden. „He er bu tong" lautet die Losung: In Harmonie, wenn auch nicht in (maoistischer) Gleichheit, die private wirtschaftliche Initiativen unterdrückt, sollen die Chinesen miteinander leben. Außerdem fordert Hu alle Chinesen auf, sich gegenseitig zu helfen und einander zu vertrauen – ein Punkt, den die chinesischen Medien besonders während Naturkatastrophen wie zuletzt in Sichuan und in Yushu, dem Autonomen Kreis der tibetischen Ethnie, veranschaulichen, indem sie ausführlich über Hilfsleistungen aus *ganz* China für die Opfer berichten. Weiter verspricht Hu, dass alle Initiativen, die dem gesellschaftlichen Fortschritt dienen, Unterstützung und Ermunterung erfahren sowie die Administration verbessert und die Sicherheit der Bevölkerung erhöht würden. Auch solle der Umweltschutz mit der Steigerung der Produktivität in Einklang gebracht werden.

Seine Konzepte der wissenschaftlichen Entwicklung und der harmonischen Gesellschaft hat Hu Jintao bislang nur in Reden propagiert und noch nicht in eine Theorie gegossen. Dennoch wurden sie auf dem 17. Parteitag 2007 zusammen mit der Deng Xiaoping-Theorie und Jiang Zemins „drei Vertretungen" als theoretisches Fundament für den Sozialismus mit chinesischer Prägung bezeichnet und in der Parteisatzung verankert.

„Führerin des Volkes" – Die kommunistische Partei

Bis in die 1990er Jahre wurde seitens einiger westlicher Wissenschaftler die Theorie vertreten, dass die wirtschaftlichen Reformen in China zwangsläufig politische Reformen nach europäisch-amerikanischem Vorbild nach sich zögen. Doch so sehr sich die Volksrepublik in den letzten drei Jahrzehnten gewandelt hat, eines blieb bestehen: die Machtausübung durch die KPCh. Überraschend ist dies zumindest für diejenigen Chinabeobachter nicht, welche Deng Xiaopings „vier Grundprinzipien" zur Kenntnis genommen haben. Deren Kern ist laut Deng das dritte Grundprinzip, sprich: das Festhalten am Führungsanspruch der KPCh.[39] Wie die anderen Grundprinzipien ist auch das dritte in der bis heute gültigen Verfassung von 1982 und ihrer derzeit aktuellsten Ergänzung von 2004 verankert: *„Die Kommunistische Partei Chinas ist die einzige Regierungspartei Chinas ... Die KPCh Chinas war, ist und wird die Führerin des chinesischen Volkes sein.“* Diesen Führungsanspruch stellt die KP nicht nur gegenüber dem Volk, sondern auch gegenüber allen anderen acht großen demokratischen Parteien auf dem Festland und den sechs Parteien in Hongkong. Letztlich handelt es sich dabei um einen Vertretungsanspruch: Die KPCh betrachtet sich als Vertreterin des Volkes.

Zur Begründung des Führungsanspruchs wird unter anderem das geschichtliche Argument herangezogen, dass das chinesische Volk erst unter der Führung der KPCh erreicht habe, Herr des Staates zu werden und nur die Herrschaft der KPCh gewährleiste, dass es der Herr des Staates bleibe. Weiter nimmt die Partei für sich in Anspruch, dass sich – trotz der Eingeständnisse, dass in der Vergangenheit Fehler gemacht wurden und es viele soziale und ökologische Probleme gibt – unter ihrer Führung das politische System in China etabliert, entwickelt und verbessert habe. Bei Letzterem spielt die KPCh auf die Reformen im Volkskongress und der Politischen Konsultativkonferenz des Volkes sowie auf diverse andere Reformen an (s. S. 107 ff.).

In zahllosen Reden und Dokumenten preist sich die KPCh als Garant für politische Stabilität nach dem Chaos der Kulturrevolution und ihre Herrschaft als Voraussetzung für eine fortdauernde Modernisierung. Gerne erinnert die KPCh bei der Rechtfertigung des Regierungssystems an die enttäuschenden Erfahrungen der Chinesen mit der kurzlebigen westlich geprägten parlamentarischen Demokratie zwischen 1912 und 1913. Bevor der vom Westen unterstützte Militärdiktator Yuan Shikai damals das Parlament auflöste, waren darin über 300 Parteien vertreten.

Auch mit Kritik am westlichen Mehrparteiensystem wird nicht gespart. Obwohl die Sinomarxisten schon seit Maos Zeiten vehement betonen, wie sehr kulturelle, wirtschaftliche und historische Faktoren die Politik eines Landes beeinflussen, betrachten sie die jeweiligen Besonderheiten eines Landes rein aus dem Blickwinkel des marxistischen Geschichtsbildes. Der Versuch, die hinter dem Mehrparteiensystem stehenden politischen Theorien nachzuvollziehen und auf dieser Grundlage dessen Stärken und Schwächen aufzuzeigen, unterbleibt. Stattdessen kritisiert Deng Xiaoping das westliche Mehrparteiensystem mit klassenkämpferischen Argumenten, die an Mao anklingen: *„Was ist denn eigentlich so überzeugend am Mehrparteiensystem der kapitalistischen Länder? Dieses System entstand aufgrund von Streitigkeiten und Konkurrenzkämpfen zwischen verschiedenen Teilen der Bourgeoisie, keine der Parteien vertritt dazu die Interessen der arbeitenden Bevölkerung."*[40]

Gelegentlich wird es kommunistischer Demokratiekritik allerdings auch allzu leicht gemacht: Jedes Mal, wenn es wie beispielsweise im April 2007 im taiwanesischen Parlament zu einer wilden Schlägerei unter den Abgeordneten kommt, wiederholt das chinesische Staatsfernsehen die Szenen genüsslich in Zeitlupe.

Obwohl sich aus westlicher Sicht die Vorherrschaft einer Partei und Demokratie gegenseitig ausschließen, sprechen die Sinomarxisten von ihrer Staatsform als einer sozialistischen Demokratie und halten sie sogar für die einzig wahre Demokratieform. Zwar verlangen Dissidenten immer wieder die Einführung des westlichen demokratischen Systems, aber: Der Führungsanspruch der KPCh wird bislang von der Mehrheit der chinesischen Bevölkerung akzeptiert. Erklärbar wird dies nicht zuletzt durch eine – wenn auch nur oberflächliche – Kontinuität zwischen gewissen konfuzianischen und sinomarxistischen Ideen. Die Gedanken der konfuzianischen Denker Chinas kreisten seit jeher um die Herstellung einer Einheit von Volk und Führung. Jahrtausendelang galt in China die Überzeugung, dass das Wohlergehen des Volkes die Legitimation einer guten Regierung sei. Solange die Herrschenden ihre Pflicht zur Sorge um das Gemeinwohl erfüllen, besteht für das Volk seinerseits die Pflicht zur Loyalität gegenüber den Eliten, darin waren sich Konfuzius und seine Nachfolger einig. Im Zentrum der politischen Ideen standen somit wechselseitige Pflichten und der Wunsch nach Harmonie, nicht das Spannungsverhältnis zwischen dem Einzelnen und dem Staat wie im modernen Abendland. Unterschiedliche Interessen wurden schon im Kaiserreich unter *einem* konfuzianischen Dach und nicht von einer Vielzahl von Parteien und Gruppierungen wie im modernen Westen verfolgt.

An diese kulturelle Tradition kann die KPCh anknüpfen, wenn sie die Einheit der Interessen innerhalb des Volkes sowie zwischen dem Volk und der Kommunistischen Partei propagiert. Anstelle der wechselseitigen Pflichten, die Konfuzius dem Herrscher und dem Volk auferlegte, ist bei den Kommunisten allerdings das Konzept der „Massenlinie" getreten. Im Idealfall handelt es sich dabei um ein in beide Richtungen funktionierendes Kommunikationsmodell zwischen oben und unten. In dem von der Verfassung gesteckten Rahmen hat sich die Diskussionskultur tatsächlich innerhalb und außerhalb der Institutionen in den letzten Jahren erheblich verbessert.

Die KPCh strebt die Mobilisierung aller Kräfte des Volkes zur Erreichung klar umrissener Ziele an. Deng Xiaoping betrachtete diesen Ansatz als eine Stärke Chinas. Das Endziel ist nach wie vor der Kommunismus mit seiner wohlhabenden, klassenlosen Gesellschaft, seiner Aufhebung der Entfremdung des Menschen und seinem Prinzip *„Jeder nach seinen Fähigkeiten, jedem nach seinen Bedürfnissen"*. Auf dem Weg dahin gibt es Etappenziele: einen bescheidenen Wohlstand (xiaokang) für eine Milliarde Menschen bis zum Jahre 2021 und das Pro-Kopf-Bruttoinlandsprodukt eines Schwellenlandes bis zum Jahre 2049. Den westliche Nationen hingegen unterstellt Deng Xiaoping pauschal, dass diese keine gemeinsamen Ideale hätten und ihre Kräfte nicht zusammenfassen könnten, sondern diese gegeneinander wirkten und sich gegenseitig blockierten.[41] Das Argument, dass das geregelte Austragen von Interessenskonflikten zwischen verschiedenen gesellschaftlichen Gruppierungen einer Nation letztlich dem Gemeinwohl dienlich sei, weist er zurück.

Trotz der propagierten Eintracht zwischen Führung, Volk und Zielen werden auch im kommunistischen China gesellschaftliche Interessenskonflikte nicht geleugnet, auch wenn es aus ideologischen Gründen sehr wohl die Tendenz gibt, ihre Bedeutung herunterzuspielen. Maßgeblich für die Behandlung dieser Widersprüche sind nach wie vor die Mao-Zedong-Ideen. Diesen zufolge handelt es sich bei einem Großteil der widersprüchlichen Interessen um Konflikte, die durch Diskussionen und Kompromisse ausgeräumt werden können. Sie stellen die Einheit des großen gemeinsamen Zieles nicht in Frage. In seiner Schrift „Über den Widerspruch“ bezeichnet Mao sie als nicht-antagonistische Widersprüche. Zu diesen zählen beispielsweise sachliche Differenzen zwischen Partei und Volk oder zwischen der KPCh und den anderen chinesischen Parteien und Massenorganisationen. Bei antagonistischen Widersprüchen hingegen muss irgendwann eine Entscheidung für die eine oder die andere Seite fallen. Solch ein antagonistischer Widerspruch besteht beispielsweise zwischen Kapitalismus und Kommunismus – auch wenn die KPCh offenlässt, wann und auf welche Weise dieser ausgetragen wird.

So unvereinbar wie Demokratie und Diktatur klingen in westlichen Ohren Demokratie und Führungsanspruch einer Partei. Doch ganz so, wie Deng es in seinem zweiten Grundprinzip gefordert hat, steht in der chinesischen Verfassung: *„Die Volksrepublik China ist ein sozialistischer Staat unter der demokratischen Diktatur des Volkes, der von der Arbeiterklasse geführt wird und auf dem Bündnis der Arbeiter und Bauern beruht. Die demokratische Diktatur des Volkes bedeutet ihrem Wesen nach die Diktatur des Proletariats.“*

Was ist unter einer „demokratischen Diktatur“ zu verstehen? Als demokratisch bezeichnet sich das chinesische Regierungssystem, weil – so die Theorie – die Staatsmacht unter der Führung der KP in den Händen des Volkes liegt, als diktatorisch hingegen, weil es die sogenannten Feinde des Sozialismus, also die Systemgegner, vom Volk ausschließt. Das Konzept des Verfassungsfeindes, der zum Sturz des Systems aufruft und vor dem sich der Staat schützen muss, ist auch im Westen bekannt. Problematisch ist in China, dass die Grenzen, wo konstruktive Kritik an der Regierung aufhört und die „Sabotage des sozialistischen Systems“ beginnt, nicht scharf gezogen sind. Das schafft rechtliche Unsicherheit und erlaubt ein willkürliches Vorgehen gegen unliebsame Bürger.

Auffallend ist, dass die Verfassung nach wie vor die herausgehobene Rolle der Arbeiter und Bauern unter den Angehörigen des Volkes betont. Im Unterschied zu den hochentwickelten Staaten des Westens stellen diese Schichten in China allerdings noch mit ca. 75 % den größten Teil der Bevölkerung. Das Parteistatut von 2007 hingegen, in dem der Begriff des Volkes auf alle chinesischen Bürger ausgeweitet ist, die *„den Aufbau des Sozialismus billigen, unterstützen und dafür arbeiten“*, schlug sich bislang nicht in der Verfassung nieder.

Demokratisch unterschätzt: Kongresse und Konferenzen

Reformen in Fahrt – Die Volkskongresse

Der Führungsanspruch der KPCh schließt keineswegs Reformen an Chinas politischem System und innerhalb der Partei aus. Auch „duldet“ die KPCh Reformen nicht nur, wie immer wieder in der westlichen Presse zu lesen ist, sondern treibt diese sogar voran.

Nur die Bereitschaft der KPCh zu Reformen erlaubt es ihr letztlich, sich - trotz der Öffnung zum Westen und des Zusammenbruchs der Herrschaft der kommunistischen Parteien in Osteuropa - an der Macht zu halten. Schon Deng Xiaoping hatte dies klar erkannt. Aus vielfältigen Gründen, die von der Größe Chinas, der Notwendigkeit neue Arbeitsplätze zu schaffen, den politischen Traditionen, der Rekrutierung reformbereiter Kader bis hin zur Suche nach optimalen Lösungen reichen, waren politische Reformen jedoch schwerer umzusetzen als wirtschaftliche.

Erst in den letzten Jahren haben die politischen Reformen Fahrt aufgenommen, denn in Anbetracht der äußerst kritischen globalen Finanz- und Wirtschaftslage sowie der internen sozialen und ökologischen Probleme muss die chinesische Regierung alle Kräfte des Volkes mobilisieren. Sie vollführt dabei einen Balanceakt, bei dem sie einerseits an ihrer Herrschaft festhält und andererseits den Willen dokumentiert, die verschiedenen sozialen Schichten Chinas in die Entscheidungsfindung einzubeziehen sowie die Regierungsausübung transparenter, effizienter und weniger willkürlich zu gestalten. Auf diesem Weg hat Peking bereits beeindruckende Erfolge vorzuweisen.[42] Die Reformen stellen nicht nur höchste Anforderungen an die Regierung, sondern auch an das Volk. Von diesem wird erwartet, dass es neben der Erfüllung beruflicher und familiärer Pflichten noch Engagement für das Gemeinwohl und Zivilcourage an den Tag legt. Auch Bürger westlicher Demokratien wissen, wie schwer das im Alltag oft fällt.

Im Zentrum der Reformen steht die Stärkung der Institutionen. Ein wesentlicher erster Schritt in diese Richtung war die ausführliche Bestimmung der Funktionsweise der Staatsorgane in der Verfassung von 1982. Dort heißt es: *Alle Macht des Staates gehört dem Volk. Die Organe, durch die das Volk die Staatsmacht ausübt, sind der nationale Volkskongreß und die lokalen Volkskongresse auf den verschiedenen Stufen.*

Das Verwaltungssystem des geographischen und demographischen Riesenreichs umfasst sechs Stufen. An der Spitze steht die Zentralregierung (zhongyang). Auf der darunterliegenden Stufe liegen auf dem Festland 22 Provinzen (sheng)[43] in der Größe europäischer Nationen, die vier regierungsunmittelbaren Städte Peking, Shanghai, Tianjin und Chongqing (zixiashi), die fünf Autonomen Gebiete Tibet, Xinjiang, Innere Mongolei, Guangxi, und Ningxia (zizhiqu) und die zwei Sonderverwaltungszonen Hongkong und Macao (tebie xingzhengqu).

Auf der dritten Stufe, im Deutschen oft als Bezirksstufe wiedergegeben, gibt es 419 Verwaltungseinheiten, zu der unter anderem großen Provinzstädte (dijishi), Bezirke (diqu oder zhou), große Stadtbezirke (shixiaqu) zählen. Eine Vielzahl von Verwaltungsbezeichnungen, je nachdem ob sich die Verwaltungseinheit in der Stadt, auf dem Land oder in Autonomen Gebieten befindet, gibt es auf der Kreisstufe (xian) und der nächstkleineren Einheit, der Gemeindestufe (xiang, zhen).

Auf all diesen Stufen amtieren lokale Volkskongresse mit Millionen Vertretern. Nur in der kleinsten Einheit, den Dörfern (cun), werden die Volkskongresse durch Dorfkomitees (cunweihui) ersetzt.

An der Spitze des Systems der Volkskongresse steht der Nationale Volkskongress (Quanguo Renmin Daibiao Dahui; hier fortan NVK). Er wird in der deutschen Presse bis heute zumeist als „Scheinparlament“ oder als „Kulissenparlament, das der Herrschaft der Kommunistischen Partei eine demokratische Note verleihen soll“ (Berliner Zeitung) bezeichnet, dessen „Delegierte nur Staffage sind“ (Spiegel).

Tatsächlich sind 2178 der 2987 Abgeordneten des 11. NVK (2008–2013) Mitglieder der KPCh, das entspricht einer Quote von 73 %. Und tatsächlich kann man den NVK nicht mit direkt gewählten Parlamenten in demokratischen Staaten vergleichen. Die Vertreter des NVKs und der VKs werden von der Provinzstufe nach den Prinzipien des sozialistischen Rätesystems indirekt auf der Grundlage von Vorschlägen gewählt. Darin ähnelt das Rätesystem strukturell dem konfuzianischen Empfehlungssystem, das in der Kaiserzeit zusätzlich zum Prüfungssystem zur Rekrutierung von Beamten in Gebrauch war. Das erleichtert sicherlich dessen Akzeptanz, zumal es im alten China keine elektorale Tradition gab und Wahlen nach der Gründung der Volksrepublik bis zu Beginn der 1980er Jahre keine bedeutende Rolle spielten.

Des Weiteren unterscheiden sich die Volkskongresse von westlichen Parlamenten, weil sie, ebenfalls in der Tradition sozialistischer Rätesysteme, Organe sind, die legislative, exekutive und judikative Funktionen in sich vereinen. Es gilt das Prinzip der Gewaltenkonzentration, nicht das der Gewaltenteilung. An diesem Prinzip will die KPCh festhalten. Um die offensichtlichen Missbrauchsmöglichkeiten einzuschränken, treten Staatspräsident Hu Jintao und Ministerpräsident Wen Jiabao allerdings unter der Devise „Transparenz und Effizienz“ für eine bessere Überwachung der gesetzesgemäßen Machtausübung der staatlichen Organe durch den Bürger und die Medien ein (s. S. 113 ff.).

Jeder kann es werden: Delegierter des Volkskongresses[44]

Jeder chinesische Staatsbürger ab 18 Jahren kann unabhängig von Geschlecht, Ethnie, Beruf, Religion, Bildung oder Wohnort wählen oder gewählt werden, außer wenn ihm auf gesetzlicher Grundlage das Wahlrecht entzogen wurde. Die Volkskongresse der Gemeinden, Kreise und Bezirke werden direkt vom Volk gewählt. Eine Wahlperiode beträgt bis zur Kreisstufe drei Jahre, von der Bezirksstufe aufwärts beträgt sie fünf Jahre.

Die Kandidaten stammen entweder aus den Wohnorten oder weitaus häufiger aus den Arbeitseinheiten[45] der Wähler. Sie werden von den verschiedenen Parteien oder Organisationen vorgeschlagen. Auch Einzelinitiativen sind möglich, aber in diesem Fall muss ein Kandidat mindestens 10 Wähler vorweisen, die ihn empfehlen. Auf jeder Vorschlagsliste dürfen nur so viele Kandidaten stehen, wie es Sitze im jeweiligen VK gibt. Danach werden auf der Grundlage dieser Vorschlagslisten Kandidaten von Wahlkommissionen nominiert. Letztere organisieren auf Wunsch auch Fragestunden, um die Transparenz der Kandidaten zu erhöhen und den Wählern die Möglichkeit zu geben, die Kandidaten besser kennen zu lernen. Bei der Nominierung der Kandidaten folgen die Wahlkommissionen einem engmaschigen Zahlenschlüssel, der sich an der Bevölkerungszahl eines Wahlbezirks orientiert: Es wird darauf geachtet, dass jeder Delegierte nur eine überschaubare Zahl von Bürgern repräsentiert. Diese liegt bei einem Vertreter eines VKs auf Kreisstufe bei 450 Personen. Beim Zahlenverhältnis zwischen VK-Delegierten auf Gemeindestufen wird differenziert. Hat die Gemeinde weniger als 130.000 Einwohner, darf ein Vertreter nicht über 100 Personen repräsentieren, hat sie über 130.000 Einwohner liegt die Obergrenze bei 130 Personen. In kleinen Gemeinden mit weniger als 2000 Einwohnern kommt ein VK-Vertreter auf 40 Personen.

Im Unterschied zu den o.e. Vorschlagslisten soll die Anzahl der Kandidaten auf den Wahllisten um mindestens ein Drittel höher, besser noch doppelt so hoch wie die Anzahl der zu vergebenden Mandate sein, um eine echte Wahl zu gewährleisten. Gewählt wird in geheimer Wahl. Nur wenn mehr als 50 % der Wahlberechtigten in einem Wahlbezirk an der Wahl teilnehmen, ist die Wahl gültig.

Um Wahlmanipulationen zu verhindern, sind Verwandte der Kandidaten von der Auszählung der Stimmen ausgeschlossen. Bei Verdacht auf Verstoß gegen das Wahlgesetz müssen Untersuchungen eingeleitet werden. Sollte sich der Verdacht bestätigen, kann den Abgeordneten das Mandat wieder aberkannt werden.

Die Delegierten der Volkskongresse auf der nationalen Ebene und der Provinzstufe werden in indirekter Wahl von den jeweils nächstunteren Stufen gewählt. Der Ablauf sieht vor, dass bei den Wahlen in die VKs auf Provinzstufe aus den Reihen der Delegierten der VKs der darunterliegenden Bezirksstufe Wahlkomitees gebildet werden. Diese nominieren die Kandidaten, dann legen sie ihre Liste dem gesamten VK auf Bezirksstufe zur Wahl vor. Nach demselben Verfahren wählen die Delegierten auf Provinzstufe die Delegierten des Nationalen Volkskongresses.

Von diesem Verfahren gibt es einige Ausnahmen. Die Vertreter der Volksarmee im NVK werden von der Armee, die Vertreter aus Hongkong und Macao werden von Wählern in Hongkong und Macao gewählt. Auch auf dem chinesischen Festland lebende Taiwanesen wählen Delegierte in den NVK.

Im NVK sitzen maximal 3000 Delegierte, in den VKs auf Provinzstufe maximal 1000, in den VKs der Stadt-und Bezirkestufe maximal 650. Erstmals wurde beim 11. NVK die Liste aller Abgeordneten mit Angaben zu Geschlecht und Ethnie ins Internet gestellt – ein Schritt hin zu mehr Transparenz.

Mit allen Religionen und Ethnien: Der Nationale Volkskongress

Nach dem Willen der Regierung sollen im NVK sämtliche Klassen der Gesellschaft und alle Regionen und Ethnien vertreten sein. Entsprechend wurden die Delegierten des 11. NVKs (2008–2013) nach Proporzkriterien ausgewählt, wenn auch der Anteil der Frauen sowie der Bauern und Arbeiter im NVK bislang in keiner Weise deren prozentualen Anteil an der Bevölkerung abbildet.

Je mehr reale Macht dem NVK eingeräumt wird, desto qualifizierter werden seine Delegierten. 92 % haben einen Abschluss an einer Berufsakademie, an einer Fachhochschule oder an einer Universität erworben.[46] 2178 Delegierte (73 %) sind Mitglieder der KPCh, was jedoch in Anbetracht der heterogenen Zusammensetzung der Partei keine voreiligen Rückschlüsse auf eine apriorische inhaltliche Übereinstimmung in Sachfragen erlaubt. Die übrigen Delegierten gehören anderen Parteien an oder sind parteilos.

Der Anteil der Kader[47] ist im Vergleich zum vorherigen NVK gesunken, liegt aber immer noch etwas über dem der Arbeiter und Bauern, der gestiegen ist. Unter Letzteren sind auch drei Wanderarbeiterinnen, die sich allerdings mittlerweile in der Hierarchie der Arbeitswelt hochgearbeitet haben. Dasselbe dürfte auch für den allergrößten Teil der anderen Delegierten gelten, die als Arbeiter und Bauern ausgewiesen sind, denn gewöhnlich besitzen diese Bevölkerungskreise nicht die hohen Bildungsabschlüsse, die für die überwältigende Mehrheit der NVK-Mitglieder angegeben werden. Nur ein Fünftel der Delegierten sind Frauen. Sie sind somit deutlich unterrepräsentiert. Die Anzahl der Vertreter der nationalen Minderheiten liegt um ein paar Prozentpunkte über ihrem Anteil an der Gesamtbevölkerung.

Der NVK tagt einmal jährlich, zumeist im März, für ein bis zwei Wochen. Den Auftakt bilden die Rechenschaftsberichte einiger der obersten Staatsorgane, denn die Überwachung der Regierung ist eine der zentralen Aufgaben des NVKs. Die Rechenschaftsberichte werden in den Medien veröffentlicht. Als erster spricht der Ministerpräsident als der höchste Vertreter der Administration. Ihm folgen die Vorsitzenden der derzeit 28 Ministerien und Kommissionen und die Präsidenten des Obersten Volksgerichtshofs sowie der Generalstaatsanwaltschaft.

Ministerpräsident Wen Jiabao ging bei der Tagung im Jahre 2010 so hart mit seiner eigenen Regierung ins Gericht, als wäre er selbst sein kritischster Oppositioneller: *„Chinas Modernisierungsprozess und die Wirtschaftsreformen riskieren einen Fehlschlag, wenn es nicht zu politischen Restrukturierungen kommt ... die Arbeit der Regierung bleibt beträchtlich hinter den Erwartungen der Bevölkerungen zurück ... die Regierung mischt sich zu sehr in die Geschäfte der unteren Verwaltungsebenen ein, des Weiteren gibt es zu viele Einmischung der Regierung in die Mikrowirtschaft und die Verwaltung und deren Dienstleistungen sind relativ schwach."* Mit Blick auf die Zukunft versprach Wen Jiabao, der Bevölkerung und den Medien mehr Möglichkeiten einzuräumen, die Regierungsorgane zu kritisieren und zu überwachen, Demokratie und Selbstverwaltung auf den Mikroebenen zu verbessern und grobe Verstöße gegen öffentliche und private Interessen wie Landenteignung, Umweltzerstörung, Umsiedlung und dergleichen ernsthaft zu verfolgen.

Im weiteren Verlauf der Tagung diskutieren die Delegierten über die Rechenschaftsberichte, wichtige Gesetze, Verträge und Reformvorschläge und stimmen darüber ab. Alle wichtigen gesellschaftlichen, politischen und wirtschaftlichen Fragen werden angesprochen. Der Sinologe Helmut Peters zitiert Berichte, denen *„zufolge die Abgeordneten des NVK im Verlaufe der zehntägigen Beratungen 518 Vorschläge für die Tätigkeit des NVK und der Regierung unterbreiteten. In diesem Zusammenhang wurde die Orientierung für die Arbeit der Regierung in ihrem Bericht für das kommende Jahr gleich 15mal verändert, darunter auch in einer Reihe wesentlicher Fragen"* (Junge Welt vom 29.3.2010).

Obwohl der NVK und sein ständiger Ausschuss schon in die Ausarbeitung der Gesetze einbezogen sind und Strittiges vielfach bereits im Vorfeld der Tagung ausdiskutiert wird, nimmt, wie der Politologe Sebastian Heilmann feststellt, die Abstimmungsdisziplin im NVK seit den 80er Jahren kontinuierlich ab. Sie bewege sich in der Regel allerdings immer noch auf sehr hohem Niveau.

Die Ausgestaltung des „sozialistischen Rechtsstaats" gehört seit Deng Xiaoping zu den Hauptzielen der Regierung. Dabei spielt die Gesetzgebung durch den NVK eine zentrale Rolle. Im März 2000 wurde nach nahezu siebenjähriger Beratung ein Gesetz verabschiedet, welches das Gesetzgebungsverfahren in der VR China neu ordnet. Bestimmte Bereiche (u.a. Staatsorganisations- und Strafrecht, aber auch das Steuerrecht und andere grundlegende wirtschaftsrechtliche Materien) konnten fortan ausschließlich durch vom NVK erlassene Gesetze reguliert werden. Das Gesetz schrieb weiter vor, dass die Regierung für den Erlass von Rechtsverordnungen explizite Ermächtigungen benötigt und die vom NVK erlassenen Gesetze einen eindeutigen Vorrang gegenüber den Rechtsverordnungen der Regierung genießen. Gleichzeitig wurde der NVK dazu ermächtigt, Verordnungen der Regierung, die der Verfassung oder den Gesetzen widersprechen, aufzuheben und die korrekte Anwendung der von ihm erlassenen Gesetze und Regulierungen zu überprüfen sowie nach eigenem Ermessen Untersuchungskommissionen einzusetzen. Von diesem Recht wird auch Gebrauch gemacht.[48] Weiter wurden verschiedene einschränkende Bestimmungen für die bislang oftmals wildwüchsige lokale Rechtsetzung erlassen. Damit gilt in China erstmals eine klare Hierarchie staatlicher Rechtssetzung. Der NVK erfuhr somit auf Kosten der Regierung einen enormen Zuwachs an Macht.

1994 verabschiedete der 8. NVK ein Haushaltsgesetz. Es trat 1995 in Kraft. Auf seiner Grundlage erstellen die jeweiligen Verwaltungsorgane ihre Haushaltspläne. Der NVK prüft und genehmigt die zentrale und lokale Haushaltsplanung. Die Wirtschaftsentwicklung und die veränderte Gesetzeslage sowie der Wunsch nach mehr Transparenz und Effizienz führten während der NVK-Tagung im März 2010 zu einer Diskussion über das Haushaltsgesetz der Provinzregierungen in den Provinzen. Im August 2010 soll der Ständige Ausschuss des NVK eine verbesserte Version des Haushaltsgesetzes vorlegen und diese öffentlich zur Diskussion stellen.

Zu Beginn einer neuen Legislaturperiode wählt der Volkskongress die neue Regierung, i.e. den Staatspräsidenten, den Ministerpräsidenten und seine Stellvertreter sowie die Mitglieder des Obersten Gerichtshofes, der Obersten Volksanwaltschaft und der Zentralen Militärkommission. Der Kandidat für das Amt des Ministerpräsidenten wird vom Staatspräsidenten, die Stellvertreter der Zentralen Militärkommission werden vom Vorsitzenden der Militärkommission vorgeschlagen. Die Kandidaten für den Obersten Gerichtshof und der Obersten Volksanwaltschaft schlägt das Präsidium des NVKs vor. Die Delegierten diskutieren die Kandidaturen, danach wird gewählt.

Bei den Wahlen hochrangiger Politiker demonstriert der NVK sein Missfallen durch Enthaltungen oder Gegenstimmen, wobei weniger als 90 % Zustimmung bereits als kritisch gelten. Bei diesen Wahlen werden einige Kandidaten mehr aufgestellt als Posten vorhanden sind, um reellere Wahlen zu ermöglichen.

Da der NVK nur einmal jährlich tagt, werden die laufenden Geschäfte vom derzeit 176 Mitglieder starken Ständigen Ausschuss des Nationalen Volkskongress geführt. Dessen derzeitiger Vorsitzender Wu Bangguo ist zusätzlich Mitglied des Ständigen Ausschusses des Politbüros der KPCh. Der Ständige Ausschuss des NVKs kommt alle zwei Monate mehrtägig zusammen. Er ernennt und entlässt alle (außer den o.g.) Mitglieder der Staatsorgane, kann das Gnadenrecht ausüben und den Kriegszustand ausrufen. Außerdem kann er Gesetze verabschieden, wobei seit 2010 grundlegende Gesetze von diesem Recht ausgenommen sind. Diese dürfen nur noch vom NVK verabschiedet werden.

Seitdem Macht und Verantwortung des NVKs ständig wachsen, rückt die Frage nach der Professionalität der Delegierten immer mehr ins Zentrum der öffentlichen Diskussion. Das bisherige Konzept, die Delegiertentätigkeit nebenberuflich auszuüben, geht ganz offensichtlich nicht mehr auf und schadet der Effizienz und dem Ansehen des NVKs. Die Öffentlichkeit kritisiert in diversen Foren vor allem, dass sich viele Delegierte mit ihrem

Amt nur schmückten und sich ansonsten aus Zeitmangel, fachlicher Inkompetenz, intellektueller Überforderung und aufgrund von persönlichen ökonomischen Zwängen nicht um die wahren Probleme des Volkes kümmerten. Es komme nicht selten vor, dass Delegierte ein Gesetz vor seiner Abstimmung noch nicht einmal gelesen hätten. Weiter wird moniert, dass zu viele Kader im NVK sitzen und damit in komfortabler Weise ihre eigene Tätigkeit als Regierungsbeamte überwachen und bewerten.

Die Regierung reagierte bereits auf die Kompetenzdefizite. Zu Beginn der Reformperiode verfügte der NVK noch über weniger als ein Dutzend ständiger Mitarbeiter. Mittlerweile gibt es eine Vielzahl von Referenten, die an der Vorbereitung von Sitzungen, Betreuung der Delegierten und der Arbeit in den Fachausschüssen beteiligt sind. Ein weiterer Schritt erfolgte im Jahre 2003 mit der ansatzweisen Professionalisierung der Mitglieder des Ständigen Ausschusses des 10. NVKs. Dieser setzte sich überwiegend aus Kadern der Provinzstufe und der Ministerien zusammen, die kurz vor ihrer Pensionierung standen. Ihnen wurden 20 Sondermitglieder zugeteilt, die allesamt Experten aus der Politik, der Wirtschaft und der Justiz waren und über praktische Erfahrungen verfügten. Zehn Delegierte gaben ihre alte Tätigkeit auf und arbeiteten fortan hauptberuflich als Mitglieder im Ständigen Ausschuss.

Das Bestreben, die Arbeit des NVKs zu verbessern, spiegelt sich im neuen Wahlgesetz, das Mitte März 2010 vom Plenum des NVKs angenommen wurde. Im Falle einer erfolgreichen Umsetzung wird sich im Jahre 2013 die Zusammensetzung des 12. NVKs gravierend zum Positiven verändern. Erstmals in der Geschichte der Volksrepublik wird dann die absolute Bevölkerungszahl der Verwaltungseinheiten in den Provinzen den Ausschlag für die Anzahl ihrer Delegierten im NVK geben. Damit werden Stadt- und Landbewohner einander gleichgestellt. 1953, als noch ca. 80 % der Bevölkerung auf dem Land lebte, betrug das Stimmenverhältnis 8:1 zugunsten der Städter. Von 1995 an, als immer noch 71 % der Chinesen zur Landbevölkerung zählten, repräsentierten Delegierte aus ländlichen Regionen immer noch viermal mehr Menschen als

Delegierte aus Städten. Der (unausgesprochene) Hintergrund für diese Ungleichbehandlung bildete die Vorstellung, dass Städter der Landbevölkerung politisch und kulturell überlegen und somit die „Zugpferde" der Modernisierung Chinas seien. Die Diskriminierung der Landbevölkerung endet zu einem Zeitpunkt, an dem sich die Zahl der Chinesen, die in Städten leben (i.e. 47 % im Jahre 2010) und jenen, die auf dem Land leben (53 %) einander angleichen und die Regierung große Anstrengungen unternimmt, um die Lebensqualität der Landbevölkerung zu heben (s. S. 179 ff.).

Außerdem soll der Anteil der Arbeiter, Bauern und Intellektuellen unter den künftigen Delegierten aller VKs erhöht werden, um diese Bevölkerungsschichten angemessener zu repräsentieren. Seit den 1990er Jahren dominierten im NVK nämlich Manager, Kader und Topintellektuelle. Damals wurde argumentiert, dass die unteren Schichten nicht über ausreichend Bildung verfügten, um ihre Aufgaben als Abgeordnete erfüllen zu können. Heute hingegen werden nicht zuletzt auf Druck seitens der Bevölkerung andere Maßstäbe an die Delegierten angelegt. Sie sollen die gesellschaftliche Realität kennen, die Probleme beim Namen nennen, konstruktive Vorschläge zum Aufbau Chinas entwickeln und so die wahren Interessen des Volkes vertreten. Das Bildungsniveau, der soziale Status oder die Popularität fallen dem gegenüber weniger ins Gewicht.

Noch ungeklärt sind die Fragen nach einer angemessenen Bezahlung der Volksvertreter und nach einer grundsätzlichen Neustrukturierung des NVKs. Diese werden in chinesischen Internetforen offen diskutiert. So schlägt beispielsweise ein Leser der „Morgenzeitung" (zaobao) aus der Provinz Hubei Provinz vor, die 3000 nebenberuflichen Vertreter durch 200–500 professionelle Vertreter zu ersetzen. Zusätzlich sollen jedem Abgeordneten 10–20 Assistenten zur Verfügung gestellt werden. Dann solle der NVK in Arbeitsgruppen mit verschiedenen Spezialfeldern (Außenpolitik, Militär, Arbeit, Umwelt, Bevölkerung ...) aufgeteilt werden, die ihre Arbeit publik machen, um die Kommunikation mit dem Volk zu verbessern.

Lokale Volkskongresse

Die lokalen Volkskongresse tagen mindestens einmal im Jahr. Auf Antrag von mehr als einem Fünftel der Delegierten kann außerdem ein VK kurzfristig einberufen werden. Volkskongresse oberhalb der Kreisstufe haben wie der NVK einen Ständigen Ausschuss. Dessen Mitglieder dürfen kein Amt in staatlichen Institution, Gerichten oder Staatsanwaltschaften ausüben. Alle lokalen VKs müssen sicherstellen, dass die Verfassung eingehalten wird sowie Gesetze und Vorschriften durchgesetzt werden. Innerhalb des gesetzlich festgelegten Rahmens dürfen sie Entscheidungen treffen und für deren Umsetzung sorgen.

Die VKs auf Provinzstufe und deren Ständiger Ausschuss können außerdem selbst Gesetze für ihren Zuständigkeitsbereich verabschieden – selbstverständlich unter der Voraussetzung, dass diese Gesetze der Verfassung sowie den nationalen Gesetzen und Vorschriften nicht widersprechen. Ebenso können die VK in den Autonomen Gebieten je nach den politischen, kulturellen und wirtschaftlichen Besonderheiten ihrer Nationalitäten eigene Gesetze und Vorschriften zur Selbstverwaltung ausarbeiten. Bevor diese Gesetze in Kraft treten, bedürfen sie jedoch der Genehmigung durch den Ständigen Ausschuss des NVKs.

Zu den Aufgaben der Volkskongresse oberhalb der Kreisstufe gehört die Prüfung und Genehmigung des Wirtschaftsentwicklungsplans und des lokalen Haushaltsplans. Sie sind außerdem befugt, die Entscheidungen ihrer Ständigen Ausschüsse abzuändern oder abzulehnen.

Des Weiteren wählen die VKs die für ihren Bereich zuständigen Spitzenbeamten und deren Stellvertreter sowie die Mitglieder des gleichrangigen Ständigen Ausschusses der VK, den Präsidenten des Volksgerichtshofs und der Volksstaatsanwaltschaft. Auch diese Wahlen müssen durch übergeordnete Stellen genehmigt werden.

Dorf- und Stadtviertelwahlen

Auf dem Land fällt es Peking noch besonders schwer, die Bevölkerung zur Beteiligung an ihren ureigensten politischen Angelegenheiten zu bewegen. Ein Grund dafür ist die Tradition. Die Dörfer waren zwar weitgehend autonom vom kaiserlichen Regierungsapparat, aber in sich autoritär strukturiert.

Jedes Dorf war sich selbst Welt genug, das Schicksal Chinas interessierte es nicht. Zumeist waren die Dorfbewohner Angehörige desselben Clans. Ihre Beziehungen zum Reich beschränkten sich auf das Zahlen von Steuern und das Vermeiden von Konflikten mit dem Strafgesetz. Geburt, Heirat und Tod, das Wirtschafts- und Finanzleben, die soziale Absicherung im Alter oder im Krankheitsfall bis hin zu religiösen Kulten – all dies regelten die Patriarchen an der Spitze der Clans nach den lokalen Sitten und Gewohnheiten. Für sie waren, wie das Sprichwort sagt, *„der Himmel hoch und der Kaiser weit"*.

Die Loyalität der Dorfbewohner galt wie bei allen Chinesen der Kaiserzeit der Sippe, schließlich hing das eigene Überleben von ihr ab. Gewiss, Konfuzius, auf den das traditionelle chinesische Gesellschaftssystem zurückging, erwartete darüber hinaus vom Volk pietätsvollen Gehorsam gegenüber einem (weisen) Herrscher.[49] Doch diese Beziehung war personalisiert und implizierte keine wirkmächtige Identifikation mit einem größeren, abstrakten Ganzen, wie eine Nation es darstellt. Erst die politischen und militärischen Ereignisse des 19. Jahrhunderts führten chinesischen Patrioten immer deutlicher vor Augen, dass nur ein nationaler Kraftakt die existenzielle Bedrohung Chinas durch mächtige ausländische Nationen abwenden konnte. Um China zu stärken, erschien es als unabdingbar, die Clans zu schwächen. Das traditionelle „Clangefühl" durch ein Nationalgefühl zu ersetzen, war daher eines der Hauptziele der Kommunisten. Ins Visier nahmen sie vor allem die mächtigen Sippen der lokalen Landadeligen. Ihnen wurde mittels einer umfassenden Landumverteilung zugunsten armer Bauern zu Beginn der 1950er Jahre im Wortsinne der Boden unter den Füßen weggezogen. Ab Mitte der 1950er Jahre wandelte

Mao die Dörfer in Volkskommunen um: eine neue Sozial- und Wirtschaftsgemeinschaft unter der Führung der Partei sollte die Macht traditioneller Vorstellungen und Organisationsformen ein für alle Mal brechen. Im Zuge der Einführung der Reformen von den 1980er Jahren an wurden die Volkskommunen auf dem Land wieder aufgelöst. Das erforderte eine neue Verwaltungsform für die Dörfer (cun).

Die Verfassung von 1982 bestimmt das Dorfkomitee als Organ der dörflichen Selbstverwaltung, das auch Finanzkontrolle ausübt. Seitens der KPCh-Zentrale in Peking geschah dies durchaus in der Absicht, ihren eigenen, zuvor allmächtigen lokalen Parteikomitees ein von der Bevölkerung gewähltes Gremium gegenüberzustellen.

Wahlberechtigt sind alle Dorfbewohner über 18 Jahre. Das Wahlverfahren wurde Ende 1987 im „Gesetz zur Organisation des Dorfkomitees" festgelegt. Seit der Novellierung dieses Gesetzes im Jahre 1998 wird die „Meer-Wahl"-Methode (hai xuan) angewendet. Im nordostchinesischen Dialekt bedeutet „hai" außer „Meer" auch „viel": Der Begriff „haixuan" will also zum Ausdruck bringen, dass viele Menschen die Besten unter ihnen in Ämter wählen.[50]

Eine Amtsperiode im Dorfkomitee beträgt drei Jahre, es dürfen mehrere Amtsperioden ausgeübt werden. Das Wahlergebnis darf laut Gesetz weder durch die lokale Parteizelle[34] noch durch die Regierungsorgane der übergeordneten Verwaltungsstufe, noch durch Einzelpersonen verändert werden. Der lokale Parteisekretär muss sich bei seinem Umgang mit dem Dorfkomitee nach den Gesetzen richten. Der Gemeinde- bzw. Kreisstufe ist die Einmischung in die dörfliche Selbstverwaltung verboten – was diese in der Praxis allerdings immer wieder zu unterlaufen versuchen. Die Kandidaten für das Dorfkomitee werden von den Dorfbewohnern selbst ernannt, dabei sollen mehr Kandidaten nominiert werden, als Mandate zu vergeben sind. Die Namen der Wahlberechtigten und der Kandidaten werden vor der Wahl veröffentlicht. Die Wahl wird von der Wahlkommission des Dorfs geleitet, deren Mitglieder werden von der Dorfversammlung gewählt oder empfohlen und dürfen nicht selbst kandidieren. Jeder Dorfbewohner hat das Recht, einen Kandidaten vorzuschlagen. Um die Partizipation der Dorfbewohner nicht auf den Wahltag zu reduzieren, ist vorgeschrieben, dass wichtige Angelegenheiten auf einer öffentlichen Dorfversammlung ausdiskutiert werden müssen. Transparenz und Überwachung wird auch auf der Stufe der Dorfkomitees großgeschrieben. Weiter sind Verfahren für die Behandlung von Gesetzesverstößen und zur Amtsaufhebung festgelegt.

Der gute Wille Pekings ist zweifellos vorhanden, bei der praktischen Umsetzung der Gesetze treten allerdings lokal Probleme auf. Zum Teil sind diese auf einen Mangel an demokratischen und einem Übermaß an autoritären Traditionen zurückzuführen. Obwohl Wahlreden offiziell erwünscht sind, versuchen sich manche Kandidaten Wählerstimmen zu sichern, indem sie Einladungen zum Essen aussprechen und, zumindest in gewissen Regionen, den Einfluss der Clans wieder mobilisieren. Um dies zu verhindern, sollen landesweit klare diesbezügliche Regelungen eingeführt werden. Ein anderes Problem hat seine Ursache im Auseinanderklaffen der Lebenswirklichkeit vor Ort und den Vorschriften: Nach § 14 des Gesetzes für die Wahl des Dorfkomitees gilt eine Wahl nur dann als anerkannt, wenn mehr als die Hälfte der wahlberechtigten Dorfbewohner ihre Stimme abgegeben hat. Ein Kandidat gilt als gewählt, wenn er mehr als die Hälfte dieser Stimmen auf sich vereinigen kann. Vor allem Dörfer, in denen es viele Wanderarbeiter gibt, hatten jedoch in der Vergangenheit große Schwierigkeiten mit der Erfüllung dieser Fünfzig-Prozent-Regel, einfach weil sich viele Wahlberechtigte außerhalb des Heimatdorfes aufhielten. Mittlerweile ist es jedoch legitim, Wanderarbeiter, die während einer bestimmten Wahl abwesend sind, bis zu ihrer Rückkehr nicht als Wahlberechtigte zu registrieren. An ihrer Stelle werden Dorfbewohner, die verwaltungstechnisch nicht zu einem Dorf gehören, aber schon eine gewisse Zeit im Dorf wohnen und arbeiten, für die Wahl registriert. Ein weiterer Versuch, die Wahlbeteiligung zu erhöhen, ist die „Wahl im Auftrag" für verhinderte Wähler. Die Zahl der Auftragswahlstimmen, die ein Haushalt vergeben darf, ist laut Gesetz auf zwei bis drei beschränkt. In der Praxis wird jedoch häufig gegen das Gesetz verstoßen, um die Fünfzig-Prozent-Hürde zu überspringen.

Nicht nur mit den Wahlen, auch mit den Gewählten gibt es Schwierigkeiten. Gerade die politisch bewusstesten Dorfbewohner, die sich zur Wahl stellen und in Dorfversammlungen engagieren, sind bei der Arbeitssuche am mobilsten. Daher kann es vorkommen, dass sich Dörfer plötzlich ohne Dorfkomitee wiederfinden, weil die Delegierten, die für ihre Tätigkeit nur eine geringe Aufwandsentschädigung erhalten, aus wirtschaftlichen Gründen das Dorf verlassen müssen.

In den Städten bilden die Stadtviertel die unterste Verwaltungsstufe. Auch auf dieser Stufe gibt es keine Volkskongresse, stattdessen werden seit 1990 Einwohnerkomitees (jumin weiyuan hui) gewählt. Diese kümmern sich schwerpunktmäßig um soziale und kulturelle Belange, ihr Engagement ist weniger genuin politischer Natur. Das ist sicherlich auch darauf zurückzuführen, dass sie nicht wie die Dorfverwaltungskomitees selbständig Finanzen verwalten und verteilen dürfen. Teilweise stehen die gewählten Einwohnerkomitees in Konkurrenz zu den Eigentümerkomitees der neuen städtischen Mittelschicht, die von dieser ohne staatliche Aufforderung gebildet werden, um sich gezielt für ihre Anliegen einzusetzen.

Trotz mancher Probleme, die nicht durchwegs Peking anzulasten sind und deren Lösung vermutlich wie jeder Bewusstseinswandel eine Frage der Zeit ist, war die Einführung direkter lokaler Wahlen laut den Politikwissenschaftlern Thomas Heberer und Gunter Schubert ein erfolgreicher Versuch der KPCh, die Zufriedenheit an der Basis und damit die gesellschaftliche Stabilität und Regimelegitimität zu erhöhen.[51]

Im Westen kaum bekannt: Die Politische Konsultativkonferenz des Volkes

Im Unterschied zu westlichen Demokratien, wo die Bürger mit einer Partei zugleich deren Konzepte zu den unterschiedlichsten Politikfeldern wählen, strebt die chinesische Regierung ein konsultatives Modell an, bei dem das Volk an konkreten Maßnahmen und Gesetzesvorhaben beteiligt wird. Die KPCh balanciert dabei auf einem schmalen Grat: Einerseits will sie an der Einparteiherrschaft festhalten und die politische Generallinie alleine vorgeben. Andererseits hat sie den Anspruch, die Regierung der großen Mehrheit des Volkes zu sein und ist faktisch darauf angewiesen, so viele Kräfte wie möglich in den Aufbau eines neuen China einzubeziehen. Legitimation und breite Unterstützung gewinnen kann sie allerdings nur, wenn sie glaubhaft dazu bereit ist, einen Teil ihrer Macht an andere soziale Akteure abzugeben. Zu Letzteren zählen die Nichtkommunisten ebenso wie seit der Öffnungspolitik von Deng Xiaoping die im Ausland lebenden ethnischen Chinesen – immerhin stammte von dieser Gruppe ein großer Teil der ausländischen Direktinvestitionen, die China in den letzten Jahrzehnt für seinen Wirtschaftsboom benötigte. Natürlich lässt sich diese Gruppe nicht mit dem Endziel Kommunismus zum Engagement verlocken, aber mit „aiguo zhuyi" (Vaterlandsliebe) verfügt die KPCh noch über einen zweiten, derzeit sogar stärker zu gewichtenden Trumpf, den sie ausspielen kann. Nationalismus mag in Deutschland verpönt sein, da er mit zwei verheerenden Weltkriegen assoziiert wird. In China hingegen steht er wie in vielen anderen ehemaligen Kolonien und Halbkolonien für die Befreiung von demütigender Fremdherrschaft. Der Nationalismus eignet sich in den Augen Pekings daher durchaus als größter gemeinsamer Nenner für Chinesen. Die Vaterlandsliebe äußere sich laut KPCh *„in vielen Verbindungen und in einem entwickelten Austausch, ökonomisch im gegenseitigen Vorteil und des beiderseitigen Gewinns und kulturell in der Akzeptanz der ‚Wurzel' der chinesischen Nation"*.

Institutionell trägt die KPCh ihrem Anspruch auf Konsenspolitik Rechnung, indem sie in den letzten Jahrzehnten die Stellung der Politischen Konsultativkonferenzen des Volkes (Zhongguo Renmin Zhengzhi Xieshang Huiyi, fortan: PKKV) von der nationalen Ebene bis hinunter zur Gemeindestufe schrittweise ausbaute.

Bei diesen PKKVs handelt es sich um eine Eigenart des politischen Systems Chinas, das im Westen trotz seiner wachsenden Bedeutung wenig bekannt ist. Es ist laut Deng Xiaoping die konkrete Anwendung der kommunistischen Einheitsfrontpolitik auf China und geht zurück auf die chinesische Geschichte.

Tatsächlich konnte die KPCh bei der Entwicklung des Systems der PKKVs auf lange und vielfältige Erfahrungen der überparteilichen Zusammenarbeit in einer Einheitsfront zurückgreifen. Zweimal nach ihrer Gründung hat die KPCh mit der nationalistischen Volkspartei (Guomindang) zusammengearbeitet. Die erste Einheitsfront (1923–1927), in die die KPCh aus einer Position der deutlichen Unterlegenheit eingetreten war, endete mit dem Massaker an chinesischen Arbeitern durch die Truppen des Guomindang-Führers Tschiang Kaishek in Shanghai im April 1927. Um die japanischen Invasoren zu bekämpfen ging die KPCh dennoch zwischen 1937 und 1945 eine zweite Einheitsfront mit der Guomindang ein. Zu jener Zeit war die KPCh zwar nach wie vor zahlenmäßig schwächer als die Guomindang, herrschte aber immerhin bereits über ein großes Gebiet im Nordwesten Chinas. Dort errichtete sie ein Regierungssystem, in dem sie die Macht zu je einem Drittel mit der fortschrittlichen Linken anderer Parteien sowie mit demokratischen Parteien bzw. politisch oder sozial engagierten Parteilosen ausübte.

1948, als sich die Kommunisten im innerchinesischen Bürgerkrieg (1946–1949) bereits auf der Siegerstraße befanden, rief die KPCh alle gesellschaftlichen Kräfte zu einer politischen Konsultativkonferenz mit dem Ziel der Regierungsgründung auf. Obwohl sie inzwischen die stärkste politische und militärische Macht in China stellte, war ihren Führern doch bewusst, dass sie die Unterstützung der Nichtkommunisten dringend benötigte, um das völlig ruinierte Land wieder aufzubauen.

Die erste PKKV fand am 21. September 1949 im heutigen Peking statt. An dieser Konferenz nahmen insgesamt 662 Delegierte teil: 235 Personen vertraten diverse Organisationen, 116 vertraten Regionen, 165 waren angesehene Personen ohne Parteianschluss und 71 Personen kamen aus der chinesischen Armee. Zusätzlich waren noch weitere 75 angesehene und engagierte Persönlichkeiten wie die bereits erwähnte Song Qingling, die Witwe des Revolutionärs Sun Yatsen, eingeladen. Außer der KPCh beteiligten sich noch die acht Parteien, in die Chinas Demokraten bis heute aufgesplittert sind.[52] Die Konferenz beschloss eine „Gemeinsame Leitlinie der chinesischen politischen Konsultation des Volkes“, die den Status einer vorläufigen Verfassung einnahm und die Gründung der Volksrepublik China vorbereitete. Im Jahre 1954 wurde erstmals der von der Verfassung vorgesehene Volkskongress einberufen. Danach musste die PKKV das Recht auf Gesetzgebung an den Volkskongress abtreten und verlor dadurch an Einfluss. Ihren Tiefpunkt an Bedeutung erlebte die PKKV nicht anders als andere Institutionen während der Kulturrevolution. Danach ging es, wenn auch über Jahrzehnte nur schleppend, wieder aufwärts. Auf der 3. Plenarsitzung des 11. Zentralkomitees (am 3. Dezember 1978) wurde den verschiedenen demokratischen Parteien beim Aufbau des Sozialismus chinesischer Prägung immerhin wieder eine wachsende Rolle bei der Reform des politischen Systems zugebilligt. Doch erst im März 1993 verankerte der 8. Volkskongress das System der PKKVs in die Verfassung. Nach einer weiteren längeren Pause schien die Zeit reif für einen echten Durchbruch: Im Februar 2005 veröffentlichte das Zentralkomitee der KPCh die „Meinungen über eine weitere Stärkung des Aufbaus der Zusammenarbeit mit mehreren Parteien und der Politischen Konsultation unter der Führung der KPCh“. In diesem Papier wurden die Aufgaben und Verfahrensabläufe in den PKKVs präzisiert und im Oktober 2007 auf der 17. Parteitagung bestätigt. Seither gewinnt das angestrebte konsultative Modell deutlich an Konturen.

Als im März 2010 zeitgleich die Sitzungen des NVK und der PKKV stattfanden, wurde beiden Organen erstmals seitens der Partei- und Staatsspitze und den offiziellen Medien gleich viel Beachtung zuteil. Chinas mächtigste Politiker einschließlich des Staatspräsidenten und KPCh-Generalsekretärs Hu Jintao nahmen an der Eröffnungssitzung der PKKV, an den Debatten im Plenum und in den Arbeitsgruppen sowie am Abschluss der Tagung teil. Ebenfalls zum ersten Mal fand die abschließende Pressekonferenz der nationalen PKKV im Goldenen Saal des Gebäudes des NVK statt, der bis dahin dem NVK vorbehalten gewesen war.

Mit der Aufwertung der PKKV möchte die KPCh ihren auf dem 16. Parteitag (2002) bekundeten Willen zum Wandel von einer Revolutionspartei zu einer Regierungspartei, die die Mehrheit des chinesischen Volkes repräsentiert, unterstreichen.

Alles „Blumenvasen"? Die PKKV-Mitglieder

Jeder Bürger kann nach Vollendung des 18. Lebensjahres Mitglied in einer Konsultativen Konferenz werden. Eine Amtsperiode dauert auf allen Stufen fünf Jahre. Im Unterschied zu den Volkskongressen werden die Delegierten einer PKKV nicht direkt vom Volk gewählt. Vielmehr werden sie wie ein Teil der Beamten im konfuzianischen Kaiserreich aufgrund von Empfehlungen in einem aufwendigen Verfahren mit vielen Akteuren nominiert. In einem ersten Schritt empfehlen Parteien und Organisationen einer unteren Stufe die Kandidaten für die nächsthöhere Stufe. Diese Empfehlungen werden dann von der KPCh geprüft und nochmals mit den Empfehlenden ausführlich diskutiert. Erst dann wird eine offizielle Kandidatenliste festgelegt. Diese wird dem Ständigen Rat der PKKV, in die die Kandidaten aufgenommen werden sollen, zur Prüfung und Entscheidung übergeben. Die Konferenz des Ständigen Ausschusses der PKKV fällt dann in einer Abstimmung die endgültige Entscheidung über die Nominierungen.

Der Ausgang der Wahl wird von der Konferenz des Ständigen Ausschusses den Delegierten persönlich mitgeteilt und per Urkunde bestätigt. Gleichzeitig werden die Namen der Delegierten über die Medien bekannt gegeben.

Wie im Falle des NVKs steht auch die Zusammensetzung der nationalen PKKV stark in der Kritik. Allzu oft ließen sich bislang berühmte Schauspieler oder erfolgreiche Unternehmer aus reinen Prestigegründen in die PKKV empfehlen. Der Volksmund bezeichnet diesen Delegiertentypus als „Blumenvase": hübsch anzuschauen, aber innen hohl. Umgekehrt konnte es auch vorkommen, dass Prominenten gegen ihren Willen ein Delegiertenmandat aufgedrängt wurde. Die Motivation, die mit der Delegation verbundenen Aufgaben zu erfüllen, ist in beiden Fällen sehr gering, so dass der öffentliche Druck steigt, solche Mitgliedschaften abzuschaffen. In Zeitungen und Internetforen wird derzeit intensiv diskutiert, wie das Auswahlverfahren der Delegierten verbessert werden kann.

Vorschläge über Vorschläge: PKKV-Arbeit

Landesweit gibt es in fast jeder Provinz, Stadt und Gemeinde Politische Konsultativkonferenzen. Sie haben die Aufgabe, konkrete Vorschläge zu aktuellen Themen zu erarbeiten. Diese Vorschläge sind zwar nicht bindend, fließen aber in die Entscheidungsfindung ein. Beispielsweise sind die Vorschläge der PKKV zur Verbesserung der Bildungsstruktur in den „Lang- und mittelfristigen Plan zur Reform und Entwicklung der Bildung Chinas" aufgenommen worden.

In den insgesamt neun Sonderausschüssen[53] des Zentralkomitees der nationalen PKKV wurden in den Jahren von 1990 bis 2006 mehr als 230 Sitzungen abgehalten, in deren Mittelpunkt Beratungen, Diskussionen und Arbeitsberichte standen. An diesen Sitzungen nahmen auch Beauftragte des Staatsrats (guowu yuan), des höchsten administrativen Organs, teil. Bevor die KPCh die wichtigsten politischen Maßnahmen in jenem Zeitraum beschloss, wurde die PKKV angehört. 74 Sitzungen wurden von dem jeweiligen Generalsekretär der KPCh, der zugleich Staatspräsident und Vorsitzender der zentralen Militärkommission und damit der mächtigste Mann Chinas ist, geleitet.

Bis zum 7. März 2010 waren 5430 Vorschläge bei der 11. Politischen Konsultation eingegangen. Sie wurden von 1987 der 2238 Delegierten (88,82 %) unterbreitet. 5163 Vorschläge wurden zur Behandlung angenommen. Die Vorschläge betreffen Wirtschaft, Politik, Gesellschaft und Umwelt und zwar sowohl langfristige Planungen als auch konkrete Maßnahmen. Nach Abschluss der Konferenz wurden die Vorschläge an 168 zuständige Institutionen und Organisationen weitergeleitet.

Die meisten PKKVs verfügen über gut aufgebaute Internetseiten, auf denen sich Interessierte über aktuelle Themen informieren und Formulare herunterladen können, wenn sie einen Vorschlag unterbreiten möchten. Die Inhalte kreisen hauptsächlich um das Alltagsleben der lokalen Bevölkerung. So diskutierte beispielsweise die PPKV der Stadt Guangzhou im Mai 2010 über die Lösung des Verkehrstaus in der Rushhour oder schlug eine kostenlose Ausbildung in der oberen Mittelschule vor. Die demokratische Bauern- und Arbeiter-Partei Chinas der Provinz Hubei machte Vorschläge zur Beschleunigung der Berufsausbildung in ihrer Provinz. Die Leser der Internetseite der PKKV des Kreises Ningdu in der Provinz Jiangxi können sich über alle Vorschläge der 11. nationalen PPKV informieren. Es gibt zahlreiche ähnliche Internetseiten.

Aufmerksame Bürger verfolgen und kommentieren die Arbeit der PKKVs auf eigenen Internetseiten: Sie dokumentieren Probleme von ihrer Erstveröffentlichung bis zur Lösung. Gelegentlich melden sich auf diesen Seiten auch Rechtsanwälte zu Wort.

Für eine generelle Bewertung der Arbeit der PKKVs ist es noch zu früh, auch wenn die Vitalität dieser Institutionen beeindrukkend ist.

Das Volk entscheidet mit: „Massenlinie“ und „Pilotversuche“

Sun Yatsen, der Ahnherr der chinesischen Revolution, bezeichnete zu Beginn des 20. Jahrhunderts in einer berühmten Metapher die chinesische Gesellschaft als einen „Haufen losen Sand“. Viele Intellektuelle waren sich damals einig, dass China in einer Welt der Nationen nur überleben könne, wenn seine Bürger ebenfalls ein Nationalgefühl entwickeln. Diese Ansicht teilten die Begründer der KPCh: Seit ihrem Bestehen ist die KPCh nicht nur kommunistisch, sondern auch nationalistisch eingestellt. Beides erfordert – erstmals in der chinesischen Geschichte – die politische Aktivierung der Massen. Daher war trotz des leninistischen Führungsanspruchs der KPCh das Verhältnis zwischen Partei und Volk nicht als Einbahnstraße von oben nach unten konzipiert. In seinem Essay „Über einige Probleme der Führungsmethoden“ (1943) formulierte Mao das Konzept der „Massenlinie“, das bis heute für die Sinomarxisten die Grundlage für das Verhältnis zwischen der KPCh und dem Volk bildet: *„In der gesamten praktischen Arbeit unserer Partei muss eine richtige Führung stets ‚aus den Massen schöpfen und in die Massen hineintragen‘, das heißt: die Meinungen der Massen (vereinzelte und nicht systematische Meinungen) sind zu sammeln und zu konzentrieren (sie werden studiert und in konzentrierte und systematisierte Form gebracht) und dann wieder in die Massen hineinzutragen, zu propagieren und zu erläutern, bis die Massen sie sich zu eigen gemacht haben, sich für sie einsetzten und sie verwirklichen; dabei wird die Richtigkeit dieser Meinungen in den Aktionen der Massen überprüft … Und so geht es unendlich spiralförmig weiter, wobei diese Meinungen mit jedem Mal richtiger, lebendiger und reicher werden.“*[54]

Die „Massenlinie“ verlangt keineswegs, dass Politiker blind den Willen des Volkes ausführen. Zwar sollen sie im Idealfall vom Niveau des Volks ausgehen und die Initiative der Massen entfalten, aber sie sollen auch das Volk über seine Interessen aufklären. Etwas anderes hielten die frühen Kommunisten schon aus historisch-kulturellen Gründen nicht für erfolgversprechend. Jahrtausendelang forderte der Konfuzianismus zwar, dass eine Regierung für das

Wohl des Volk arbeitet, aber bei diesem Prozess beschränkte sich der Beitrag des Volkes am Gemeinwohl auf die Erfüllung seiner sozialen Pflichten in der Familie, dem Freundeskreis und gegenüber den Herrschenden. Solange Letztere gut regierten, schuldete ihnen der „kleine Mann" Loyalität. Politische Eigeninitiative von unten war nie gefragt, auch wenn sie sich dennoch aufgrund von Machtmissbrauch der Eliten in der Form von oftmals religiös inspirierten Geheimorganisationen bildete. Doch selbst wenn diese ein Herrscherhaus stürzten, gelang es ihnen nach der Übernahme der Herrschaft nicht, ein grundsätzlich neues und dauerhaftes Regierungsmodell für das ganze Reich zu entwickeln.

Diese Vorgeschichte wirkte nach, als Mao im Kontext der Massenlinie nicht nur Funktionäre forderte, die ein offenes Ohr für die Stimme des Volkes haben, sondern diesem Volk eine aufklärerische und leitende kommunistische Avantgarde gegenüberstellte: *„Gibt es nur eine Aktivität der führenden Gruppe, die nicht mit der Aktivität der breiten Massen verbunden ist, dann wird es bei fruchtlosen Bemühungen einer Handvoll Menschen bleiben. Aber die Aktivität der breiten Massen kann sich weder lange halten noch in der richtigen Richtung entwickeln, noch ein höheres Niveau erreichen, wenn eine starke Gruppe fehlt, die diese Aktivität auf geeignete Weise organisiert."*[55]

Maos Methode, das Volk in klassenkämpferischen Massenbewegungen zu mobilisieren, wurde nach seinem Tode obsolet. Die Mehrheit der Chinesen hatte schlicht genug davon. Auch einem großen Teil der Partei saß der Schrecken über die kulturrevolutionären Exzesse in den Gliedern. Ihr Beitrag zur Vergangenheitsbewältigung war die Rehabilitation vieler Opfer der Kulturrevolution und vor allem die Institutionalisierung neuer Partizipations- und Interaktionsmodelle zwischen Partei bzw. Regierung und dem Volk.

Dennoch blieb Maos Theorie der Massenlinie in ihren Grundzügen maßgeblich. Auch Deng Xiaoping betonte, dass alle politischen Entscheidungen nur dann erfolgreich sein könnten, wenn sie auf dem Einverständnis des Volkes beruhten. Heute ist dies mehr denn je der Fall, da die extrem ungleiche Einkommensverteilung große soziale Spannungen provoziert. Neben dem oben skizzierten Ausbau des Systems der Volkskongresse und der Politischen Konsultativkonferenzen strebt die KPCh daher auch eine unmittelbare Konsultation des Volkes zu politischen Prozessen an. Dafür ist es unerlässlich, die Bevölkerung angemessen über aktuelle Fragen zu unterrichten und Kanäle zu schaffen, über die die Meinungen des Volkes eingeholt werden können. Eine wichtige Rolle spielt dabei das Internet. Um den Informationsfluss von oben nach unten zu optimieren, treibt die Regierung seit 1999 das sogenannte „e-government" voran. Schon heute lebt in China mit 380 Millionen Nutzern die größte Internetgemeinde der Welt und die flächendeckende Versorgung der ländlichen Bevölkerung mit Internet wird derzeit massiv forciert.

Bei der Umsetzung der modernisierten Massenlinie setzte Peking in der jüngsten Vergangenheit einige Meilensteine. Einer ist das Gesetz zur „Open-Government-Information". Im April 2007 wurde es verabschiedet und trat im Mai 2008 in Kraft. Gesetze und Erlasse werden seither in den Medien veröffentlicht, so dass interessierte Bürger sie jederzeit einsehen können. Die überwiegende Zahl der Regierungsstellen oberhalb der Gemeindestufe veröffentlicht mittlerweile eine Vielzahl an relevanten Informationen auf eigenen Webseiten. Das bedeutet nicht, dass das Volk nur über vollendete Tatsachen informiert wird. Bevor wichtige Gesetze oder Projekte beschlosssen werden, veröffentlichen der Volkskongress oder andere Organe ihre Entwürfe im Internet und den wichtigsten Medien, um Meinungen und Verbesserungsvorschläge einzuholen. So berichtet beispielsweise die Überseeausgabe der Zeitung „Renmin Ribao" im März 2010, dass die Stadtregierung von Peking die Entwürfe für 58 Angelegenheiten, die sie 2010 erledigen will, zur öffentlichen Diskussion gestellt hat. Die Themen umfassen ein so breites Spektrum wie Wohnungsbau, Gesundheit, Sozialversicherung, Sicherheit der Lebensmittel und Umwelt bis hin zu solchen Detailfragen wie Messlöffel in Salzpäckchen. Innerhalb weniger Tage erhielt die Stadtverwaltung über 2000 Rückmeldungen. Auch andere lokale

Regierungen sind mittlerweile dazu übergegangen, jeweils um die Jahreswende große Projekte, die das Leben der Stadtbewohner betreffen, zu veröffentlichen und den Bürgern die Gelegenheit zu Stellungnahmen zu geben.

Um den Willen des Volkes zu eruieren, lassen chinesische Regierungsorgane außerdem permanent Umfragen durchführen.

Wenn auch keine Gewaltenteilung, so ist doch eine effiziente Gewaltenüberwachung anvisiert. Zweifellos gibt es in China viele tüchtige lokale Kader, aber ebenso zweifellos gibt nach wie vor viele, die wie ihre Vorläufer im bürokratischen Apparat des Kaiserreichs nach Gutsherrenart schalten und walten. Der von oben geforderten Rücksichtnahmen auf die Interessen des Volkes leisten sie nur Lippenbekenntnisse. Ihre Aufmerksamkeit richten sie ganz auf ihr persönliches Wohl und auf das ihrer Freunde. Der materielle und immaterielle Schaden, den sie anrichten, ist groß, zumal die kommunistischen Funktionäre eigentlich, ähnlich wie die politische Elite im Konfuzianismus, eine Vorbildfunktion ausüben sollten. Seit Hu Jintaos Amtsantritt im Jahre 2003 wird deshalb wieder verstärkt auf eine umfassende politische Schulung (aus sinomarxistischer Sicht) bzw. Indoktrinierung (aus westlicher Sicht) der Funktionäre Wert gelegt.[56] Als notwendig erachtet wird vor allem ein Bewusstseinswandel bei den Betroffenen, denn: *„Es gibt zwar viele Methoden* (zur Erkundung des Volkswillens, d.A.), *wie Untersuchungen, Umfragen, Praktika vor Ort, aber für ein Parteimitglied oder einen Funktionär hängt es sehr von seinem Verständnis der* (sozialistischen d.A.) *Demokratie, nicht nur von den Methoden ab, ob und wie er mit den Massen zusammenarbeitet."*

Die jahrtausendelange Erfahrung im Umgang mit Verwaltungsorganen legt nahe, dass Schulungsdruck von oben allein nicht ausreicht, um lokale Funktionäre mit Machtverlust und ausdrücklich erwünschter öffentlicher Diskussion ihrer Maßnahmen auszusöhnen. Deshalb wird unter der Ägide von Hu Jintao daran gearbeitet, Druck von unten hinzuzufügen. Das Volk soll überwachen, ob bei der Amtsführung Macht und Verantwortung gegenüber dem Wohl des Volkes miteinander einhergehen und die Gesetze eingehalten werden. Gesetzesverstöße sollen geahndet, Geschädigte entschädigt werden. Ein wichtiger Schritt auf diesem Weg waren die Beschlüsse, die am 22. Mai 2009 unter der Leitung von Generalsekretär Hu Jintao auf der Konferenz des Politbüros der Zentralkomitees der KPCh getroffen wurden. Diesen zufolge sind Amtsträger im Regierungsapparat gegenüber dem Volk fortan rechenschaftspflichtig. Der Anstoß zu diesem Beschluss kam nach dem Informationsdesaster während der SARS-Epidemie im Jahr 2003 von unteren Ebenen. Im August 2003 führte die Stadt Changsha als Erste eine Rechenschaftspflicht der Verwaltung gegenüber dem Volk ein. Die Städte Tianjin, Chongqing, Hainan und Chengdu folgten diesem Beispiel, woraufhin Peking diese Initiative sanktionierte und entsprechende Beschlüsse traf.

In Anbetracht dessen, dass Politik unter Ausschluss der Öffentlichkeit in China eine lange Tradition hat, muten all die oben skizzierten Maßnahmen geradezu revolutionär an. Mehr Transparenz, mehr Effizienz, mehr Eingehen auf die Bedürfnisse des Volkes und weniger Willkür hat es in der chinesischen Geschichte bislang nie gegeben. Die Legitimität der regierenden KPCh hat von der verbesserten Kommunikation mit dem Volk profitiert. Letzterem hat sich ein großes Feld neuer politischer Betätigungsmöglichkeiten erschlossen. Es bleibt zu wünschen, dass es die Energie und den Mut aufbringt, von diesen in noch größerem Umfang Gebrauch zu machen.

Während das im Hauptwiderspruch formulierte Ziel, China zu modernisieren, unverrückbar ist, sind die Kommunisten bei der Suche nach den Lösungen des Hauptwiderspruchs flexibel und praxisorientiert. Dies belegt ein zentrales Instrument, das ebenfalls dem Konzept der Massenlinie entspringt: die Methode, Neuerungen lokal begrenzt via Pilotversuch (shidian) zu erproben. Dabei gibt die Partei ein bestimmtes Problem vor und wählt einige Orte, in denen dann im Wettstreit der Ideen um optimale Lösungen gerungen wird. Das in den Augen der KPCh erfolgreichste Modell gelangt nach der Erprobungsphase landesweit zur Anwendung. Vor allem durch die Veröffentlichung von Chinaexperten wie Harro von Senger und Sebastian Heilmann ist die Pilotversuchmethode mittlerweile auch im Westen bekannter geworden.[57]

Die Wurzeln der Pilotversuche reichen tief in die chinesische Revolutionsgeschichte zurück. In Maos wirkungsgeschichtlich bedeutsamen Essay „Über die Praxis“ aus dem Jahre 1937 findet sich der berühmte Satz, dass man eine Birne essen muss, um zu erfahren, wie sie schmeckt. Mit diesem Bild brachte Mao seine Überzeugung zum Ausdruck, dass die Praxis in der kommunistischen Erkenntnislehre den Vorrang genießt, zumal der chinesische Modernisierungsprozess an keine historischen Präzedenzfälle anknüpfen konnte und sich in einer permanent veränderten Wirklichkeit ständig selbst neu erfinden musste. Als Konsequenz daraus forderte Mao dazu auf, *„die Wahrheit in den Tatsachen zu suchen“* (shi shiqiushi) – ein Satz, der in der ranghöchsten Kaderschmiede der KPCh, der Parteihochschule in Peking, in Stein gemeißelt ist. Wie schon andere Konzepte übernahmen Deng Xiaoping und seine Nachfolger auch dieses von Mao, um es in veränderter Form bei ihren wirtschaftlichen und politischen Reformen anzuwenden. Wo beispielsweise unter Mao noch das landwirtschaftliche Modell von Dazhai mit seinen terrassierten Hügeln landesweit kopiert werden sollte, auch wenn das Gelände eigentlich dafür ungeeignet war, ermutigte Deng Xiaoping seine berühmten Sonderwirtschaftszonen eine Vielfalt von Modellen auszuprobieren.

Ein aktuelles Beispiel: Ein zentrales politisches Anliegen von Hu Jintao ist die Verbesserung der Lebensbedingungen der Bauern. Die Funktionäre des Dorfes Pingsheng in der armen Provinz Shaanxi hatten nach einer Rede Hu Jintaos Dorfversammlungen einberufen, Fragebogen an die Bauern verteilt und Delegationsreisen zum Besuch gut entwickelter Dörfer organisiert. Danach arbeiteten sie ein Entwicklungsprogramm aus, das den Anbau von Biogemüse, die Bioviehzucht, Erlebnistourismus auf dem Land und privaten Handel vorsah. Bis 2009 gab es im Dorf 200 Mu[58] Anbaufläche für Biogemüse und 3000 Bioschweine. 12 Familien bieten Städtern Erlebnistourismus an und 110 Familien tätigen Handel. Außerdem investierten die Bauer freiwillige Arbeitsstunden in den Bau von Schutzdämmen, Wasserkanälen, einer Biogasanlage und den Straßenbau. 180 Familien verfügen seither über Leitungswasser, Toiletten, moderne Küchenherde und Viehställe. Dadurch hat sich der Lebensstandard der Dorfbewohner enorm erhöht.

Wenn die Partei der Staat ist – Die kommunistische Partei Chinas

Eng verflochten: Partei und Regierung

Im Jahre 1921 wurde die KPCh in Shanghai von einem Dutzend Kommunisten gegründet. Knapp 90 Jahre später ist sie mit 78 Millionen Mitgliedern die größte und mächtigste Partei der Welt: Sie gibt den chinesischen Regierungsorganen die Richtlinien vor und ist auch personell sehr eng mit ihnen verflochten. Ähnlich der konfuzianischen Elite im Kaiserreich *ist* die KPCh der Staat, auch wenn sie diese Rolle selbstverständlich in anderer Weise als die Konfuzianer begründet und ausfüllt.

Hinsichtlich ihres Aufbaus und ihres organisatorischen Prinzips ähneln sich die KPCh und die staatlichen Regierungsorgane. Wie der Volkskongress auf Regierungsebene ist der Parteitag auf Parteiebene die höchste Instanz. Am einmal jährlich im Herbst stattfindenden Parteitag nehmen ca. 2100 Parteimitglieder teil. Die Parteitagsmitglieder sind auf fünf Jahre nominiert. Am Eröffnungstag hält der Generalsekretär eine Grundsatzrede, danach werden Wahlen abgehalten. Die laufenden Geschäfte tätigt ein Zentralkomitee mit ca. 200 stimmberechtigten Mitgliedern und ca. 150 Kandidaten. Aus diesen rekrutieren sich die beiden engsten Kreise der Macht: das Politbüro mit ca. 25 Mitgliedern und der Ständige Ausschuss des Politbüros mit aktuell neun Mitgliedern.

Generalsekretär der KPCh und damit Inhaber des höchsten Parteiamtes ist seit 2002 Hu Jintao. Seit März 2003 steht er zugleich als

Staatspräsident an der Spitze Chinas. Im September 2004 nahm er mit dem Vorsitz der Zentralen Militärkommission das Letzte der drei wichtigsten nichtadministrativen Ämter der Volksrepublik ein. In dieser Funktion übt er in letzter Instanz die Kommandogewalt über die Volkbefreiungsarmee aus. Ministerpräsident der Volksrepublik ist Wen Jiabao. Offensichtlich hat ihm seine enge Zusammenarbeit mit dem ehemaligen Ministerpräsidenten Zhao Ziyang, dessen Karriere nach der blutigen Niederschlagung der Demonstrationen am Tiananmen 1989 ein drastisches Ende fand, politisch nicht geschadet. Seit 2003 steht Wen an der Spitze der Administration und leitet den Staatsrat (Guowuyuan) mit zurzeit 28 Ministerien und Kommissionen, darunter das Nationale Rechnungsprüfungsamt und die Zentralbank. Er ist Mitglied im mächtigen Ständigen Ausschuss des Politbüros der KPCh. Auch der innerste Machtkreis des Staatsrats, der Ständige Ausschuss,[59] ist personell mit dem Politbüro der KPCh verflochten.

Die KPCh ist ebenso wie die Staatsorgane laut Verfassung nach dem Prinzip des demokratischen Zentralismus organisiert. Das bedeutet vor allem, dass sich der Einzelne stets der Organisation unterzuordnen hat, dass sich die Minderheit der Mehrheit fügen muss und dass untere Stufen sich höheren Stufen beugen müssen. Ihrerseits müssen jedoch höhere Stufen Vorschläge und Anregungen der Parteiorganisationen der unteren Stufen anhören und von diesen vorgelegte Fragen zeitnah lösen. Die Führungsgremien müssen auf allen Stufen gewählt werden, wobei es mittlerweile auch bei parteiinternen Wahlen - außer bei Topwahlen - etwas mehr Kandidaten als Plätze gibt.

Nicht so einfach: Parteimitglied werden

Am 21. Oktober 2007 hat der 17. Nationale Parteikongress die Parteisatzung den Erfordernissen angepasst, die sich aus der Umwandlung der KPCh von einer Revolutionspartei in eine Regierungspartei ergaben. Die Bedingungen für den Beitritt zur KPCh sind im Kapitel 1, Absatz 1 festgeschrieben. Danach können alle chinesischen Arbeiter, Bauern, Soldaten, Intellektuellen und fortschrittlich gesinnten Personen aus anderen sozialen Schichten einen Aufnahmeantrag in die KPCh stellen. Voraussetzung ist die Vollendung des 18. Lebensjahres, die Anerkennung der Parteilinie und der Parteisatzung, die Bereitschaft, sich einer Parteiorganisation anzuschließen, das Umsetzen der Entscheidungen der Partei und die regelmäßige Zahlung der Mitgliedsbeiträge.

Offiziell geht der Aufnahme in die Partei eine langwierige Prozedur voraus.[60] Jeder Aufnahmeantrag wird durch die Parteiorganisation geprüft, die für die Arbeitseinheit des Antragstellers zuständig ist. Sie entscheidet zunächst darüber, ob ein Antragsteller überhaupt als Kandidat für eine Mitgliedschaft in Frage kommt. Im positiven Fall wird der Kandidat ungefähr ein Jahr lang politisch geschult. Wenn der Kandidat sich in der Vorbereitungsphase bewährt hat, wird er aufgefordert, einen vorläufigen Aufnahmeantrag in die Partei auszufüllen, wobei zwei Parteimitglieder als offizielle Vermittler auftreten. Nach der Genehmigung durch die zuständige Parteiorganisation wird der Aufnahmeantrag an die nächsthöhere Parteiinstanz weitergeleitet. Letztere schickt einen Vertreter, der mit dem Kandidaten ein Gespräch führt, um ihn kennenzulernen und über eine Parteimitgliedschaft auf Probe zu entscheiden. Noch ein weiteres Jahr wird der Kandidat geprüft und beobachtet, bevor er die endgültige Aufnahme in die Partei beantragen kann. Die für ihn zuständige Parteiorganisation leitet diesen Antrag erneut an die nächsthöhere Stufe weiter, wo dann endgültig über die offizielle Parteimitgliedschaft entschieden wird.

Die heutige Prozedur hat sich im Vergleich zu früheren Zeiten stark gewandelt. Vor der Gründung der VR China 1949 wurden Mitglieder heimlich angeworben. Während der Kulturrevolution konnten Personen, die nicht aus der Arbeiter- oder Bauernklasse stammen, zwar theoretisch einen Aufnahmeantrag in die KPCh stellen, aber eine Aussicht auf Erfolg hatten sie nicht. Erst in den 1980er Jahren drehte sich der Wind. Eine Kommilitonin der chinesischen Autorin dieses Buches begründete damals ihren

Aufnahmeantrag mit den unverblümten Worten: *„Die Arbeiter und Bauern sind nicht dazu in der Lage, ein modernes China aufzubauen"* – und wurde als Parteimitglied akzeptiert.

Bis Ende 2009 hatte die KPCh 77,995 Millionen Mitglieder, das entspricht einem Prozentsatz von 5,6 % der Bevölkerung. Aufschlussreich ist ein Blick auf ihre Mitgliederstruktur. Die Partei setzt sich zusammen aus 24,02 Millionen Bauern, Viehzüchtern und Fischern; 17,72 Millionen Arbeitern; 14,52 Millionen Pensionären und Rentnern; 6,59 Millionen Angestellten in Parteiorganen, Regierungsorganen, Schulen, Banken und anderen Dienstleistern; 5,92 Millionen aus anderen Berufen, unter denen sich mindestens 4 Millionen Privatunternehmer befinden sowie 2,26 Millionen Studenten.[61]

Mit 16,94 Millionen stellen Frauen nur 21,7 % der Mitglieder, ihr Anteil steigt allerdings seit den letzten Jahren kontinuierlich. Der Anteil der KPCh-Mitglieder unter den nationalen Minderheiten liegt mit 5,13 Millionen (6,6 %) leicht über dem Anteil der Parteimitglieder an der Gesamtbevölkerung.

27,87 Millionen Mitglieder (35,7 %) besitzen einen Hochschulabschluss, gemessen an ihrem Anteil an der Bevölkerung im höheren einstelligen Bereich[62] ist diese Zahl auffallend hoch und spiegelt das Bestreben der Partei während der letzten Jahrzehnte wider, qualifizierte Mitglieder zu gewinnen.

Außerdem strebt die Partei danach, sich zu verjüngen. Der Anteil der unter 35jährigen liegt zwar mit 18,47 Millionen (23,7 %) noch leicht unter dem der über 60jährigen (19,81 Millionen bzw. 25,4 %), aber, diese Altersgruppe stellt 72 % der Neuzugänge. 16,87 Millionen Parteimitglieder (21,6 %) sind zwischen 36 und 45 Jahre alt, 22,83 Millionen (29,3 %) zwischen 46 und 59.

Die Partei wandelt sich mit der Gesellschaft. Über Letztere legte im Jahre 2001 die chinesische Akademie für Sozialwissenschaften einen Forschungsbericht vor, der je nach Zugriff auf politische, wirtschaftliche und kulturelle Ressourcen zehn soziale Schichten ausmachte: Eine neue Oberschicht aus Funktionären in Staat und Partei, Managern und Privatunternehmern, eine höhere, mittlere und niedrige Mittelschicht aus angestellten Fachkräften und Sachbearbeitern, kleinen Selbständigen und Dienstleistern sowie eine großen Unterschicht aus städtischen Industriearbeitern, Bauern und Arbeitern in ländlichen Betrieben und Arbeitslosen. So verwundert es wenig, dass die Zahl der Privatunternehmer in der KPCh in den letzten 15 Jahren kontinuierlich gestiegen ist. Waren 1993 nur 13,1 % Parteimitglied, stieg die Zahl im Jahr 2002, nachdem Jiang Zemin ihren Beitritt in die KPCh ausdrücklich billigte, auf 29,9 % und pendelte sich bis zum Jahr 2006 auf knapp über 30 % ein. Der Anteil der Arbeiter hingegen sinkt aus unterschiedlichen Gründen. Teile der alten Parteimitglieder aus der Arbeiterschaft sind im Ruhestand oder in andere soziale Schichten aufgestiegen. Die Wanderarbeiter, die heute ihre Arbeitsplätze eingenommen haben, engagieren sich nur in wenigen Fällen in der Partei und sind hinsichtlich ihres sozialen Status weit von Maos Arbeiteraristokratie entfernt.

Die KPCh strebt seit Beginn der Wirtschaftsreform klar danach, Angehörige der oberen und mittleren Schichten zu gewinnen. Dennoch betreibt sie keine reine Klientelpolitik, wie die umfassenden Reformen, die in den letzten Jahren zugunsten der Unterschicht vorangetrieben wurden, erkennen lassen.

In welchem Maße die Parteipolitik heute mutatis mutandis wie im alten China von einer gebildeten nationalen Elite bestimmt wird, lässt sich aus der Zusammensetzung des jeweils aktuellen Parteitags ablesen. Wenn auch Bauern und Arbeiter noch etwas über 40 % aller Parteimitglieder stellen, so sitzt im höchsten Plenum der Partei, dem Parteitag, vermutlich kein einziger „echter" Bauer oder Arbeiter mehr. Zwar kamen laut Statistik 28,4 % der Delegierten des 17. Nationalen Parteitags der KPCh im Jahre 2007 aus der „ersten Frontlinie der Arbeit und der Produktion", womit im Chinesischen üblicherweise einfache Arbeiter und Bauern bezeichnet werden. Dass es sich jedoch in diesem Fall nicht um solche handeln kann, erkennt man an der Angabe, dass 93,3 % der Delegierten zumindest eine Fachhochschule absolviert haben.[63]

Der Anteil der Frauen, der Angehörigen der nationalen Minderheiten und jungen Delegierten wurde erhöht. Von den 2217 Delegierten stellten Frauen 20,1 %; 10,9 % der Delegierten gehören nationalen Minderheiten an; 70,4 % der Delegierten sind jünger als 55 Jahre alt, 18,8 % sogar jünger als 45 Jahre. Erstmals wurde von der staatlichen Nachrichtenagentur Xinhua und im Internet eine vollständige Liste mit den Namen und persönlichen Daten aller 2217 Delegierten veröffentlicht und damit für mehr Transparenz gesorgt.

Der Ständige Ausschuss des Politbüros, das Zentrum der Macht, bestand in der Legislaturperiode 2003–2007 ausschließlich aus Ingenieuren. Bevor die Politbüromitglieder in die höchsten Machtpositionen gelangten, verbrachten sie Jahrzehnte auf schwierigen Posten in der Provinz und der Hauptstadt – auf Erfahrung wird in China bislang weitaus mehr Wert gelegt als auf frische, unverbrauchte Gesichter. Das bestätigte McKinsey-Chef Dominic Barton: *„Die KPCH hat eine sehr durchdachte Nachwuchspolitik. Talente müssen sich in vielen Ämtern bewähren, ehe sie nach oben kommen in die Nähe von Spitzenleuten wie Präsident Hu Jintao und Wen Jiabao“* (Welt am Sonntag vom 31.1.2010)

Unter den aktuell neun Politbüromitgliedern der Legislaturperiode 2008–2013 sind erneut sieben Ingenieure, darunter Hu Jintao. Mit dem stellvertretenden Staatspräsidenten Xi Jinping und dem Vizeministerpräsidenten Li Keqiang wurden zwei Mitglieder der fünften Führungsgeneration in den Ständigen Ausschuss des Politbüros gewählt, denen Chancen auf höchste Ämter nachgesagt werden. Weder Xi Jinping (geb. 1953) noch Li Keqiang (geb. 1955) sind Ingenieure: Xi ist Sozialwissenschaftler und Li ist Wirtschaftswissenschaftler.

Und Sie bewegt sich doch: Wandlungen der KPCh

Wahrscheinlich werden chinesische Politiker niemals mehr wieder eine solche Machtfülle auf sich vereinen wie Mao Zedong und

Deng Xiaoping. Dafür sorgt ein ganzes Bündel von Reformen, die seit den 1990er Jahren durchgeführt wurden. Damals wurde die Amtszeit der Führungskader auf fünf Jahre begrenzt und nur *eine* Wiederwahl erlaubt. Bei den innerparteilichen Wahlen wird schrittweise mehr Wert auf Wettbewerb gelegt. Außerdem hat sich die Parteizentrale zu einem Machtverzicht durchgerungen: Auf den unteren Ebenen sollen lokale Parteiführer direkt vom Volk gewählt werden. Des Weiteren sind umfangreichere Konsultationen und eine effektivere Beaufsichtigung von unten nach oben und eine Rechenschaftspflicht von oben nach unten auf allen Stufen geplant.[64] Außerdem sollen in regelmäßigen Abständen Ämterrotationen durchgeführt werden, damit Eliten nicht ihren Heimatprovinzen oder Heimatstädten vorstehen und dort ungestört Vetternwirtschaft betreiben können – ein Problem, gegen das bereits das Kaiserreich beständig ankämpfen musste. Die KPCh hofft mit diesen Schritten eines der Hauptübel des alten und des neuen China, die Korruption, zurückzudrängen.

Die heterogene soziale Zusammensetzung der Partei, die eine Spannbreite an Schichten und Interessen abdeckt, die sich im Westen auf mehrere Parteien verteilen, hat auch das Diskussionsklima innerhalb der Partei und damit in den Regierungsorganen verändert. Das erfuhr auch der bereits zitierte, kommunistischer Sympathien unverdächtige McKinsey-Chef Dominic Barton. Er brachte nach der Rückkehr aus China seine Verblüffung mit den Worten zum Ausdruck: *„Ich habe Diskussionen erlebt, in denen die Politik der KPCh so kontrovers diskutiert wurde, dass ich von einem Übersetzungsfehler ausging“* (Welt am Sonntag vom 31.1.2010). Diese Offenheit, die sich überall in China feststellen lässt, stößt allerdings dann an ihre Grenzen, wenn nicht konkrete Einzelfragen diskutiert werden, sondern das ganze System in Frage gestellt wird und darüber hinaus Medien oder Institutionen aus dem Westen in den Kampf gegen die Regierung einbezogen werden.

Dass die KPCh trotz größerer Meinungsfreiheit oft ein Doppelbild aus Reformen einerseits und Repression andererseits liefert, erklärt der Politologe Sebastian Heilmann mit zwei unterschiedlichen politischen Modi, die je nach Lage zur Anwendung kommen. In der Routinepolitik, sozusagen im „Normalmodus“, dominieren Verhandlung, Kompromiss, Konsens, Koalitionsbildung und Machtteilung. Bei Naturkatastrohen, politischen bzw. militärischen Spannungen und massiven Wirtschaftsproblemen, wird ein „Krisenmodus“ eingeschaltet, mit schnellen Entscheidungen von oben, die entschlossen durchgesetzt werden.[65]

Unter marktwirtschaftlichen Bedingungen: Das Sozialversicherungssystem

Wie in allen vormodernen Gesellschaften war auch im chinesischen Kaiserreich der Einzelne im Krankheitsfall oder im Alter auf die Solidarität seiner Familie angewiesen. Auf dem Lande, wo die überwältigende Mehrheit lebte, änderte sich auch nach der Gründung der Volksrepublik im Jahre 1949 daran wenig. Eine kostenlose Rentenversicherung, Krankenversicherung, Unfallversicherung, Arbeitslosenversicherung und Mutterschaftversicherung gab es zwar auf dem Papier bereits seit den Gründungsjahren der Volksrepublik, aber unter dem planwirtschaftlichen System bestand eine große Kluft zwischen Anspruch und finanziellen Möglichkeiten zu dessen Umsetzung. Nur die Angestellten und ArbeiterInnen in Betrieben, die direkt den Ministerien und der Provinzregierung unterstellt waren, genossen den vollen Schutz durch die fünf Versicherungsarten. Am zweitbesten stellten sich die Angestellten und ArbeiterInnen in den städtischen Unternehmen, die zumindest einen Teil der Versicherungen erhielten. Diese Leistungen entfielen für den größten Teil von ihnen, als ihre Betriebe in den 1990er Jahren abgewickelt wurden.

Der Aufbau eines Sozialversicherungssystems unter marktwirtschaftlichen Bedingungen setzte zwar bereits im Juli 1979 ein, als die Abteilung Sozialversicherung im Ministerium für Arbeit (Laodong Bu) gegründet wurde. Dennoch war der Aufbau adäquater administrativer Strukturen und die Entwicklung eines

Systems, das den Gegebenheiten Chinas entsprach, ein langer Prozess, der bis heute fortdauert und bei dem die Expertise westlicher Berater, vor allem aus Deutschland, eine wichtige Rolle spielt.

Wenn auch der Aufbau eines Sozialversicherungssystems schon seit 1979 (für die Landbevölkerung) und seit den 1990er Jahren (für die Städter) Thema verschiedener Arbeitskreise war und lokal bereits unterschiedliche Modelle erprobt wurden, setzte aus Sicht der Bevölkerung erst nach der Jahrtausendwende auf breiterer Basis ein Wandel zum Positiven ein.

Zwischen 1979 und 2002 wurden die Beitragszahlungen geregelt und ein Sozialversicherungsfonds für Renten-, Kranken- und Arbeitslosenversicherungen aufgebaut, in den ähnlich wie in Deutschland Arbeitgeber und Arbeitnehmer gleichermaßen einbezahlen.[66] In den Genuss dieser Versicherungen kamen allerdings hauptsächlich die städtischen Arbeiter und Angestellten. Erst ab 2003 wird u.a. in einem neuen Gesetz die Sozialversicherung der ländlichen Bevölkerung einschließlich der Wanderarbeiter, die aus den Dörfern zur Arbeit in die Städte zogen, energisch und unter Einbeziehung des Nationalen Volkskongresses und der Bevölkerung vorangetrieben. Ein großer Fortschritt ist das neue Arbeitsvertragsgesetz von 2008. Seither müssen alle arbeitenden Chinesen einen Arbeitsvertrag besitzen, der wiederum mit dem Besitz einer Sozialversicherungskarte verbunden ist. Zu den Versicherungen zählt auch die Unfallversicherung, die bis 2011 obligatorisch werden wird, und von der nicht nur, aber endlich auch Wanderarbeiter profitieren, die in den gefährlichsten Berufen arbeiten.[67]

Die verschiedenen, immer komplexeren administrativen Zwischenstadien gipfelten im Jahre 2008 in der Gründung eines eigenen Ministeriums für Human Resources und Sozialversicherung (Renli Ziyuan he Shehui Baozhang Bu). Es ist zuständig für die vielfältigen Probleme rund um alle fünf gesetzlich geregelten Grundversicherungen. Außerdem hat seit 2009 der Staatsverwaltungsrat für Standardisierung eine Arbeitsgruppe zu dem Zweck gebildet, die Dienstleistungen der einzelnen Sozialversicherungen zu vereinheitlichen.

Sehr großen Wert wird auf die Information der Bevölkerung gelegt. Auf der Internetseite des Ministeriums für Sozialversicherung kann man sich über die neuesten Entwicklungen auf dem Laufenden halten und Hilfe beim Erledigen von Formalitäten bekommen. In jeder Provinz und in fast allen großen und mittleren Städten gibt es gut aufgebaute Internetseiten zur Sozialversicherung. Versicherte können sich dort mit ihrer Versicherungsnummer anmelden, ihren Kontostand abfragen und Fragen stellen. Seit 2002 arbeitet die Regierung an einem Mammutprojekt: dem Aufbau einer Sozialversicherungs-Datenbank im Internet, das die Zentralregierung, die Provinz und die Städte verbindet. Sobald diese Datenbank eingerichtet ist, können Chinesen an jedem Ort der Volksrepublik ihren aktuellen Rentenstand abfragen, einen Arzt aufsuchen o.ä.

Im Folgenden werden die Entwicklung der Rentenversicherung und der Krankenversicherung skizziert. Landesweit ist die Einführung dieser Grundversicherung am weitesten fortgeschritten, wohingegen die Arbeitslosenversicherung erst in einigen Provinzen erprobt wird.

In Entwicklung: Die Rentenversicherung

Aufgrund des gesellschaftlichen, demographischen und wirtschaftlichen Strukturwandels fällt heute die traditionelle Versorgung der älteren Generation durch ihre Kinder nicht nur in den Städten, sondern allmählich auch auf dem Land immer schwerer.

Seit den 1990er Jahren arbeitet Peking am Aufbau eines Rentensystems. 1991 erließ der Staatsrat einen „Beschluss über die Reform der Rentenversicherung der Arbeiter in Betrieben". Er sah ein dreiteiliges Rentenbeitragssystem vor, bestehend aus einer staatlichen Grundrente, einer Betriebsrente und einer privaten Rentenversicherung, zu der die Arbeitnehmer verpflichtet sind. 1997 wurde dieses System landesweit bindend.

Seither wird ständig an den Einzelheiten gefeilt und lokal sowie regional mit unterschiedlichen Lösungsmodellen experimentiert. Ein wichtiger Diskussionspunkt ist das gesetzliche Rentenalter. Es beträgt für Arbeiter und Kader 60, für Arbeiterinnen 50 und für Kaderinnen 55 Jahre. Doch auch in China werden immer mehr Menschen bei immer besserer Gesundheit immer älter. Angesichts einer durchschnittlichen Lebenserwartung von 71 Jahren bei Männern und 75 Jahren bei Frauen im Jahre 2008 und bei gleichzeitig absehbarem Rückgang der Erwerbstätigenquote ist das niedrige Rentenalter nicht mehr finanzierbar. Zudem wird kritisiert, dass Frauen wegen ihrer kürzeren Erwerbsbiographie weniger Rente erhalten als Männer.

Die Anhebung des Rentenalters war im März 2010 Thema auf der Sitzung des Nationalen Volkskongresses, ohne dass bereits verbindliche Beschlüsse gefasst wurden. Shanghai ist 2008 vorgeprescht und hat das Rentenalter vor allem für Besserqualifizierte bei Frauen auf 60, bei Männern auf 65 Jahre angehoben. Die gesellschaftliche Wirklichkeit eilt der Politik ohnehin voraus: Vor allem höher qualifizierte Arbeitskräfte werden schon seit längerem nach der Berentung gerne von ihren Unternehmen wieder eingestellt.

Ebenfalls immer wieder Reformen gibt es bei den Berechnungsgrundlagen des Rentenanspruchs und der Höhe der Rente. Ein großes Thema und seit 2005 Gegenstand lokaler Experimente ist der prozentuale Anteil am Arbeitslohn, den die private Rentenvorsorge betragen soll.

Auch für die vielen Menschen, die zwar gearbeitet, aber vor der Einführung des Rentensystems aus dem Arbeitsleben ausschieden, gibt es eine Regelung. Je nach Lebensarbeitszeit und Alter bekommen sie eine Basisrente in Höhe der lokalen Durchschnittsrente. Je nach Region müssen sie zuvor mal keinen Beitrag, mal bis zu 10.000 Yuan in einen Rententopf einzahlen. Dieses Angebot einer Einmalzahlung mit darauf folgendem lebenslangen Rentenanspruch gibt es auch für Menschen ab 60 Jahren, die nie gearbeitet haben.

Chinesische Rentner erhalten Ermäßigungen bei öffentlichen Einrichtungen wie Parks und Museen und Verkehrsmitteln. Es sind wohl noch Reste des konfuzianischen Respekts vor dem Alter, dass bei Menschen ab 70 die Tickets gratis sind.

Ca. 318,5 Mrd. Yuan (knapp 7 % des Staatshaushaltes) plant Peking im Jahre 2010 für die Renten ein. Die Regierung hat sich zum Ziel gesetzt, dass bis 2020 die große Mehrheit der Chinesen eine Rente beziehen soll.

Ein Mischsystem: Die neue Krankenversicherung

Nach der Gründung der Volksrepublik China wurde eine kostenlose Gesundheitsversorgung eingeführt. Die guten Absichten blieben jedoch auch hier weit hinter den finanziellen Möglichkeiten zurück. In den staatseigenen Unternehmen, in denen die städtischen Arbeiter angestellt waren, riss die Gesundheitsversorgung riesige Lücken in die Bilanzen, wohingegen es auf dem bitterarmen und unterentwickelten Land schlechterdings an allem mangelte, angefangen von medizinischen Einrichtungen bis hin zum Personal.

Unter den Bedingungen der Reform- und Öffnungspolitik von Deng Xiaoping wurde ab 1993 ein neuer Anlauf zum Aufbau eines Gesundheitswesens in den Städten genommen. Seitens der zuständigen Ministerien wurden erste Vorschläge zur Reform des Krankenversicherungssystems der Arbeiter gemacht. Sie sahen vor, Sozialfonds, in die Arbeitgeber und Arbeitnehmer einzahlen, mit privater Vorsorge zu kombinieren und schrittweise eine immer größere Zahl von Chinesen in der Stadt und auf dem Land einzubeziehen.

Ab Dezember 1994 wurde in ersten Pilotversuchen (shidian) in der Stadt Jiujiang (Provinz Jiangxi) und der Stadt Zhenjiang (Provinz Jiangsu) mit der praktischen Umsetzung der Vorgaben experimentiert. Nach Abschluss der Erprobungsphase 1998 wurde das Versicherungssystem auf alle Arbeiter in staatlichen Betrieben in ganz China ausgeweitet. Im Jahre 2003 gab es Regelungen für Zeitarbeiter im städtischen Betrieb, ab 2004 wurde auch die Krankenversicherung für Mitarbeiter in Joint-Venture-Unternehmen und nichtstaatlichen Unternehmen ausgebaut.

Der nächste große Schritt erfolgte ab dem Jahre 2007. In einigen Städten wurde versuchsweise die Krankenversicherung auf die gesamte, also auch die nichtarbeitende Bevölkerung, ausgeweitet. Bis Ende 2009 waren bereits 400 Millionen Stadt- und der größte Teil der Landbewohner krankenversichert.

Seit Juni 2008 bezuschusst die Regierung in regional unterschiedlicher Höhe alle Krankenversicherungen, so dass sich auch Arbeitnehmer mit geringem Einkommen und Arbeitslose versichern können.

Die Reform beinhaltet des Weiteren die Prüfung von Medikamenten, die Festlegung des empfohlenen Verkaufspreises und das Erstellen einer Liste mit Medikamenten, die erstattungsfähig sind; den Aufbau von Krankenhäusern für traditionelle chinesische und moderne westliche Medizin in ganz China; die staatlich finanzierte Einstellung von Ärzten und Ausbildung von medizinischem Personal für die neu errichteten Krankenhäuser auf der Kreisstufe; diverse Impfkampagnen und Vorsorgeuntersuchungen; den Bau von Millionen sanitärer Einrichtungen auf dem Land und die Entwicklung eines Kontrollsystems für die öffentlichen Krankenhäuser. Analog zum Aufbau der nationalen Rentenversicherungsdatei wird derzeit an einem nationalen elektronischen Patientenakten-System und an einem elektronischen Wegweiser zur Behandlung der 100 häufigsten Krankheiten gearbeitet. Dieser soll Ärzten die Behandlung erleichtern, aber auch Patienten können sich dort informieren und etwaige Behandlungsfehler rechtzeitig erkennen. Die Einführung des Systems wird derzeit in 50 Krankenhäusern erprobt.

Auf dem Lande wurden bereits seit 1979 erste Experimente zur Verbesserung der Gesundheitsversorgung der Bevölkerung unternommen. Dennoch sollte es noch bis 2003 dauern, bevor der

Staatsrat eine „Leitlinie zum Aufbau des ländlichen kooperativen medizinischen Versorgungsmodells" bekanntgab, in der das Ziel, die Grundsätze, die Organisation und Verwaltung sowie die Förderkriterien und die Verwaltung des Sozialfonds präzisiert wurden. Nach diesen Vorgaben experimentierten die Provinzen dann landesweit je nach den örtlichen Gegebenheiten.

Prinzipiell basiert das neue Modell auf einem dreiteiligen System aus privaten Beiträgen, kollektiver Unterstützung und staatlicher Hilfe. Der Beitrag zum Gesundheitsfond der ländlichen kooperativen medizinischen Versorgung für schwere Krankheiten beträgt beispielsweise in der Provinz Zhejiang jährlich 30 Yuan pro Person, die Hälfte davon übernimmt der Staat. Die Provinz unterstützt die Bevölkerung zusätzlich mit einem jährlichen Beitrag, dessen Höhe vom Grad der Entwicklung der jeweiligen Region abhängt. Der private Beitrag der Landbewohner darf dabei nicht niedriger sein als der regionale Zuschuss. Die privaten Beiträge der Personen, die in ärmlichsten Verhältnissen leben, werden von der Lokalregierung übernommen.

Das regional differenzierte Bezuschussungssystem verhindert zwar ein zu großes Gefälle in der medizinischen Versorgung der Bewohner einer Provinz, aber diese wird sich erst auf einem einheitlichen Niveau bewegen, wenn sich die Entwicklungsunterschiede angeglichen haben. Mit der Erhöhung des Einkommens der Landbewohner steigen auch deren Beiträge zum Gesundheitsfonds und dessen Leistungen. Die Zuschüsse der Lokalregierung sinken entsprechend.

Bislang ist die Teilnahme der Bauern am neuen Gesundheitssystem freiwillig. Lokale Regierungsstellen wurden angewiesen, keinen Druck auf arme Bauern auszuüben, um soziale Unruhen zu vermeiden. Die KPCh setzte vielmehr auf Überzeugungsarbeit und Aufklärung, um den Bauern die Vorteile einer Sozialversicherung nahezubringen. Offensichtlich mit Erfolg: Bis Ende 2008 hatten bereits 91,5 % der ländlichen Bevölkerung eine Krankenversicherung, die zumindest schwere Krankheiten abdeckte.

Neben dem Staat gibt es auch private Anbieter von Krankenversicherungen und Rentenversicherung. Diese werden bislang, wie nicht anders zu erwarten, vor allem von wohlhabenden Chinesen genutzt. Dennoch werden chinesischen und ausländischen Versicherungsgesellschaften nicht nur in diesem Marktsegment gute Geschäftschancen prophezeit.[68]

Auf dem Weg zu mehr Rechtssicherheit: Chinas sozialistischer Rechtsstaat

Ihrem Selbstverständnis entsprechend geht die KPCh auch bei der Modernisierung des Rechtssystems dem Volk voran. Seit Beginn der Reform- und Öffnungspolitik unter Deng Xiaoping wurden im Bereich des Rechtswesens praktisch vom Nullpunkt aus Reformen eingeleitet, die China ebenso gründlich verändern werden wie die wirtschaftlichen und politischen Reformen. Sie haben nicht allein zur Folge, dass Funktionäre in Partei und Staat Macht an eine ständig wachsende Zahl von Juristen verlieren. Vielmehr betreffen die Reformen das ganze Volk unmittelbar, denn dieses verließ sich bei Konfliktfällen traditionell auf seine persönlichen Beziehungen zu Entscheidungsträgern. Das Austragen von Streitfällen vor Gericht markiert für Chinesen somit nichts weniger als einen Kulturbruch: alte Verhaltensweisen müssen verlernt und neue eingeübt werden. Das braucht Zeit. Die Politik kann dazu nur die Voraussetzungen bieten, alles andere muss die Gesellschaft leisten. Immerhin versuchen mittlerweile immer mehr Bürger, ihre Interessen auf dem Rechtswege durchzusetzen. Die Gesamtzahl an verhandelten Gerichtsverfahren steigt seit Reformbeginn und hat sich bis 2007 bei 1,7 Millionen Fällen pro Jahr eingependelt. Bei der Bewertung dieser in Anbetracht der demographischen Größe der Volksrepublik niedrigen Zahl ist zu berücksichtigen, dass in der Regel bei zivilrechtlichen Streitfällen eine Schlichtungsstelle hinzugezogen wird.

Der heutigen Entwicklung geht eine lange Vorgeschichte voraus. Diskussionen über die Rolle des Rechts beim Regieren des Landes gab es in China schon im ersten Jahrtausend v. Chr. Der große Konfuzius bestritt die Notwendigkeit von Strafgesetzen zwar nicht grundsätzlich, aber er wandte ein: *„Gesetzesherrschaft und Befehle machen das Volk trickreich und lehren kein Schamgefühl."*[69] Er war so überzeugt von der sozialen Heilsamkeit seiner wertebasierten Lehre, dass er behauptete: *„Nach hundert Jahren Herrschaft guter Männer hören Grausamkeit und Todesstrafe auf."*[70] Wie strikt hingegen der herausragende Theoretiker der antikonfuzianischen Legisten, Han Feizi (um 280 – 233 v. Chr.) für eine Herrschaft durch Gesetze eintrat, veranschaulicht er in einer drastischen Anekdote: *Markgraf Zhao von Han hatte sich betrunken und schlief ein. Der Verwalter der Krone bedeckte ihn mit einem Mantel, um ihn vor der Kälte zu schützen. Als der Markgraf erwachte, ordnete er die Bestrafung des Verwalters an, weil dieser seine Amtsbefugnisse überschritten habe.*[71]

Sowohl der Einfluss des Konfuzianismus als auch des Legismus sollte das Rechtssystem des chinesischen Kaiserreichs prägen. Dieses reduzierte sich auf ein Verwaltungsrecht und ein Strafgesetz, denn es sollte nach legistischem Gedankengut allein der Ausübung der Herrschaft durch den Staat dienen. Eine unabhängige Justiz hat es deshalb – wenig überraschend – zu keiner Zeit gegeben. Auch den Grundsatz der Gleichheit aller vor dem Gesetz kannte das alte China nicht. Dieser wäre mit dem hierarchisch gegliederten Sozialsystem des Konfuzianismus nicht vereinbar gewesen.

In den von Mao Zedong dominierten ersten 30 Jahren der Volksrepublik gab es von 1949 bis 1957 Anstrengungen, eine Rechtsordnung aufzubauen. In den darauf folgenden zwei Jahrzehnten gingen diese jedoch im Strudel des Klassenkampfes unter. Die Politik hatte nach Maos Auffassung den Vorrang vor dem Gesetz. Zwischen 1957 und 1966 wurde die Rechtsordnung zunächst vernachlässigt, während der Kulturrevolution (1966–1976) wurde sie ganz beiseite geschoben und durch die politischen Weisungen Maos ersetzt. Harro von Senger schreibt, dass er während seiner Studienzeit an der Beijing-Universität Mitte der 1970er Jahre regelmäßig ausgelacht wurde, wenn er sich nach der aktuellen Rolle des Rechts erkundigte.[72] Vom geltenden Recht oder den geltenden sozialen Normen abweichendes Verhalten wurde unter Mao nicht als Tat eines Individuums, das seiner persönlichen ethischen Verantwortung nicht gerecht wurde, verstanden, sondern als Nachwirkung eines verfehlten sozialen und wirtschaftlichen Systems, das auf Privateigentum und Ausbeutung beruht. Das probateste Mittel gegen jede Form unerwünschten Verhaltens war in den Augen des studierten Mittelschullehrers Mao wie schon bei Konfuzius die Erziehung. Im Unterschied zu Konfuzius, der sehr wohl wusste, dass Erziehung letztlich nur als Selbsterziehung auf freiwilliger Basis erfolgreich sein kann,[73] setzte Mao freilich auf eine intensive politische Erziehung des Volkes durch die Partei. Diese wurde im Falle von kriminellen und politischen Gefangenen noch intensiviert, wobei massiver psychischer und physischer Druck ausgeübt wurde.

Seit Maos Tod erfreut sich das Recht wieder hoher Wertschätzung, die ihren Ausdruck in der Verfassung von 1982 findet. Dennoch ist das chinesische Recht entlang der traditionellen Linien ein Diener der Politik geblieben und steht im Zeichen der Umsetzung des aktuellen Hauptwiderspruchs zwischen *„den wachsenden materiellen und kulturellen Bedürfnissen des Volkes und der rückständigen gesellschaftlichen Produktion“*. Die Instrumentalisierung des Rechts zur Verfolgung eines politischen Ziels läuft zwar liberalen Vorstellungen zuwider, aber innerhalb dieser Vorgabe arbeitet Chinas „sozialistischer Rechtsstaat“ auf das Ziel hin, eine willkürliche Machtausübung der Parteifunktionäre und der Regierungsorgane zu verhindern und dem Volk in allen Bereichen des öffentlichen Lebens mehr Rechtssicherheit zu gewährleisten: *„Keine Organisation oder kein Individuum darf das Privileg genießen, die Verfassung und die Gesetze zu überschreiten“*, heißt es in der Verfassung (Artikel 5 der Verfassung von 1982, Ergänzung von 1999). Beim Aufbau des Rechtsstaats wurde und wird häufig auf ausländische, vorzugsweise deutsche Regelwerke und Berater zurückgegriffen.

China verfügt über ein vierstufiges Gerichtssystem. Höchstes Organ ist der Oberste Volksgerichtshof in Peking, darunter agieren die Volksgerichtshöfe auf Provinz-, Bezirks- und Kreisstufe.

Der Ausbau des Rechtssystems erfolgte schrittweise. Zunächst hatte im Zuge der Wirtschaftsreformen die Verbesserung der rechtlichen Rahmenbedingungen sowohl für ausländische Investoren als auch für die inländische Wirtschaft Priorität. Heute sind nahezu alle grundlegenden Wirtschaftsgesetze ausgearbeitet. Der Schwerpunkt liegt aktuell auf Gesetzesvorhaben im Bereich des Umwelt- und Verbraucherschutzes sowie der sozialen Sicherung. Durchbrüche in jüngerer Zeit waren das Sachenrechtsgesetz, das u.a. verschiedene Eigentums- und Besitzformen regelt und 2007 nach jahrelanger Vorbereitung in Kraft trat, und die Ratifizierung des neuen, arbeitnehmerfreundlichen Arbeitsvertragsgesetzes vom Januar 2008, das gegen den Willen der Unternehmer im NVK durchgesetzt wurde.

Die Aufbauleistung der KPCh ist anerkennenswert. Dennoch ist das chinesische Justizsystem nach Meinung vieler chinesischer und ausländischer Beobachter nach wie vor mit etlichen gravierenden Mängeln behaftet. Zwar ist China kein systematischer Unrechtsstaat, aber immer noch ein Land, in dem in regional unterschiedlichem Ausmaß Unrecht geschieht. Einer der Gründe dafür ist, dass es nach wie vor zu wenig gutausgebildetes Justizpersonal gibt. Erst Ende der 1970er Jahre wurden wieder juristische Fakultäten an Chinas Universitäten eingerichtet. Heute beläuft sich ihre Zahl auf über 600. Erst im Jahre 2002 führte die Regierung eine einheitliche Staatsprüfung für Richter, Staatsanwälte und Rechtsanwälte ein. Seitdem müssen die Kandidaten einen Hochschulabschluss, wenngleich nicht notwendigerweise in Jura, sowie je nach Hochschulabschluss ein bis zwei Jahre Berufserfahrung im juristischen Bereich vorweisen. Bis März 2007 wurden in China 130.000 lizenzierte Rechtsanwälte und 12.428

Anwaltsbüros registriert.[74] 2005 gab es in ganz China ca. 220.000 Richter in 3234 Gerichthöfen.

Obwohl die Verfassung die Einflussnahme auf Richter verbietet, stellen diverse Abhängigkeiten der Gerichte ein gravierendes strukturelles Problem dar. Lokalregierungen sind in der Lage, Druck auf die Entscheidungsfindung der Richter auszuüben, weil sie die Gerichte oftmals finanziell unterhalten. Eine andere Quelle potenzieller Einflussnahme bilden die Volkskongresse der verschiedenen Ebenen. Sie wählen die Richter und diese sind ihnen gegenüber zur Rechenschaft verpflichtet. Zudem kann die KPCh vor allem bei politisch heiklen Fällen über so genannte „Kommissionen für Politik und Recht" (Zheng-Fa Weiyuanhui) direkten Einfluss auf die Rechtsprechung nehmen.[75]

Als ein „Geschwür im Leib des chinesischen Rechtswesens" wird von vielen Beobachtern das System der „Erziehung durch Arbeit" (Laodong jiaoyang, abgekürzt: laojiao) bezeichnet. Bei Laojiao handelt es sich um eine Administrativhaft für körperlich arbeitsfähige Menschen, deren Delikte zu geringfügig sind, um von einem ordentlichen Gericht zu Haftstrafen verurteilt zu werden. Darunter fallen Rowdys und Kleinkriminelle, aber auch „antisozialistische Reaktionäre". Sie werden in Lagern zusammengefasst und müssen dort gegen ein sehr geringes Entgelt Arbeit verrichten.[76] Die Haft kann ohne Gerichtsverfahren von der Polizei ab der Kreisstufe angeordnet werden. Sie beträgt in der Regel zwischen einem und drei Jahren und kann gegebenenfalls um ein Jahr verlängert werden. Verwaltet werden die Laojiao-Lager durch die „Abteilung für Erziehung durch Arbeit" auf der Provinzstufe, die auch die Aufnahmen überprüft. Offizielles Ziel der Laojiao ist die Resozialisierung. Tatsächlich jedoch ist Laojiao ein beliebtes Instrument lokaler Polizeibehörden, aufbegehrende Bürger einzuschüchtern und wegzusperren. Vermutlich sind es ebendiese lokalen Funktionäre, die trotz der seit Jahren andauernden Kritik an Laojiao bislang eine Gesetzesreform torpediert haben, um einem Machtverlust zuvorzukommen. Schon seit dem Jahr 2005 hat der NVK ein „Gesetz zur Korrektur illegalen

Verhaltens", das das Laojiao ersetzen soll, auf seiner legislativen Agenda. 2007 traten 69 chinesische Juristen aus verfassungsrechtlichen Gründen für die Abschaffung von Laojiao ein, ihnen schloss sich 2008 ein Abgeordneter des NVK an. Auch bei der Tagung des NVK und der PKKV im Jahre 2010 wurde über Laojiao diskutiert, doch erst bei der nächsten Tagung im Jahr 2011 wird diesem Punkt Spitzenpriorität eingeräumt.

Obwohl viele Deutsche mutmaßen würden, dass China weltweit eines der Länder mit den meisten Gefängnisinsassen ist, gibt es dort (einschließlich der Arbeitslager) weitaus weniger Gefangene als beispielsweise in den USA, die weltweit die höchste Zahl an Gefängnisinsassen aufweisen. Auf 100.000 US-Amerikaner kommen etwa 750 Gefangene, in China beträgt das Verhältnis nach einer Schätzung des US-Außenministeriums etwa 189 Gefangene auf 100.000 Einwohner. Zum Vergleich: In Deutschland kamen im November 2006 auf 100.000 Einwohner 93 Gefangene.

In China wird die Todesstrafe vollstreckt. Möglich ist sie bei 68 verschiedenen Verbrechen, darunter 44, bei denen keine physische Gewalt ausgeübt wurde wie z.B. Korruption. Zumeist wird sie bei Mord, schwerem Raub, schwerer Körperverletzung und Drogenhandel verhängt. Nach schrecklichen Fehlurteilen müssen Todesurteile seit dem 1. Januar 2007 durch den Obersten Volksgerichtshof in Peking überprüft werden. Seit Einführung dieser neuen Regelung ist die Zahl der verhängten Todesurteile zurückgegangen. Eine Abschaffung der Todesstrafe, wie sie auch von manchen chinesischen Juristen gefordert wird, findet jedoch bei der Mehrheit der chinesischen Bevölkerung keinen Rückhalt und wird in absehbarer Zeit kaum durchzusetzen sein.

Zwar gibt es in China inzwischen die Möglichkeit, Gesetze einzuklagen; dies gilt allerdings nicht für die in der Verfassung gewährten Grundrechte, auch wenn in der Praxis gelegentlich Ausnahmen gemacht werden. Da China das Prinzip der Gewaltenteilung nicht anwendet, gibt es auch kein Verfassungsgericht, das die Verfassungsmäßigkeit neuer Gesetze überprüft. Mittlerweile ist es allerdings, wie bereits erwähnt, üblich, Gesetzesentwürfe zur öffentlichen Diskussion vorzulegen.

Differenzierungen und Vorbehalte: Menschenrechte und Dissidenten

Neben „Wirtschaftsboom" ist wohl „Menschenrechte" das erste Stichwort, das einem Abendländer zu China einfällt, denn die Volksrepublik wird in der westlichen Presse häufig für seinen Umgang mit den Menschenrechten kritisiert. Peking räumt einerseits Defizite bei den bürgerlichen Menschenrechten durchaus ein, andererseits wirft es dem Westen vor, die Menschenrechte zu instrumentalisieren, um Chinas Aufstieg einzudämmen und sich in seine inneren Angelegenheiten einzumischen. Viele Chinesen teilen diese Auffassung.

Seit einigen Jahren kontert Peking einschlägige US-amerikanische Kritik mit Gegenvorwürfen. Diese betreffen nicht nur den Krieg gegen den Irak und das Gefangenenlager Guantanamo, sondern auch Menschrechtsverletzungen in den USA selbst.[77] Die vom Staatsrat im März 2010 genehmigte „Chronik der Menschenrechte in U.S. Amerika 2009" wurde in fast allen wichtigen Medien veröffentlicht.

Wie Harro von Senger ausführt, liegt der chinesischen Menschenrechtsauffassung der Marxismus zugrunde.[78] Aus marxistischer Sicht sind die Menschenrechte das Produkt gesellschaftlicher Entwicklungen und damit so wandelbar wie diese. Die Menschenrechtslage eines Landes reflektiert nach dieser Auffassung dessen Entwicklungsstand: Je rückständiger die wirtschaftliche Lage, desto schlechter sei es um die Menschenrechte bestellt, wohingegen wirtschaftlicher Fortschritt auch Fortschritt in den Menschenrechten nach sich ziehe. In Anbetracht der wirtschaftlichen Rückständigkeit Chinas, die der aktuelle Hauptwiderspruch zu überwinden trachtet, habe das Menschenrecht auf Entwicklung und Überwindung der Armut[79] derzeit Priorität vor den bürgerlichen Menschenrechten, auf denen in westlichen Gesellschaften der Schwerpunkt liegt. Das rasche Handeln Chinas zu Beginn der Finanzkrise, das einen schlimmeren Absturz der Weltwirtschaft verhinderte, ist in chinesischen Augen ein Beitrag zur Wahrung der Menschenrechte weltweit gewesen.

Die Menschenrechte sind in der chinesischen Verfassung dialektisch verknüpft mit entsprechenden Pflichten. Zwar sind dort die Freiheiten der Bürger auf Rede, Publikationen, Versammlung, Vereinigung, Demonstrationen und kulturelle Betätigungen aller Art festgeschrieben. Sie stehen aber unter dem Vorbehalt der in der Präambel festgeschriebenen vier Grundprinzipien (s. S. 91 f.) sowie unter dem Vorbehalt bestimmter Pflichten. So sind bei der Ausübung der Freiheiten die *„Interessen des Staates, der Gesellschaft und des Kollektivs sowie die Rechte und Freiheiten anderer Bürger nicht zu verletzen“* und die *„Einheit des Landes und die Geschlossenheit all seiner Nationalitäten zu sichern“.*[80] Diese Formulierungen lassen den Machthabern viel Interpretationsspielraum.

Zwei der bekanntesten Dissidenten, die dies in letzter Zeit zu spüren bekamen, waren Liu Xiaobo und Gao Zhisheng. Liu Xiaobo wurde im Dezember 2009 wegen „Untergrabung der Staatsgewalt“ zu elf Jahren Haft verurteilt, nachdem er in der „Charta 08“ unter anderem ein Ende des Einparteiensystems, eine neue Verfassung und die Einhaltung der Menschenrechte forderte sowie das gegenwärtige System als rückständig bezeichnete. Immerhin schreibt er über seinen Prozess: *„Im Umgang mit mir hat es keine Respektverletzungen gegeben, keine Zeitüberschreitungen und auch keine erzwungenen Geständnisse“* (Die Zeit vom 12.2.2010). Das Urteil gegen Liu, der 2010 den Friedensnobelpreis erhielt, wurde im Westen zumeist scharf kritisiert und Lius sofortige Freilassung gefordert. Zweifellos ist das Urteil gegen Liu sehr hart ausgefallen. Es sollte jedoch angesichts der Attacke Lius gegen die chinesische Verfassung, in der die Einparteiherrschaft festgeschrieben ist, nicht überraschen. Hinzu kam in den Augen der Richter möglicherweise der persönliche Hintergrund Lius: Liu war Präsident des unabhängigen chinesischen Pen-

Zentrums, das Gelder vom amerikanischen „National Endowment for Democracy“ (NED) bezog. Der NED setzt sich weltweit für US-freundliche Demokratien ein und verfolgt laut seinem Mitbegründer Allen Weinstein weitgehend Aufgaben, die zuvor die CIA verdeckt wahrgenommen habe. Was im Westen als Unterstützung von Kämpfern für das einzig menschenwürdige politische System gilt, betrachtet Peking als eine Einmischung in seine inneren Angelegenheiten.[81] Abgesehen davon wird der Inhalt der Charta 08 in diversen Foren durchaus kontrovers diskutiert. Neben den Befürwortern einer Demokratie nach westlichem Vorbild in China finden sich auch Kritiker Lius, die eine schrittweise Modernisierung Chinas, wie die KPCh sie vornimmt, für erfolgversprechender halten. Die Entwicklung der Sowjetunion nach 1989 halten sie nicht für nachahmenswert.

Die Konfrontation mit der chinesischen Regierung hatte auch für den Rechtsanwalt Gao Zhisheng massive Konsequenzen. In seinem Buch „Chinas Hoffnung“[82] schrieb Gao über die KPCh: *„Die gegenwärtige Regierung war während der gesamten Zeit ihrer Geschichte brutal, dumm und gesetzlos.“*[83]

Die Anhänger der wegen ihres vehementen Antikommunismus verfolgten Falungong-Bewegung, die Gao vor Gericht verteidigte, schilderte er als eine *„Gruppe von Menschen, die friedlich praktizieren, um ihre Herzen und ihren Geist zu kultivieren und um ihre Gesundheit zu verbessern“*.[84] Aufgrund ihrer überlegenen Moral würden die Anhänger der Falungong und der ebenfalls illegalen christlichen Hauskirchen die verlorene Moral Chinas durch den Glauben wiederherstellen und das Fundamt eines (postkommunistischen, d.A.) künftigen China bilden. Deshalb sei die *„Unterdrückung von Falungong bis jetzt die längste und schlimmste Katastrophe in China und in der Welt“* und stelle *„eine Bedrohung der ganzen Menschheit“* dar.[85]

Zur Falungong gibt es jedoch auch andere Stimmen. Der angesehene deutsche Journalist Georg Blume charakterisiert die Falungong als eine *„Pseudoreligion“* und als *„mächtigste politische Gegenbewegung zur KP seit der Gründung der Volksrepublik“*, bestätigt allerdings die massive Verfolgung ihrer Anhänger.[86] Der Politikwissenschaftler Thomas Heberer zeigt in einer sozialwissenschaftlichen Studie den in Amerika residierenden Falungongführer Li Hongzhi als einen Menschen mit ausgeprägten Machtphantasien, der unter anderem von sich behauptet, in ständiger Verbindung mit den Göttern zu stehen, und seinen ihm ergebenen Anhängern bei fortgeschrittener Selbstkultivierung Freiheit von Alter, Krankheit und Tod verheißt. Was immer man von den Lehren der Falungong halten mag: Folter ist niemals zu rechtfertigen. Das betonen sowohl Georg Blume, der von Falungongmitgliedern aufgrund seiner kritischen Berichterstattung über die Sekte bedroht wurde, als auch Thomas Heberer, der seitens der Falungong durch Einschüchterungsversuche, Verleumdungen im Internet u.a. Methoden dazu gebracht werden sollte, seine Studie zurückzuziehen.[87]

Im September 2007 hatte Gao Zhisheng in einem offenen Brief an den amerikanischen Senat und Kongress unter anderem geschrieben: *„Die Kommunistische Partei Chinas wird als vollkommen wahnsinnig und unmenschlich kritisiert, was sehr wahr ist,“* und die Amerikaner gefragt, *„welche subjektiven und objektiven technischen Voraussetzungen“* bestünden, um der KPCh Einhalt zu gebieten.[88]

Nach Bekanntwerden dieses Briefes setzten gegen Gao, der aufgrund seines Einsatzes für die Armen und Schwachen noch im Jahre 2001 einen vom chinesischen Justizministerium ausgeschriebenen Preis gewann, Repressalien ein. Im Jahre 2009 verbrachte er nach vorausgegangen Misshandlungen vermutlich ein halbes Jahr in Haft.

Das Schicksal der beiden Dissidenten Liu Xiaobo und Gao Zhisheng zeigt exemplarisch, dass die chinesische Regierung mit aller Härte gegen Versuche, ihre Herrschaft zu stürzen, vorgeht. Ausländische Unterstützung von Dissidenten und Aufständischen verschlimmert in der Regel deren Lage. Doch wie wären die Folgen, wenn zum jetzigen Zeitpunkt ein abrupter Systemwechsel vollzogen würde? Ist die Einführung der Demokratie in einem Land mit völlig anderem kulturellen Hintergrund überhaupt möglich und, vor allem, wird dies dort mehrheitlich gewünscht? Wer hätte die Expertise, das Land zu führen, wenn der von der KPCh besetzte politisch-administrative Apparat zusammenbräche? Welche Konsequenzen hätte das für die Weltwirtschaft, welche für die weltweite Armutsmigration?

Im Staatsinteresse?! – Medien und Zensur

Die Zensur, die die chinesische Regierung über die Presse, Bücher und das Internet ausübt, wird im Westen heftig kritisiert. Die Einschränkung der Meinungsfreiheit zum *„Schutz der nationalen Sicherheit, der öffentlichen Ordnung, der Volksgesundheit und der öffentlichen Sittlichkeit"* ist allerdings durch die UNO gedeckt und wird auch in demokratischen Staaten ausgeübt.[89] Freie Meinungsäußerung genießt weltweit in den USA den besten juristischen Schutz, doch selbst dort greift die Zensur beispielsweise bei der Darstellung sexueller Handlungen in den Medien massiver ein als in Deutschland. Hierzulande werden wiederum Gewalt verherrlichende Szenen zensiert, die in Amerika ohne weiteres über den Bildschirm flimmern dürfen. In beiden Ländern hat die Mehrheit der Bevölkerung aus kulturellen Gründen nichts gegen diese Art von Zensur einzuwenden. Dasselbe gilt für China: Auch wenn sich Teile der Filmindustrie in ihrer künstlerischen Freiheit eingeschränkt fühlt, befürwortet ein Großteil der Bevölkerung – und nicht nur die ländliche – die Zensur allzu detaillierter Darstellungen von Sex und Gewalt in den Medien.

Für die politische Zensur in China ist die Propagandaabteilung der KPCh zuständig, deren Unterabteilungen sich auf alle administrativen Stufen erstrecken und nach lokal sehr unterschiedlichen Maßstäben vorgehen. Theoretisch begründet wird die Zensur auf der Grundlage des Marxismus. Die Materie, also die Summe der wirtschaftlichen Produktionsverhältnisse und Produktionsbeziehungen, bildet in der marxistischen Weltsicht den „Unterbau" der Gesellschaft, auf dem die gesamte Geisteskultur (der „Überbau“) ruht. Zwischen Überbau und Unterbau besteht eine Wechselwirkung. Daher ist die KPCh bestrebt, Einfluss auf den Überbau zu nehmen. Sie leitet daraus eine erzieherische Pflicht gegenüber der Bevölkerung ab. Der Marxismus ist auch in diesem Punkt der chinesischen Tradition nicht fremd. Als Erzieher des Volkes betrachteten sich bereits die konfuzianischen Eliten im Kaiserreich.

Das erste Weißbuch zum Internet, das das Informationsbüro des Staatsrates am 8. Juni 2010 herausgab, ist ein anschauliches Beispiel für den Umgang der chinesischen Regierung mit den Medien. Konkreter Anlass zur Veröffentlichung des Weißbuchs war die zunehmend bedeutende Rolle des Internet: Fast 30 % der Chinesen hatten Ende 2009 Zugang zum Internet und deren Zahl soll innerhalb der nächsten fünf Jahre auf 45 % steigen. Wie die Bewohner anderer Staaten nutzen Chinesen das Internet zum Einkaufen, zur Informationsbeschaffung, zur Weiterbildung, zur Interaktion mit den Behörden, zur Jobsuche und dergleichen. Einerseits werden diese Aktivitäten von der Regierung unterstützt und gefördert, andererseits behält sie sich bei der Nutzung des Internets vor, sofort eingreifen zu können, wenn sie die Stabilität der Volksrepublik bedroht sieht. Unter anderem werden daher im IV. Kapitel des Weißbuches die Einschränkungen aufgelistet, die Bürgern beim Gebrauch des Rechts auf freie Meinungsäußerung auferlegt werden. Darunter fällt, neben den bereits erwähnten pornographischen und gewaltverherrlichenden Inhalten, ein ganzer Komplex von nicht näher spezifizierten *„Verstößen gegen staatliche, gesellschaftliche und kollektive Interessen oder die Freiheit und die Rechte Dritter“ … „die Gefährdung der staatlichen Sicherheit, das Untergraben der Staatsmacht und der nationalen Einheit und der nationalen Würde“ … „das Anstiften zum ethnischen Hass und zur Sezession“ … „das Befürworten von Irrlehren und Terror“.*

Die Mehrheit der Bevölkerung betrachtet die Sicherheitsinteressen des Staates als legitim und steht hinsichtlich ihrer Anwendung bei der Taiwan- und Tibetfrage hinter der Regierung. Kritisiert wird jedoch, dass die zensurrelevanten Kategorien vage gehalten sind und damit immer noch viel zu häufig Behörden zum Missbrauch einladen. Das erschwert beispielsweise die Arbeit investigativer Journalisten in China. Zwar gibt es erfolgreiche Einzelfälle, in denen Journalisten Korruptionsfälle aufdeckten, die zur Verurteilung der Übeltäter führten. Auch die Auflösung des Sanlu-Konzerns, der vergiftetes Milchpulver verkaufte, geht auf Artikel unerschrockener Journalisten zurück (Süddeutsche Zeitung vom 1.6.2010). Aber mutige Journalisten tragen immer noch ein hohes persönliches Risiko. So wächst heute die Schar der Chinesen, die die staatliche Bevormundung ablehnt und offen – und wie unlängst im Falle des „Green dam youth escort"-Projektes zum Teil erfolgreich – dagegen protestiert. Obwohl der Staat vorgab, mit diesem Zensurprogramm Pornographie aufspüren zu wollen, befürchtete sogar die staatliche Presse, dass es zur politischen Zensur benutzt wird. Das Projekt wurde zwar im Juli 2009 gestartet und ist in China hergestellten PCs vorinstalliert. Die Benutzer können allerdings selbst über die Benutzung entscheiden.

Proteste wie diese sind heute möglich in China. Solange das System an sich nicht in Frage gestellt oder gar indirekt oder direkt zu seinem Sturz aufgerufen wird, gibt es für kontroverse Diskussionen mehr Raum als je zuvor. Mancher Chinakritiker würde sich wundern, wenn er die Sprachbarriere überwinden würde und in Internetforen und Leserbriefen an Zeitungen nachvollziehen könnte, wie heftig dort diskutiert und die Verwaltung kritisiert wird …

Wenn die Zensur doch zuschlägt, wissen die Betroffenen sich zumeist zu helfen: Wird ein Blog geschlossen, taucht derselbe Inhalt ein paar Tage später auf einer neuen Website auf. Verbotene Bücher besorgt man sich eben auf dem Schwarzmarkt oder bestellt sie ganz legal im Ausland und modernste Technik kann auch gesperrte Internetseiten öffnen. Damit geben politisch interessierte User die Zensurbestrebungen der Regierung der Lächerlichkeit preis.

Ein globales Schwergewicht: Chinas Wirtschaft und Finanzen

Aufstieg mit Hindernissen – 50 Jahre Wirtschaftsgeschichte

Als die Volksrepublik China 1949 gegründet wurde, lag das Bruttosozialprodukt pro Kopf niedriger als im Jahr 1820. Vom Ausland war wenig Unterstützung zu erwarten. Die USA hatten während des chinesischen Bürgerkriegs (1946–1949) Tschiang Kaishek unterstützt. Nach dessen Niederlage und anschließender Flucht nach Taiwan verschlechterte der Koreakrieg (1950–1953), bei dem China Nordkorea unterstütze, die Beziehungen zwischen Peking und Washington drastisch. Am 18. Mai 1951 empfahlen die USA allen UNO-Mitgliedsländern ein Handelsembargo gegen China. So blieb als einziger Verbündeter die Sowjetunion, doch deren Kredit an die Volksrepublik in Höhe von 300 Millionen US-Dollar (USD) war nur halb so groß wie der für Polen und geringer als die US-amerikanischen Hilfen allein für Südkorea. Trotzdem gelang es Peking innerhalb weniger Jahre, die galoppierende Inflation zu kontrollieren, die Wirtschaft wieder in Gang zu bringen und eine Verwaltung aufzubauen.[90]

Die größten Veränderungen setzte die KPCh auf dem Lande durch. 500 Millionen Menschen waren involviert, als sie zwischen 1949 und 1952 46 Millionen Hektar Ackerland von reichen Großgrundbesitzern auf Kleinbauern umverteilte. Mit diesem Schritt zerschlug die Partei die landbesitzende Gentry, die eine der Hauptstützen der alten Gesellschaft gewesen war, und sicherte sich die Unterstützung des einfachen Volkes.

Die Einschnitte in den anderen Wirtschaftssektoren waren vergleichsweise weniger drastisch. Schon vor der kommunistischen Machtergreifung befanden sich fast 70 % der chinesischen Industrie in staatlicher Hand. Danach kamen lebenswichtige

Industrien (Erdöl, Kohle, Elektrizität, Roheisen, Baumwollverarbeitung usw.) hinzu. Trotzdem übten viele Privatunternehmer in ihren ehemaligen Unternehmen weiterhin Führungsaufgaben aus und leisteten mit ihrer Expertise einen Beitrag zur wirtschaftlichen Erholung. Der Handel war in geringerem Umfang von Verstaatlichungen betroffen als die Industrie. Zentral gelenkte und kontrollierte Warenproduktion und Preisbindungen verhinderten, dass der Konsumgütersektor zusammenbrach. Die Banken, die sich vor 1949 mehrheitlich in den Händen von angeheirateten Verwandten Tschiang Kaisheks befanden, wurden ebenfalls vom Staat monopolisiert.

Nach dieser ersten Phase hätte laut Entwicklungsplan die umstrukturierte Landwirtschaft Getreide und industrielle Rohstoffe produzieren sollen, um damit nach sowjetischem Vorbild den Aufbau einer Schwerindustrie zu finanzieren. Die winzigen Parzellen der neuen Landbesitzer hatten jedoch alles andere als optimale Betriebsgrößen. Obwohl die landwirtschaftliche Produktion relativ anstieg, genügte sie dem Bedarf zum Aufbau der Industrie nicht: allein zwei Drittel aller Zuwächse verzehrte die im Frieden wieder stetig anwachsende Bevölkerung.[91] Der Weg, diese Lücken durch Importe zu füllen, blieb China mangels Devisen verwehrt.

Ein weiteres gravierendes Problem war das Missverhältnis zwischen der Zahl der arbeitsfähigen Bevölkerung und den zur Verfügung stehenden Arbeitsplätzen. Die neuen industriellen Großbetriebe hatten einen zu geringen Bedarf, um die Arbeitskräfte, die auf dem Land überschüssig waren, aufzufangen.

Ende der 1950er Jahre versprach sich Peking von einer Fortführung des sowjetischen Modells keine Lösung seiner Probleme mehr und es kam zum Bruch zwischen den beiden kommunistischen Ländern. Nachdem die Sowjetunion sämtliche Hilfen eingestellt hatte, war China endgültig isoliert. Bei seiner Suche nach einem Entwicklungsweg aus eigener Kraft verfiel Mao auf die Steigerung der Wirtschaftsproduktion durch revolutionäres Handeln: flache Hierarchien, autarke Lebens- und Wirtschaftsräume, Massenmobilisierung und Idealismus sollten fehlendes Kapital ersetzen. Neben den städtischen Großbetrieben wurden fortan überall auf dem Land Tausende von Bauernhöfen zu Volkskommunen zusammengeschlossen. Die Volkskommunen unterhielten personalintensive Kleinbetriebe, um Arbeitskräfte zu binden, die Bauern in Kontakt mit dem Industriezeitalter zu bringen und nicht zuletzt um China weniger verwundbar durch einen militärischen Angriff auf seine wenigen ökonomischen Zentren zu machen. Begleitet wurde die neue Wirtschaftsstrategie von einem Politikwechsel. An der Spitze der Unternehmen standen Dreierteams aus Arbeitern, Technikern und Kadern, um einer wachsenden sozialen Differenzierung in Führer und Volk sowie Kopf- und Handarbeitern entgegenzuwirken. Hohe Funktionäre in den Ministerien und der Industrie verloren durch die Dezentralisierung und Enthierarchisierung an Macht.

Dieses Experiment, das ein „Großer Sprung nach vorn" hätte werden sollen, endete in einem völligen Desaster mit Millionen von Hungertoten.[92] Eine der Hauptursachen für das Scheitern lag in der organisatorisch völlig unzulänglichen Vorbereitung der Maßnahmen. Die Koordination der Sektoren und innerhalb eines Sektors brach zusammen, da sich niemand mehr dafür zuständig fühlte. Weil mitten in der Erntezeit zu viele Arbeiter auf Großbaustellen abgezogen wurden, mangelte es, möglicherweise erstmals in der Geschichte Chinas, an Arbeitskräften in der Landwirtschaft. Erschwerend hinzu kam, dass sich Mao von der überdurchschnittlich guten Ernte des Jahres 1958 zu völlig unrealistischen Planzielen hatte verleiten lassen und dass die landwirtschaftlichen Anbauflächen in dem Irrglauben reduziert worden waren, auf den verbleibenden Flächen durch den Einsatz von Dünger und Traktoren höhere Erträge zu erzielen. Allein, es gab viel zu wenig Dünger und Traktoren![93] Wie zu Kaisers Zeiten nährten untergeordnete Stellen teils aus Gefallsucht, teils aus Angst vor Strafen Maos Illusionen auch dann noch mit falschen Erfolgsmeldungen, als bereits eine Hungersnot auf dem Lande wütete. Naturkatastrophen vervollständigten das Schreckensszenario. 1959 wurde Mao deshalb vom inneren Führungskern der Partei zum Rücktritt als Staatspräsident gezwungen, behielt jedoch seine Führungsposition als Generalsekretär der KPCh.

Zwischen 1961 und 1965 setzte unter der Leitung von Liu Shaoqi und Deng Xiaoping trotz der fortgesetzten internationalen Isolation eine wirtschaftliche Konsolidierungsphase ein. Liu und Deng behielten zwar die Volkskommunen in reduzierter Form bei, gestatten aber wieder materielle Leistungsanreize, mehr privates Hofland und freie Bauernmärkte. Experten kehrten an die Schalthebel der Wirtschaftspolitik zurück, kleine und mittlere Kader wurden entmachtet und die Planung erfolgte wieder zentral durch die Ministerien. Die Unternehmen respezialisierten sich und das Direktorialprinzip ersetzte die weitgehende Partizipation im oben erwähnten Dreiermodell. Fachleute durften so bürgerlich fühlen wie sie wollten, solange sie sich politisch ruhig verhielten. Erstmals wurde ein echtes Primat der Landwirtschaft realisiert, das Mao zwar in seinen Reden und Schriften gefordert, aber in der politischen Praxis immer zugunsten der Schwerindustrie hintenangestellt hatte. Die Politik von Liu Shaoqi und Deng Xiaoping führte zu einem Wirtschaftsaufschwung, aber auch zu gesellschaftlichen Phänomenen wie Entpolitisierung, Karrierismus, Vetternwirtschaft und erneuter sozialer Differenzierung.

Dies motivierte Mao Zedong, im Jahre 1966 erneut nach der Macht zu greifen. Sein Ruf nach einer Kulturrevolution fand vor allem Anklang unter Studenten aus einfachen Verhältnissen, die mit ihren Perspektiven an der Universität und im Berufsleben unzufrieden waren; unter den jungen sowie den nicht dauerhaft eingestellten Arbeitern, denen in den staatlichen Unternehmen weitaus schlechtere Bedingungen angeboten wurden als der etablierten „Arbeiteraristokratie“ sowie armen Bauern, Pächtern und Tagelöhnern, deren Lebensbedingungen sich nach den liberalisierenden Beschlüssen von Liu Shaoqi und Deng Xiaoping verschlechtert hatten. Maos Ziele waren der Rückgewinn der politischen Macht und die revolutionäre Erziehung der Jugend. Auf keinen Fall jedoch sollte sich das wirtschaftliche Desaster der Jahre 1959–1961 wiederholen. Obwohl Mao wirtschaftspolitische Ideen wie die Ausweitung der Partizipation der Arbeiter in den Betrieben, die Reaktivierung ländlicher Kleinbetriebe und die Organisation von Massenprojekten wieder aufgriff und trotz traumatischer sozialer Erschütterungen brach die chinesische Wirtschaft nur in der Anfangsphase der Kulturrevolution ein, ansonsten verzeichnete sie ein kontinuierliches Wachstum.

In den Jahren zwischen 1949 und Maos Tod 1976 belief sich laut Weltbank das jährliche durchschnittliche Wirtschaftswachstum in China trotz des amerikanischen Dauerembargos auf ca. 6 %, ohne die Wachstumseinbrüche der Jahre 1959–1961 und 1967–1968 läge es noch deutlich höher. Doch auch so war China im Jahre 1975 laut Berechnungen der Weltbank nach den USA, der Sowjetunion, Japan und der BRD das Land mit dem höchsten Bruttosozialprodukt – ein Erfolg, der sich allerdings aufgrund der immensen Bevölkerungszahl des Landes relativierte. Die große Mehrheit der Chinesen war bei einem Einkommen von jährlich 400 USD pro Kopf nach wie vor sehr arm.[94]

Nach Maos Tod suchten seine wirtschaftspolitischen Gegenspieler um Deng Xiaoping nach Mitteln und Wegen, Chinas Wirtschaftsleistung schneller zu steigern. Hinter Deng Xiaopings Reformen steckte ein nationales, kein wirtschaftsideologisches Motiv. Die Marktwirtschaft, gerechtfertigt durch den Historischen Materialismus, wie Deng Xiaoping ihn interpretierte, wurde nicht als Ziel an sich angesehen, sondern als geeignetstes Mittel, China in ein reiches, mächtiges und wahrhaft sozialistisches Land zu verwandeln.

Bis heute erfolgen die dazu erforderlichen Wirtschaftsreformen nicht schlagartig, sondern in sorgfältig aufeinander abgestimmten Schritten. Die Reformen begannen Ende der 1970er Jahre auf dem Land, wo damals immer noch 80 % der Bevölkerung lebte. Zunächst wurden die Volkskommunen aufgelöst und die Bauern durften wieder einen Teil ihrer Erträge selbst behalten und auf freien Märkten verkaufen. In dieser Phase wurde das bitterarme

Dorf Xiaogang (Provinz Anhui), das Ende Dezember 1978 eine Vorreiterrolle bei der individuellen Bewirtschaftung des Landes spielte und seine Erträge daraufhin vervierfachte, zur Propaganda-Legende.

Am 1. Januar 1982 wurde in der „Akte Nr. 1 (zhongyang yihao wenjian)“[95] die Bilanz der vergangenen 4 Reformjahre auf dem Land gezogen und weitere Schritte festgelegt. Zwar mussten die dörflichen Haushalte weiterhin einen festgelegten Prozentsatz ihrer Erträge an den Staat und das Kollektiv[96] abgeben, aber den Rest durften sie auch nach der Erprobungsphase behalten und damit nach Gutdünken verfahren. Als entscheidende Neuerung brachte die Akte Nr. 1, dass die Bauern die Landfläche, die sie bearbeiten wollten, fortan vertraglich aushandeln durften: Wahlweise konnten sie entweder die Fläche akzeptieren, die der Staat ihnen pauschal nach Haushaltsgröße zuteilte oder weniger bzw., wenn sie ihre Gewinne steigern wollten, mehr Landfläche vom Staat pachten.[97] In einer weiteren „Akte Nr. 1“ aus dem Jahre 1985 gab die Regierung das 30 Jahre alte System der zentralen Quotierung der landwirtschaftlichen Produkte außer bei Getreide und Baumwolle auf und stellte die Besteuerung der Bauern von Naturalien auf Bargeld um. Der Erfolg der Reformen machte ab 1993 Bezugscheine auf Grundnahrungsmittel überflüssig. Obwohl seither noch nicht sehr viele Jahre verflossen sind, klingen Berichte über Lebensmittelcoupons in den Ohren junger Chinesen, die im Zeitalter überquellender Supermärkte aufwachsen, wie Märchen aus uralten Tagen.

Zeitgleich zu den Reformen auf dem Lande begann Anfang der 1980er Jahre eine schrittweise Reform des industriellen Sektors. Die entspannteren Beziehungen zu den USA, die Anfang der 1970er Jahre noch unter Mao Zedong und Präsident Nixon eingeleitet worden waren, und selbstverständlich auch das Umdenken in China ermöglichten seit den 1980er Jahren einen systematischen Ausbau des Außenhandels. Das Ziel war, an Erfahrung und Wissen hinzuzugewinnen, denn seit dem letzten Drittel des 19. Jahrhunderts war Chinas technologische Rückständigkeit eines seiner allergrößten Probleme. Erklärtes Ziel war und ist es, Schritt für Schritt in der globalen industriellen Wertschöpfungskette nach oben zu klettern. China hatte für seine Öffnungspolitik einen günstigen Zeitpunkt erwischt: Die Märkte der etablierten Industrienationen waren nach den langen Jahrzehnten des Wiederaufbaus, die auf den zweiten Weltkrieg folgten, gesättigt und die Unternehmen standen unter einem starken Zwang zur Kostenreduzierung und Renditebildung. So lebte der alte Traum vom riesigen chinesischen Markt, der schon im 19. Jahrhundert westliche Geschäftsleute nach China geführt hatte, wieder auf. Das Land schien aufgrund seiner Größe hervorragende Investitionsmöglichkeiten zu bieten und die chinesische Regierung tat das ihrige, um ausländischem Kapital und ausländischem Knowhow den Zugang ins Land zu erleichtern und - das war ihr ebenso wichtig - zugleich die Kontrolle über die Vorgänge zu behalten.

Wie andere asiatische Länder begann China ganz unten auf der globalen Wertschöpfungskette: Die Vielzahl überzähliger Arbeiter auf dem Lande, die sehr harte Arbeit gewohnt waren und denen selbst niedrigste Löhne eine willkommene Alternative zur heimatlichen Perspektivlosigkeit boten, erlaubte den Aufbau von arbeitsintensiven, exportorientierten Branchen in chinesisch-ausländischen Joint Ventures und in Privatunternehmen. Zunächst wurde an den 1980er Jahren mit diesen Unternehmenstypen nach der bewährten Pilotversuchsmethode (shidian) in Sonderwirtschaftszonen an der Ostküste Chinas experimentiert.

Die neu geschaffenen Unternehmen, von denen sich übrigens ein beträchtlicher Teil in der Hand von Auslandschinesen befand, betätigten sich vor allem auf dem Gebiet der sogenannten Produktveredelung (processing trade): China importiert Materialien, setzt diese zusammen und exportiert das Endprodukt. Die Branche wuchs und 1986 exportierte China erstmals mehr Industriegüter als landwirtschaftliche Produkte. Dass ausländischen Unternehmen erlaubt wurde, in China im Import-Exportgeschäft zu investieren, verhalf nicht nur dem chinesischen Arbeitsmarkt zu geschätzt 50 Millionen Arbeitsplätzen und diente dem Technologieerwerb, sondern spülte auch dringend benötigte Devisen ins Land: zwischen 1979 und 2008 flossen laut dem chinesischen Handelsministerium ausländische Direktinvestitionen in Höhe von mehr als 840 Milliarden USD.

Der chinesische Erfolg beruht nicht zuletzt auf einer vorsichtigen Doppelstrategie. Bis heute dauert das Nebeneinander von Staatsbetrieben und Privatunternehmen fort, wobei allerdings der Anteil Ersterer rapide sank. In den 1990er Jahren begann der Staat, sich von kleineren Unternehmen zu trennen. Bis 2000 waren 51.500 (von insgesamt 63.500) kleinen staatseigenen Unternehmen entweder fusioniert, in Aktiengesellschaften umgewandelt, an Privatleute verkauft oder bankrott. Die wichtigsten Großbetriebe und die Schlüsselsektoren (z.B. Stahl, Kohle, Energie, Telekommunikation) hingegen sind nach wie vor in Staatsbesitz und werden dies nach dem Willen der KPCh auch bleiben. Obwohl sie schon seit Ende der 1990er Jahre profitorientiert arbeiten sollen, ist ihre Produktivität im Gegensatz zu den erfolgreichen Vorbildern in Taiwan nach wie vor gering. Ihre Erfolge verdanken sie bislang vor allem ihrer Monopolstellung. Weitaus besser präsentieren sich die privaten Unternehmen, zu denen im Jahr 2007 ca. 60 % aller Betriebe Chinas zählten und die die Mehrzahl der neuen Arbeitsplätze schaffen. Sie erwirtschafteten im Jahre 2009 50 % des Bruttoinlandsprodukts (BIP) und 10 % der staatlichen Steuereinnahmen. Nach einer Schätzung der chinesischen Industrie-und Handelskammer wird dank ihres rasanten Wachstums der Beitrag der Privatunternehmen zum BIP im Jahr 2010 auf ca. 75 % ansteigen.

Mitte der 1990er Jahre schaffte China den Sprung von der Herstellung von Textilien, also arbeits- und ressourcenintensiven Produkten, zur schwerpunktmäßigen Produktion von mechanischen und elektronischen Geräten, deren Herstellung vor allem Kapital und Technologie erforderten. Nach dem WTO-Beitritt im Dezember 2001 wurde China endgültig zur Werkbank der Welt.

Seit dem Jahr 2000 nutzt die chinesische Regierung die Wirtschaftskraft des östlichen Küstengebiets, um das innere Ungleichgewicht zwischen der Ostküste und dem notorisch unterentwikkelten westlichen Hinterland abzubauen. Zu Letzterem zählen immerhin zwei Drittel des chinesischen Territoriums, auf dem allerdings nur ein Drittel der Bevölkerung lebt, darunter sehr viele Angehörige von Minderheiten.[98] Das Projekt trägt die Bezeichnung „Große Erschließung des Westens" (xibu da kaifa) und wurde im März 2000 vom Volkskongress genehmigt. Wie groß der Rückstand Westchinas ist, lässt sich schon daran ablesen, dass sich das Projekt über einen Zeitraum von 50 Jahren hinziehen wird. Seine Umsetzung ist in drei Phasen gegliedert, wobei sich einzelne Projekte über mehrere Phasen erstrecken. In der ersten Phase (2001–2010) wurden allein bis 2008 insgesamt 1700 Mrd. Yuan in die Infrastruktur investiert. Die Versorgung von Millionen Menschen mit Trinkwasser und Strom verbesserte sich ebenso wie die Gesundheitsversorgung. Auf der Kreis-und Gemeindestufe wurden 16.440 Krankenhäuser und ca. 180.000 Dorfpraxen, die in der Regel mit ein oder zwei Ärzten besetzt sind, gebaut. Im Rahmen der Reform der Sozialversicherung wurden Krankenversicherung und Rentenversicherung auch in den westlichen Gebieten eingeführt. Ein sehr großer Teil der Investitionen ging in den Aufbau von Verkehrsnetzen. Das Spektrum reicht von Flughäfen für Luftfracht und Personenverkehr bis hin zu Zehntausenden von neu angelegten Kilometern an Eisenbahnlinien und Straßen, die zahllose abgeschiedene Dörfer mit der Außenwelt verbinden. Das erlaubt den Dorfbewohnern ihre Erzeugnisse per Bus oder per (staatlich bezuschussten) Mopeds und Autos in die größeren Gemeinden der Umgebung zu transportieren und auf den Märkten zu verkaufen. Ihr so gewonnenes höheres Einkommen können sie in Konsum investieren, zumal die Güter, die in den Westen gebracht werden, sich aufgrund der besseren Transportbedingungen verbilligt haben.

Des Weiteren verbessern die neuen Verkehrsmöglichkeiten die Bedingungen für Unternehmen, die sich im chinesischen Hinterland ansiedeln wollen. Im Zeitraum 2000 bis 2009 hat sich als Folge des Entwicklungsprojektes das Inlandsprodukt in den gesamten westlichen Gebieten um 11,9 % erhöht. Deren Wirtschaft wächst somit schneller als die des restlichen Landes. Der Anteil des Westens am gesamten BIP ist im o.g. Zeitraum von 17,1 % auf 18,5 % gestiegen.

Gemäß dem aktuellen Hauptwiderspruch umfasst die Erschließung des Westens auch den kulturellen Bereich. Praktisch überall in China ist heute der Empfang von Radio- und Fernsehprogrammen möglich. In einem neuen Anlauf wurden zwischen 2004 und 2007 die neunjährige Schulpflicht und die „Alphabetisierung" der jungen Menschen in westlichen Gebieten zu 98 % durchgesetzt. Dies war nicht zuletzt ein Erfolg der finanziellen Unterstützung der Zielgruppen: Erstmals 2001 waren die ärmsten Familien von Schulgeld und Zuzahlung zu Lehrbüchern befreit. Seit 2006 wurde die Freistellung auf alle knapp 60 Millionen Schüler in den westlichen Gebieten erweitert und 2007 auf alle Schüler aus ländlichen Gebieten ausgedehnt. Außerdem wurden Forschungsinstitute, Hochschulen und Technikzentren gebaut.

Die hier skizzierte Entwicklung wird in einer zweiten Phase zwischen 2010 und 2030 nochmals auf allen wirtschaftlichen und kulturellen Feldern beschleunigt. In einer letzten Phase von 2030 bis 2050 soll sich laut Plan das Niveau des Westens dem des Ostens angenähert haben.

Der Reformeifer der Regierung beschränkte sich nicht auf Chinas Westen. Eine weitere Toppriorität des 10. Fünfjahresplanes (2001–2005) bildete die Einführung von modernen Managementmethoden in den mittleren und großen staatseigenen Unternehmen. Auch der fast ausschließlich in staatlicher Hand befindliche Bankensektor geriet ins Visier der Reformer. Die Banken waren in Zeiten der Planwirtschaft staatseigene Institute, über die nach politischen Vorgaben Geld in die Wirtschaft gepumpt wurde. Da die Banken nicht primär an der Profitabilität eines Unternehmen und damit an dessen Rückzahlungsfähigkeit interessiert waren, hatten sich im Laufe der Jahrzehnte immense Summen an „faulen" Krediten aufgetürmt.[99] Die Asienkrise 1998 beschleunigte die überfällige Reform des Finanzsektors. Die staatlichen Geschäftsbanken sollten fortan rein nach kommerziellen Gesichtspunkten Kredite vergeben. Um die Jahrtausendwende wurden dreistellige Milliardenbeträge an Bankschulden an speziell gegründete Vermögensverwaltungsgesellschaften transferiert, die mit der Aufgabe der Umwandlung von Schulden in Aktien an nationalen und internationalen Börsen und vergleichbaren Rettungsversuchen betraut sind. Die in den letzten Jahren erfolgten Börsengänge der Staatsbanken sollen das Management unter die Überwachung durch Markt und Medien stellen. Während der Finanzkrise von 2008 wies Peking allerdings die Banken an, marktwirtschaftliche Gesichtspunkte kurzzeitig zurückzustellen und großzügig Kredite zu vergeben.

Um den Wohlstand des Landes zu mehren und Arbeitsplätze zu schaffen, war die Volksrepublik über Jahrzehnte hinweg auf ein sehr hohes Wirtschaftswachstum angewiesen. Sie verzeichnete bemerkenswerte Erfolge: Die jährlichen Zuwachsraten des BIPs betragen seit Jahren durchschnittlich 9,5 %. Im Jahre 2009 hat China Deutschland als Exportweltmeister abgelöst und ist nach Größe des Außenhandelsvolumens weltweit die Nr. 1. Nach Kaufkraftparität ist die chinesische Volkswirtschaft 2009 zwar immer noch etwas weniger als halb so groß wie die amerikanische, liegt jedoch deutlich vor dem Drittplatzierten Japan.[100] Chinas Devisenreserven sind die höchsten der Welt, die Inflation ist unter Kontrolle und die Auslandsverschuldung unerheblich.[101]

Seine ökonomischen Erfolge bezahlte das Land allerdings mit schwersten ökologischen Schäden und einer extrem ungleichen Verteilung des Wohlstands. Peking ist sich des Handlungsbedarfs bewusst und verfügt mittlerweile über ausreichend finanzielle Handlungsspielräume, um die Probleme anzugehen. Hu Jintao ist es ernst mit der „Harmonie zwischen Mensch und Natur", die er in seinem Entwurf einer „harmonischen Gesellschaft" als einen der Kernpunkte aufführte (s. S. 101). Die Regierung lässt – vor allem im Rahmen der oben erwähnten „Großen Erschließung des Westens" – Weide- und Ackerland aufforsten oder in Grasland umwandeln, um der Bodenerosion Einhalt zu gebieten. Außerdem investiert sie Milliardenbeträge in die Wasserversorgung, verordnet Energiesparprogramme und steckt sich ehrgeizige Ziele, um die Abhängigkeit von CO_2 emittierenden Kohlekraftwerken zu reduzieren: Bis 2020 will das Land 440 Milliarden USD in regenerative Energien investieren und 20 % seines Energiebedarfs aus Windparks, Wasserkraftwerken und Solartechnik beziehen. Gaspipelines, die im Zuge der „Großen Erschließung des Westens" erbaut werden, durchziehen das Land von Westen nach Osten. Sie reduzieren den Kohleverbrauch und damit den Ausstoß an Feinstaub und giftigen Abgasen. Für saubere Energie gab China laut dem amerikanischen Pew Charitable Trust im Jahre 2009 bereits fast doppelt so viel Geld aus wie die USA – allerdings bei einer viereinhalbmal so hohen Einwohnerzahl. Problematisch aus chinesischer Sicht ist bislang, dass die USA, die gerne chinesische Umweltsünden geißeln, den Export modernster Umwelttechnik nach China verweigern.

Bei der Entwicklung von Elektroautos ist China Weltführer, was sogar den Daimler-Vorstand Dieter Zetsche zur künftigen Zusammenarbeit mit dem nach seinen Worten „Besten", i.d. den chinesischen Autohersteller BYD, bewog. Zusätzlich motiviert haben dürfte Zetsche die Ankündigung der chinesischen Regierung, den Kauf von Elektroautos in einem der größten Förderprogramme der Welt zu bezuschussen.

Die vielfältigen Preise, aber auch die Lockerung der Kreditvergabe haben in China zu einer sehr hohen Investitionsquote von 43,5 Prozent des BIPs geführt. Die Frage, ob dies volkswirtschaftlich wirklich wünschenswert ist, löste eine heftige Diskussion unter Fachleuten aus. Wenn man jedoch bedenkt, wie notwendig im Unterschied zu entwickelten Ländern Investitionen in Chinas Infrastruktur sind, dürften diese sehr wohl als Grundlage für weiteres Wachstum dienen. Dass viel Geld auch in überflüssige spekulative Immobilienprojekte floss, ist ein großes Ärgernis, aber u.E. keine existenzielle Bedrohung für die chinesische Wirtschaft, zumal die Regierung bereits gegensteuert.

Nicht nur der Umweltschutz in all seinen Aspekten, sondern auch die Verringerung der sozialen Ungleichheit zwischen den Stadt- und Landbewohnern sowie innerhalb der chinesischen Gesellschaft bilden derzeit (2010) und in nächster Zukunft die Top-prioritäten auf der politischen Agenda.[102] Der aktuelle Gini-Koeffizient, der auf einer Skala zwischen 0 (absolute Gleichheit) und 1 (absolute Ungleichheit) die Wohlstandsverteilung innerhalb einer Gesellschaft misst, liegt in China aktuell bei 0,47.[103] Laut einem Artikel der Onlineausgabe von „China Daily" vom 12. Mai 2010 betrug die Einkommendifferenz zwischen den 10 % der reichsten und der ärmsten Chinesen noch im Jahr 1998 das 7,3fache. Im Jahr 2007 hatte sie sich, nicht zuletzt aufgrund von Korruption, bereits auf das 23fache erhöht. Mehr Verteilungsgerechtigkeit und eine Erhöhung des Einkommens der unteren Schichten sind nicht nur ein politisches Versprechen der KPCh und ein Beitrag zur sozialen Stabilität, sondern auch eine wirtschaftliche Notwendigkeit. Um seine Abhängigkeit vom Weltmarkt zu reduzieren, muss China seinen Binnenmarkt stärken und damit die Konsumkraft der Bevölkerung erhöhen. Die globale Finanz- und Wirtschaftskrise hat ohnehin bereits geplante Maßnahmen in dieser Richtung beschleunigt.

Im Sturm: China und die globale Wirtschafts- und Finanzkrise

Die chinesische Regierung hatte in den letzten Jahren bereits wiederholt Gelegenheit, Erfahrung bei der Bewältigung wirtschaftlicher Krisen zu sammeln: so bei der Inflation gegen Ende der 1980er Jahre, der Überhitzung der Wirtschaft Mitte der 1990er Jahre, der Asienkrise 1997/98, der weltweiten Rezession 2001 und der neuerlichen Überhitzung der Wirtschaft 2004/05. Der Ausbruch der globalen Finanz- und Wirtschaftskrise Ende des Jahres 2007 stellte sie vor neue große Herausforderungen. In der Anfangsphase sah es noch sehr danach aus, als würde die ganze Welt gemeinsam wirtschaftlich auf Talfahrt gehen. Die These, dass sich Ostasien vom Rest der Welt „entkoppeln" könne, d.h. dass Ostasien inzwischen stark genug sei, um Turbulenzen der Weltwirtschaft aus eigener Kraft zu widerstehen, schien widerlegt. Viele Beobachter sahen China bereits in Flammen und warnten vor Unruhen entlassener Arbeiter, die in Südchinas kriselnden Exportfirmen tätig gewesen waren – immerhin ungefähr 50 Millionen Menschen. Die Pessimisten hatten durchaus gewichtige Argumente auf ihrer Seite: Chinas bisheriges Entwicklungsmodell ist stark vom Export und damit der Weltwirtschaft abhängig, vor allem von der wirtschaftlichen Lage der EU und den USA, die seine beiden größten Handelspartner sind. Die negativen Folgen blieben in der Krise denn auch nicht aus: Das Im- und Exportvolumen Chinas im Jahr 2009 sank um 16,3 % im Vergleich zum Vorjahr.

Dennoch führte dies dank eines riesigen Konjunkturprogramms nicht zu einem Zusammenbruch der chinesischen Wirtschaft. Zwar schrumpfte das BIP in den ersten Monaten des Jahres 2009, aber schon im Herbst erholte sich Chinas Wirtschaft und verzeichnete am Jahresende ein Gesamtwachstum von 8,9 % – weit mehr als jede andere große Wirtschaftsmacht. Auch die prognostizierten Arbeiterunruhen blieben aus, nicht zuletzt, weil die meisten der entlassenen chinesischen Arbeiter nicht der eigenen Regierung, sondern der Wall Street die Schuld an der Krise gaben, und die Regierung in manchen Fällen lokale Behörden angewiesen hatte, an Stelle der insolvent gewordenen Firma die ausstehenden Löhne zu zahlen.

China verhinderte in der Krise einen tieferen Absturz der Weltwirtschaft und erweiterte seinen globalen Einfluss. Um es mit den Worten des „Financialt Tmes"-Kolumnisten Martin Wolf zu sagen: „China hatte eine gute Krise".

Viele der Maßnahmen, die China zur Bekämpfung der Krise ergriff, unterschieden sich kaum von entsprechenden Programmen in Europa oder den USA. Der Unterschied lag vielmehr in der Intensität der chinesischen Anstrengungen und der nationalen Ausgangslage. China konnte sich seinen Keynes leisten. Zwar musste die Volksrepublik ebenfalls eine Rekordverschuldung eingehen.

Diese war aber aufgrund der relativ geringen Staatsverschuldung von 24 % des BIP, eines Haushaltsdefizits von 2,2% und eines prognostizierten durchschnittlichen Wirtschaftswachstums von 8 % in der Dekade von 2010 bis 2020 problemlos finanzierbar.[104] Und vor allem: die öffentlichen Gelder flossen in Konjunkturprogramme und nicht in die Stützung von riesigen Finanzinstituten. Peking konnte sich auf die Förderung der Konjunktur konzentrieren, weil der noch relativ abgeschottete chinesische Bankensektor nur wenig von der Krise betroffen war: ihm waren Spekulationen auf dem amerikanischen Immobilienmarkt verboten.

Um den Einbruch der Exporte aufzufangen, reagierte die Regierung sehr schnell. Im November 2008 legte sie das weltweit größte Konjunkturprogramm in Höhe von knapp 600 Mrd. USD auf. Es war auf zunächst zwei Jahre angelegt und schloss zum Teil ohnehin geplante Maßnahmen im Bereich der Entwicklung innovativer Technik, Energiesparmaßnahmen, Umweltschutz sowie den Ausbau der Infrastruktur ein. Umgesetzt wurde das Konjunkturprogramm von Lokalregierungen und staatseigenen Betrieben; Steuern, Industrieanleihen und Bankkredite finanzierten es. Gleichzeitig wurden neue Arbeitsplätze geschaffen und die Entwicklung der strukturschwachen Regionen im Nordwesten Chinas beschleunigt.

Flankiert wurde das Konjunkturprogramm von finanzpolitischen Maßnahmen. So senkte der Staat die Kaufsteuer auf Kleinwagen und bezuschusste der ländlichen Bevölkerung den Kauf eines PKWs bzw. eines Motorrads, woraufhin der Absatz von (kleinen) Personenwagen steil anstieg. China ist im Jahr 2009 mit ca. 11 Millionen verkauften Autos noch vor Amerika zum größten Autoabsatzmarkt der Welt geworden. Zum überwiegenden Teil profitierten einheimische Marken von den staatlichen Kaufanreizen. In ländlichen Regionen fördert der Staat schon seit 2005 außerdem den Kauf von Landmaschinen, 2009 hat er das Fördergeld von 4 Mrd. Yuan auf 10 Mrd. Yuan erhöht. Die Begünstigung variiert regional und liegt bei 30 % bis 50 % des Kaufpreises, im Falle von Elektrogeräten bei 13 %.[105]

In Umkehrung der strengen Finanzpolitik der letzten zwei Jahre senkte der Zentralbankchef 2008 zum ersten Mal nach sechs Jahren mehrfach die Leitzinsen und reduzierte die Mindestreservesätze der Banken. Die Institute des Landes gingen daraufhin bis an den Rand ihrer Liquidität und reichten im Jahre 2009 Kredite in Höhe von fast 1 Billion Euro aus. Profitiert haben von den Krediten vor allem Unternehmen, die sich in öffentlicher Hand befinden: Diese wussten die kurzen Wege zu den Banken zu nutzen. In den ersten Monaten des Jahres 2010 wurden die Eigenkapitalanforderungen an die Banken wieder verschärft und die Vergabe der öffentlichen Gelder ging zurück. Denn die chinesische Regierung muss wie jede andere Regierung der Welt darauf achten, dass die billigen Kredite nicht zu neuen spekulativen Blasen am Häuser- und Aktienmarkt, zu faulen Krediten oder gar zu einer Inflation führen.

Chinas Agieren in der Krise stärkte seinen Einfluss in Asien, denn um die milliardenschweren Konjunkturprogramme umzusetzen, importierte die Volksrepublik Investitionsgüter und Rohstoffe, wovon Südkorea und Japan als Hersteller ebenso profitieren wie Malaysia, Indonesien und Australien als Rohstofflieferanten. Da die internationale Wirtschaft Chinas Erholung zu vertrauen scheint und sich in China immer stärker engagiert, wird sie mit zu einem langfristigen Konjunkturaufschwung in China beitragen und selbst davon profitieren – allen voran die deutsche Exportindustrie.

Das Konjunkturprogramm war ein wichtiger Impulsgeber, aber man darf es auf keinen Fall isoliert betrachten. Entscheidend ist vielmehr seine Einbettung in ein langfristiges Gesamtkonzept zur Stärkung des Binnenmarkts.

Der Binnenmarkt: Das größte Modernisierungsprojekt der Weltgeschichte

Die Weltwirtschaft leidet unter einem globalen Ungleichgewicht zwischen Exportnationen mit Außenhandelsüberschüssen wie China und Deutschland einerseits und überschuldeten Konsumnationen andererseits wie den USA. Ein starker chinesischer Binnenmarkt wäre daher gut für die Welt. Er wäre vor allem auch gut für China: Nach außen sänke die Verwundbarkeit durch Absatzkrisen und nach innen könnte das ganze Volk den Wohlstand genießen, der laut Statut der KPCh kommen soll, nachdem zuerst ein Teil der Gebiete (i.e. der Osten) und ein Teil der Menschen (i.e. die Städter) wohlhabend geworden sind.

China ist nach wie vor der Welt größtes Schwellenland. Das zeigt sich, wenn man das beeindruckende BIP des Landes auf seine 1,35 Milliarden Menschen umlegt. Das BIP-pro-Kopf stieg erst 2003 über 1000 USD. 2009 betrug es – kaufkraftbereinigt[106] – 6600 USD. China stand damit im Weltvergleich an 128. (!) Stelle. Auch um die realen Einkommen steht es keineswegs zum Besten. Wie in allen anderen Entwicklungsländern öffnet sich in China eine Einkommensschere zwischen der Stadt, wo 47 % der Bevölkerung leben, und dem Land. Das verfügbare Einkommen eines Städters lag 2009 bei jährlich 17.175 Yuan und damit um ein Dreifaches über dem eines Landbewohners (5153 Yuan), der allerdings geringere Lebenshaltungskosten hat.[107]

Obwohl Einkommen und damit Konsum jährlich steigen, hat der private Konsum 2009 mit 36,3 % einen geringeren Anteil am BIP als in entwickelten Staaten – die anderen Bereiche wachsen noch schneller. Aufgrund der niedrigeren Einkommen macht der Konsum der Landbevölkerung nur knapp 30 % des landesweiten Konsums aus. Noch im September 2005 konstatierte Qiu Xiahua, der Leiter des staatlichen Statistikamtes, dass das Konsumniveau auf dem Land erst dem Niveau von 1990 in der Stadt entsprächte. Allerdings verzeichnete schon 2009 dank der Erfolge bei der Entwicklung des Landes, dem Aufbau einer Sozialversicherung und der staatlichen Konjunkturprogramme das Land erstmals eine höhere Konsumwachstumsrate als die Städte.

China ist heute der am schnellsten wachsende Konsumentenmarkt der Welt. Längst leisten Inlandsnachfrage und Investitionen einen größeren Beitrag zum Wachstum als der Außenhandel. Vor allem aber zeigt die Einkommensstatistik, dass das ländliche China das größte Potenzial zur Stärkung des Binnenmarktes hat. Im agrarischen Kaiserreich fiel die Armut der Bauern volkswirtschaftlich wenig ins Gewicht, doch in einer Industriegesellschaft ist diesbezügliche Gleichgültigkeit nicht mehr möglich: ohne eine Anhebung des Lebensstandards der ländlichen Bevölkerung wird es kein stabiles China geben. Die Ungleichzeitigkeit der Entwicklung innerhalb Chinas verwandelt sich jedoch in der jüngsten Zeit von einem großen Problem in eine große Chance, denn alles deutet darauf hin, dass die Zeit der Landbewohner angebrochen ist. Der „Aufbau des neuen sozialistischen Dorfes" ist offensichtlich das Programm, mit dem Hu Jintao in die Geschichte eingehen will.

Schon 2003 hat Hu Jintao die Lösung der Probleme der ländlichen Wirtschaftsproduktion, der Dörfer und der ländlichen Bewohner als die „wichtigste Aufgabe der Partei" bezeichnet. Der 11. Fünfjahresplan (2006–2010) spricht gar von der „wichtigsten historischen Aufgabe im Rahmen der Modernisierung Chinas.[108] Tatsächlich handelt es sich sowohl nach Anzahl der Betroffenen als auch nach Umfang der Aufgabe um nichts weniger als das größte Modernisierungsprojekt der Weltgeschichte. Es betrifft ca. 700.000 Dörfer mit durchschnittlich 250 Haushalten und 1000 Bewohnern.

Von diesen lebten im Jahre 2005 noch ein sehr großer Teil in Verhältnissen wie im 19. Jahrhundert: 50 % hatten keinen Wasseranschluss, 60 % keine modernen sanitären Anlagen, 150 Millionen Bauern heizten und kochten mit Holz, Gras oder Dung. 70 Millionen Bauernhäuser waren renovierungsbedürftig, 6 % der Dörfer lagen fernab vom Straßennetz und hatten keine Telefonanschlüsse, 2 % hatten keinen Strom. Dennoch stemmten die Bauern seit 1949 die Hauptlast bei der Modernisierung Chinas: Von den Privilegien der städtischen Arbeiter konnten die Bauern zu Maos Zeiten nur träumen. Auch danach blieben sie weit hinter den Städtern zurück: Zwischen 1997 und 2003 wuchs ihr Einkommen nicht einmal halb so stark wie das der Städter.[109]

Seit 2004 wurden dreistellige Milliardenbeträge in Yuan in die chinesischen Dörfer investiert. Ein lokaler Parteisekretär beschrieb anschaulich die Veränderungen, die die neue Politik für sein Dorf bedeutete: *„Wenn man kochen will, muss man dazu kein Holz mehr verbrennen; wenn man trinken will, muss man nicht mehr zuerst Wasser herbeischleppen, beim Gehen werden die Füße nicht mehr nass und Autos können ins Dorf hineinfahren."*

Hinter diesen Verbesserungen steckt ein Fünf-Punkte-Programm, das das 5. Plenum des 16. Parteitags im Oktober 2005 mit dem Ziel beschloss, Gesellschaft und Wirtschaft in der Stadt und auf dem Land einander anzugleichen. Es umfasst die Entwicklung der Produktion, die Erhöhung der Lebensqualität, die Anhebung des kulturellen Niveaus und eine – nach chinesischem Verständnis – demokratische Verwaltung.

Die bisherige Struktur der chinesischen Landwirtschaft mit ihren kleinen Haushalten und ihrer arbeitsintensiven Produktionsweise ist unter den Bedingungen der Marktwirtschaft nicht mehr zeitgemäß. Ein Überangebot an landwirtschaftlichen Erzeugnissen ließ die Preise und damit das Einkommen der Bauern sinken, woraufhin viele sich fern der Heimat als Wanderarbeiter verdingen mussten.[110] Der Exodus aus den Dörfern scheint nun gestoppt. Südchinas Sweatshops klagen mittlerweile über Arbeitermangel. Er ist zum einen ein Resultat der demographischen Entwicklung, die in China seit der Einführung der Ein-Kind-Politik 1979 einsetzte: Die Zahl der arbeitenden Bevölkerung sinkt und die heutige Generation von Wanderarbeitern ist fordernder als ihre Eltern. Massiv verstärkt wurde diese Entwicklung durch die volkswirtschaftlichen Maßnahmen, die Peking zur Bekämpfung der Krise ergriff: Viele Wanderarbeiter sind mittlerweile aufgrund der Ansiedlung von Unternehmen in ihren Heimatregionen nicht mehr darauf angewiesen, in die Ferne zu ziehen, um Brot und Lohn zu finden. Im Einklang mit diesen Maßnahmen steht der zweistellige Zuwachs der Arbeiterlöhne in China. Nachdem über Jahrzehnte die Arbeitsproduktivität schneller anstieg als die Löhne, erhielten die Wanderarbeiter erstmals im Jahre 2008 16%, im Jahre 2009 sogar 19% mehr Lohn. Obwohl die Löhne weiter steigen werden und das Ende der Billiglöhne politisch gewollt ist, fürchtet Peking keinen Exodus ausländischer Unternehmen. Abgesehen von den hohen Umzugskosten können andere Billiglohnländer kaum mit Chinas politischer Stabilität, seinem großen Markt, seiner Infrastruktur und seinen vergleichsweise gut ausgebildeten Arbeitern konkurrieren. So bleibt den Unternehmen nur die Wahl, ins chinesische Hinterland umzusiedeln oder die Produktion technologisch aufzubessern.

In den letzten Jahren schlossen sich ein Teil der chinesischen Bauern auf der Suche nach einer Alternative zum Wanderarbeiterdasein und zum Einzelkämpfertum auf freiwilliger Basis wieder zusammen. Mittlerweile gibt es bereits 150.000 spezialisierte Kooperativen, die ihre Agrarprodukte aufeinander abstimmen und sie an Ort und Stelle weiterverarbeiten. Zugleich schonen sie die Umwelt und erzeugen erneuerbare Energie. Ein Musterbeispiel ist die Kooperative in der ländlichen Gemeinde Fengxian (Provinz Jiangsu), die in einem der großen Obstanbaugebiete Chinas liegt: Das unverkäufliche Fallobst wird lokal zu Saft verarbeitet, die dabei anfallende Maische deckt den Futterbedarf von Entenzüchtern. Aus dem Dung der Enten wird Biogas erzeugt und die dabei anfallende Biogasmasse kommt wiederum den Obstbäumen als Dünger zugute. Damit nicht genug: Nebenbei blüht der Erlebnistourismus, weil die klugen Bauern von Fengxian Städter zum Obstpflücken auf ihre Plantagen lassen. Sogar die Zweige, die beim Schneiden der Obstbäume anfallen, werfen noch Gewinn ab: eine Holzverarbeitungsfirma stellt daraus Spanplatten her.

Immer mehr schön gelegene Dörfer, die nicht allzu weit von Städten entfernt liegen, bieten in den letzten Jahren Ferien auf dem Bauernhof an. Zu diesem Zweck werden Bauern in den touristischen Gebieten gezielt im Entwerfen eines Businessplans geschult. Die neue Einkommensquelle sprudelt: Im Jahre 2007 erzielte der ländliche Tourismus mehr als 49,8 Mrd. Yuan an Einnahmen und beschäftigte insgesamt 16 Millionen Menschen. Als Nebeneffekt des Tourismus entstehen Einkaufsmöglichkeiten, Gastronomie und Unterhaltungsbetriebe. Das erhöht den Lebensstandard, was wiederum die Nachfrage nach lokalen Serviceleistungen steigert. Um diese zu befriedigen werden Bauern mittels günstiger Kredite und Steuererleichterungen ermuntert, eigene kleine Unternehmen wie beispielsweise Reparaturwerkstätten zu gründen. Diese Anreize gibt es nicht nur für Bauern: die seit 1949 zum Aufbau des Hinterlandes so dringend benötigten Fachleute und Hochschulabsolventen werden gegenwärtig mit Zuckerbrot dorthin gelockt. Auch sie genießen im Falle einer Existenzgründung erhebliche Vergünstigungen. Sogar ihre Aufenthaltsberechtigung in der Stadt (hukou) dürfen sie behalten.[111] Dies und der harte Konkurrenzkampf in den Städten dürften manch gut ausgebildetem Chinesen den Umzug aufs Land erleichtern.

Der „Aufbau des neuen sozialistischen Dorfes“ verändert die Anforderungen an die unteren administrativen Ebenen. Die Lokalregierungen auf Gemeinde- und Kreisstufe müssen fortan die Rahmenbedingungen für die Wirtschaftsentwicklung vor Ort schaffen. Sie sollen sich ebenso wie die lokalen Parteiorganisationen zu effizienten Dienstleistungszentren für die Landbevölkerung entwickeln und die demokratische Selbstverwaltung im Dorf unterstützen. Das ist dem ländlichen China tatsächlich zu wünschen. Zweifellos gibt es engagierte lokale Parteifunktionäre und ideenreiche Dorfbewohner, denn anders wären die unbestreitbaren Erfolge nicht zu erklären. Aber es gibt eben nach wie vor lokale Kader, die sich als Platzhirsch und nicht als Dienstleister verstehen, sowie Bevölkerungsgruppen, die sich deren Verhalten bieten lassen, und andere, die – durch Machtmissbrauch zum Äußersten getrieben – mit Aufständen reagieren. Die Reformen dienen damit auch einer politschen Befriedung des Landes.

Um die Lebensqualität auf dem Land zu erhöhen, steht der Verbraucherschutz ganz oben auf der politischen Agenda. Trotz einschlägiger Verbraucherschutzgesetze, Razzien und Aufklärungskampagnen ist das ländliche China nach wie vor ein Absatz-„Paradies“ für gefälschte und minderwertige Produkte aller Art, die aus den Städten größtenteils bereits verbannt wurden. Unkenntnis und Armut begünstigen diese Zustände ebenso wie die regionale Unterversorgung der Bauern mit Waren. Gegen Letztere richtet sich das Schlüsselprojekt „Märkte in 1000 Dörfern und Ortschaften“, zu dem im Jahr 2005 das Handelsministerium großflächige Pilotversuche veranlasste. Das Konzept sieht nach der Erprobungsphase vor, in 50 % aller Dörfer Supermärkte zu bauen und in 70 % der Kreise und Gemeinden zusätzlich einen Großhandel mit lokalen Spezialitäten und einen Fachhandel mit kleineren Landwirtschaftsmaschinen zu etablieren. Zeitgleich werden Onlineshops für landwirtschaftliche Produkte aufgebaut, die nicht nur Waren anbieten, sondern auch über Politik und Wirtschaft informieren. Natürlich wird das Onlinebusiness derzeit hauptsächlich von den Bauern in den entwickelteren Gebieten benutzt, die sich einen PC leisten und diesen bedienen können. Mit dem Ausbau der Kommunikationsmöglichkeiten, dem Wissenstransfer von der Stadt aufs Land und den Hilfsprogrammen der Regierung wird jedoch der Einkauf im Internet eines Tages für chinesische Bauern so selbstverständlich sein, wie er es heute für die Städter bereits ist.

Der Widerspruch zwischen eingefleischten Verhaltensweisen und den Anforderungen einer modernen Gesellschaft ist seit Beginn des 20. Jahrhunderts eines der ganz großen Themen in China. Maos Antwort bestand aus zahllosen Erziehungskampagnen zu einem „neuen Menschen“. Auch seine Nachfolger erkannten die Notwendigkeit, nicht nur die wirtschaftliche, sondern auch die kulturelle Rückständigkeit des Volkes aufzuholen. Vor allem in den unterentwickelten Landgebieten hielten sich patriarchalische Sitten mit ihrer Geringschätzung von Frauen. Das Bildungsniveau ist verhältnismäßig gering und viele Landbewohner sind über ihre gesetzlichen Rechte und Pflichten nicht im Bilde. Kostspielige alte Sitten wie Brautpreise oder der Wettbewerb beim Bau von Grabstätten kehren zurück und die Freizeitbeschäftigung beschränkt sich aufs Kartenspielen auf den Dorfstraßen. Daher startete die Regierung vor einigen Jahren eine kulturelle Großoffensive. Der „neue Bauer" (xinxing nongmin) soll sich nach Pekings Vorstellung durch Bildung auszeichnen und etwas von Technik, Wirtschaft und Recht verstehen. Bibliotheken, Kinos und Sportplätze werden gebaut, um das Angebot an Freizeitbeschäftigungen zu erweitern. Des Weiteren kamen seit 2003 Millionen von ungelernten männlichen und weiblichen Arbeitern ländlicher Herkunft durch das „Sonnenschein-Projekt" in den Genuss kostenloser beruflicher Weiterbildung in einem Spektrum von Berufen, das vom Techniker bis zur Geburtshelferin reicht, so dass sie sich jenseits von Landwirtschaft, Sweatshops und Großbaustellen eine neue Existenz mit höherem Einkommen aufbauen konnten. Allein während der Entlassungswellen aufgrund der Wirtschaftskrise waren 20 Millionen Wanderarbeiter in die Heimat zurückgekehrt. Das Sonnenschein-Projekt hat vielen von ihnen eine neue Lebensperspektive geboten. Es wird regional unterschiedlich umgesetzt. Das Spektrum reicht von dreiwöchigen Intensivkursen bis zu mehrjährigen Ausbildungsprogrammen. Die Kommunikation auf nationaler Ebene kommt trotzdem nicht zu kurz: Auf einer extra eingerichteten Internetseite wird regelmäßig über die Erfahrungen in den Provinzen und Autonomen Gebieten berichtet, auch Tipps und Lehrmaterial werden angeboten.

Die Qualifikation der Bevölkerung nützt nicht nur den Einzelnen, sondern dem ganzen Land in seinem Bestreben, international auf höheren Wertschöpfungsebenen wettbewerbsfähiger zu werden.

Flankiert wird die berufliche Spezialisierung und Diversifizierung von der seit kurzem möglich gewordenen Monetarisierung von Landnutzungsrechten. Alles Land in China gehört dem Staat oder lokalen Kollektiven. Auch die Bauern auf dem Lande sind nur Pächter. Dieses Pachtrecht können sie jetzt verkaufen, um Kapital für die Umsetzung neuer Geschäftsideen zu bekommen. Es ist auch möglich, das Pachtrecht mit einer Hypothek zu belasten, um landwirtschaftliche Geräte zu kaufen und den Profit zu steigern. Ein weiterer Weg, den Bauern Kredite zukommen zu lassen, sind Bürgschaften, die Verwandte oder Nachbarn für den Gläubiger übernehmen. Zeitgleich wächst die flächendeckende Durchdringung des ländlichen Chinas mit Finanzinstituten.

Über all diesen tiefgreifenden Veränderungen behält Peking die Ernährungssicherheit seiner immer noch anwachsenden 1,3 Mrd.-Bevölkerung im Auge und plant, 120 Millionen Hektar Agrarfläche zu erhalten.

Dafür, dass über den Förderprogrammen für die Dorfbewohner die Dorfentwicklung nicht zu kurz kommt, sorgt ein 2008 verabschiedetes Gesetz. Es schreibt vor, dass es langfristig analog zur Stadtplanung eine Dorfplanung geben soll. Bei der Umsetzung soll darauf geachtet werden, dass die Modernisierung der Dörfer für die Bauern nachvollziehbar ist und die jeweiligen lokalen Besonderheiten erhalten bleiben.

Es ist nicht schwer vorauszusagen, dass die Umsetzung der politischen und kulturellen Aspekte bei der „Errichtung des neuen sozialistischen Dorfes" einen langen Zeitraum in Anspruch nehmen wird. Ein Einstellungswandel ist immer ein Generationenprojekt. Schneller werden die wirtschaftlichen Maßnahmen greifen. Allein aufgrund des Gesetzes der großen Zahl wird es schon in wenigen Jahren einen immensen Wachstumsschub im ländlichen China geben, denn dort erobern 700 Millionen Menschen Yuan für Yuan die schöne neue Welt des Konsums.

Streitpunkt: Devisenreserven und Währungspolitik

Drei Viertel aller Devisenreserven weltweit sind in den Händen der Schwellenländer. Allein Chinas Reserven beliefen sich im Juli

2010 auf die stolze Summe von 2,5 Billionen USD. Zwar ist die Zusammensetzung der chinesischen Devisenreserven ein Staatsgeheimnis. Schätzungen zufolge sind jedoch ca. 65 % dieser Summe in auf USD lautenden Vermögenswerten angelegt. Der Rest besteht in einem Währungsmix aus Euros, japanischen Yens und australischen Dollars.

Anfang des 3. Jahrtausends betrugen Chinas Devisenguthaben erst 230 Millionen USD. Selbst im Jahre 2005 bewegten sie sich „nur“ in der Größenordnung von 500 Millionen USD. Der Hauptgründe für die darauf folgende rasante Akkumulation an Devisenguthaben sind das Wachstum der chinesischen Exportindustrie und die nach China geflossenen ausländischen Direktinvestitionen. Zu mindestens 10% des Anstiegs der Devisenreserven trug allein im Jahr 2009 außerdem der illegale Zufluss an spekulativen Geldern nach China bei.

Bislang hat Peking allerdings sein Bestes getan, um Spekulanten zu enttäuschen. Der Kurs der chinesischen Währung ist nicht dem Devisenmarkt und seinen Geschäften, mit denen der Kurs einer fremden Währung in die gewünschte Richtung gezwungen werden kann, überlassen. Wie die Exportnationen Japan und Deutschland nach dem II. Weltkrieg behält die chinesische Führung die Kontrolle über den Kapitalverkehr mit dem Ausland. Eine sofortige Freigabe des Wechselkurses, wie es US-amerikanische Gewerkschaften sowie manche Politiker besonders im Vorfeld von Wahlen fordern, wäre sowohl für China als auch für die meisten Akteure der Weltwirtschaft von Schaden. Er hätte einen enormen Zufluss von spekulativen Geldern nach China zur Folge, denn in Anbetracht der Niedrigzinspolitik vieler Industrieländer lohnt es sich, dort billig Kredite aufzunehmen und mit diesen an asiatischen Immobilien- und Aktienmärkten zu spekulieren. Eine volkswirtschaftlich sinnvollere Investition dieser Gelder in China ist nicht möglich. Wenn man sie zum Aufbau neuer Unternehmen nutzte, würde das Angebot an Waren die Nachfrage weit übersteigen und die Wirtschaft geriete aus dem Gleichgewicht. Weil das globale Wachstum wesentlich von China abhängt, könnte die Weltwirtschaft einen Ausfall Chinas nicht verkraften. Die chinesische Regierung hat also ihre Gründe für ihr vorsichtiges Agieren zum jetzigen Zeitpunkt. Zwar wurden vor kurzem Banken in Hongkong erlaubt, Yuan-Bonds herauszugeben, was als ein erster Schritt hin zu einem Yuan-Markt betrachtet wird. Aber eine grundsätzliche Richtungsänderung wird China vermutlich erst vollziehen, wenn seine inländischen Institutionen und seine Finanzfachleute über eine entsprechende Expertise verfügen sowie sein Einfluss auf die bislang US-dominierte internationale Finanzarchitektur groß genug ist. Dann können der chinesischen Regierung Währungsspekulanten gleichgültig sein und sie profitiert selbst von einem freien Wechselkurs.

Bis zu jenem Tag wird die chinesische Zentralbank weiterhin auf dem Währungsmarkt mit Stützkäufen von US-Dollars intervenieren. Das bläht zwar die Devisenvorräte auf, hält aber den Wechselkurs des Yuan niedrig. Eine drastische Aufwertung würde nämlich chinesische Exportprodukte stark verteuern. Ihr Absatz bräche abrupt ein und Millionen von Arbeitsplätzen in China gingen verloren – ein Albtraum für Peking.

Trotzdem tritt China währungspolitisch nicht auf der Stelle. Seit Juli 2005 bestimmt sich der Wert des Yuan anhand eines Währungskorbs aus USD, Euro, Pfund, Yen und dem südkoreanischen Won. In den folgenden 3 Jahren verteuerte sich der Yuan schrittweise um 20 %. Von der Mitte des Jahres 2008 bis Juni 2010 kehrte Peking zu einer engen Anbindung des Yuan an den USD zurück, um mit dessen permanenter Abwertung Schritt zu halten. Daten der Bank für Internationalen Zahlungsausgleich (BIZ) aus dem Jahre 2009 zeigen allerdings, dass der Wert des Renminbi weltweit immer noch gut 16 % über dem Niveau von 2005 liegt. Seit Juni 2010 berechnet sich der Wert des Yuan wieder nach einem Währungskorb. Das erlaubt China, besser auf den Kurs des Euro, die Währung seines wichtigsten Handelspartners, zu reagieren. Seither ist der Wert des Yuan leicht gestiegen. Dies liegt durchaus in chinesischem Interesse. Chinesische Investitionen im Ausland verbilligen sich dadurch ebenso wie Importe von Gütern und Rohstoffe, was der Inlandsnachfrage zugutekommt. Es stärkt außerdem Chinas Position gegenüber den Ländern, von denen es importiert.

Zu diesen würde Peking gerne auch die USA zählen. Hu Jintao hat seine amerikanischen Kritiker süffisant darauf hingewiesen, dass China nicht aufwerten müsse, um die chinesisch-amerikanische Leistungsbilanz zu verbessern: Die Chinesen würden gerne von ihnen hochmoderne Produkte kaufen, doch deren Anteil an den chinesischen Importen sei wegen den amerikanischen Exportbeschränkungen seit 2001 von 18,3 % auf 8 % gesunken.

Nicht allein deshalb steht das amerikanische Hauptargument, dass Pekings Währungspolitik schuld sei am Außenhandelsdefizit auf wackligen Füßen. Die globale Arbeitsteilung bringt zwangsläufig Ungleichgewichte hervor. Trotz der realen Aufwertung des Yuan zwischen 2005 und 2008 verzeichneten die USA eine negative Außenhandelsbilanz. Viele der Produkte, die sie einführen, werden im Land gar nicht mehr hergestellt. Wenn China als Exporteur unerwünscht ist, dann müsste Amerika eben aus anderen Schwellenländern einführen. Außerdem profitieren mächtige amerikanische Akteure wie die Handelskette Walmart, die größtenteils in China produzieren lassen, von einem niedrigen Yuankurs. Wie Walmart machen es viele: Laut einer Statistik des chinesischen Handelsministeriums sind fast 60 % aller Exporte Chinas von ausländischen Unternehmen produziert worden. Über 90 % aller Hightechgeräte, die aus China nach Amerika gelangen, werden im Auftrag ausländischer Hersteller in China nur zusammengesetzt. An dieser Produktveredelung verdient China nur minimal.

China versucht schon seit einigen Jahren seine Abhängigkeit vom Handel mit den USA zu reduzieren und in aller Welt Handelspartner zu gewinnen. Im Jahr 2004 erreichten die Exporte in die USA den Zenit ihres Wachstums, danach sanken sie bis 2008 um durchschnittlich 6 % pro Jahr. Im Schreckensjahr 2009 brachen die chinesischen Exporte in die USA mit einem Minus von 12,3 % zwar nicht ganz so stark ein wie die nach Japan, Südkorea und Indien, aber wesentlich stärker als die nach Deutschland. Gegenwärtig gehen noch ca. 30 % aller chinesischen Exporte in die USA.[117] Der Handel Chinas mit Afrika, Lateinamerika und seinen südostasiatischen Nachbarn in den ASEAN-Staaten wiederum wächst kontinuierlich. Seitdem China im Januar 2010 eine Freihandelszone mit den ASEAN-Staaten eröffnete, überholten diese Japans Position als Handelspartner der Volksrepublik und rangieren seither an dritter Stelle nach der EU und den USA.

Als Konsumenten können die neugewonnenen Handelspartner die USA und die EU jedoch bislang nicht ersetzen. Den Überschüssen, die China im Handel mit den beiden Letztgenannten erzielt, stehen Defizite aus dem Handel mit Entwicklungs- und Schwellenländern gegenüber, von denen China mehr importiert als exportiert. Da die Importrate der Volksrepublik seit dem vierten Quartal 2009 schneller wächst als die Exportrate und dieser Trend aufgrund des wachsenden Konsumpotentials seiner Arbeiter und Bauern anhalten dürfte, wird sie vermutlich schon 2010 eine ausgeglichene Handelsbilanz aufweisen – zum Wohle seiner Bevölkerung und ohne wie Japan in den 1980er Jahren nach einer erzwungenen drastischen Aufwertung der Landeswährung in eine wirtschaftliche Dauerkrise zu stürzen.

So begünstigen die USA und die EU Chinas Aufstieg im Rest der Welt, umgekehrt bleibt China nicht zuletzt deshalb noch längere Zeit von amerikanischen und europäischen Konsumenten abhängig.

Die Volksrepublik hat ein Luxusproblem: Sie ist gezwungen, ihre immensen Devisenvorräte gewinnbringend anzulegen.

Einen Teil der Devisenreserven investieren der 2007 gegründete chinesische Staatsfond CIC sowie staatliche und private Unternehmen in innovative oder berühmte Marken im Ausland. Obwohl chinesische Käufer in Ländern, die ansonsten den Freihandel befürworten, als nationale Bedrohung wahrgenommen werden, sind ihre Beteiligungen an den seit Ausbruch der Krise oft mit finanziellen Problemen geschlagenen Firmen etwas willkommener. Die zweitgrößte Volkswirtschaft der Welt holt rasant auf: Lagen ihre Direktinvestitionen im Ausland im Jahr 2008 noch im Weltvergleich an 12. Stelle, kletterten sie im Herbst 2010 bereits auf Rang 5. Die chinesischen Auslandsinvestitionen flossen zu über 70 % nach Asien, in großem Abstand (13 %) folgen Südamerika, Nordamerika (2,7 %) und Afrika (2,6 %) (chinadaily.com vom 6.9.2010).

Mit einem weiteren Teil der Reserven sichert China sich Rohstoffe. Auf diesem Feld ist der Staat als Akteur wichtiger als die Privatwirtschaft. In Afrika, Lateinamerika und im Iran sind Chinas staatliche Rohstoffgiganten bereits seit Jahren aktiv. Mit dem Aufkauf von Rohstoffen deckt China nicht nur seinen immensen Bedarf, sondern schützt sich auch mit Sachwerten vor dem Verfall des USD. Zur Finanzierung seiner inländischen Programme hingegen tragen die Devisenreserven wenig bei. Peking kann nicht einfach alle Dollars in Yuan umtauschen. Das würde die Menge des umlaufenden Geldes drastisch verringern und müsste durch die Ausgabe neuen Geldes kompensiert werden. Die Devisen können allenfalls zur Neutralisierung höherer Staatsschulden beitragen.

Der größte Teil der Devisenreserven fließt daher nach wie vor in US-Staatsanleihen.[113] Nach Daten des US-Finanzministeriums hält China etwa ein Viertel der gesamten in ausländischer Hand befindlichen US-Schulden. Damit ist das Land zusammen mit Japan der größte Auslandsgläubiger der USA. Noch vor einigen Jahren galten die US-Bonds als sichere Geldanlage. Ohnehin ist nur der US-amerikanische Kapitalmarkt liquide und groß genug, um riesige Geldmengen aus dem Ausland absorbieren zu können. Seitdem 2001 der Niedergang des Dollars einsetzte, kompensieren allerdings die geringen Zinsen, die auf US-Staatsanleihen gezahlt werden, die Verluste des Dollars gegenüber den meisten anderen Weltwährungen einschließlich des Yuan nicht. Wegen des Sinkflugs des USD und angesichts der immensen Staatsverschuldung von über 13 Billionen USD[114] sowie eines ständig wachsenden amerikanischen Haushaltsdefizits ist diese Geldanlage heute wenig lukrativ und sicher. Zwar werden die USA nicht müde, ihr Interesse an einem starken Dollar zu betonen, aber allen Bekundungen zum Trotz kommt den USA eine Abwertung des US entgegen. So reduzieren sich ihre Auslandsschulden quasi von selbst. Eine schwächere Heimatwährung macht außerdem amerikanische Exporte wettbewerbsfähiger und hilft den USA, die Wirtschaft anzukurbeln und die hohen Defizite in der Handels- und Leistungsbilanz auszugleichen.

Viele Chinesen fürchten vor allem, dass die US-Währung aufgrund der extrem lockeren Fiskal- und Geldpolitik der US-Notenbank einbricht und die enormen chinesischen Anlagen an Wert verlieren. Als der amerikanische Finanzminister Tim Geithner sich nach Ausbruch der Finanzkrise chinesischen Studenten stellte und ihnen versicherte, die Anlagen Chinas in den USA seien sicher, erzielte er einen Heiterkeitserfolg.

Die Sorgen um ihre US-Fonds sind eben der Preis, den die Chinesen für ihr Entwicklungsmodell der letzten 30 Jahre bezahlen müssen. China hat davon profitiert, dass die USA durch ihre kreditfinanzierte stetig wachsende Nachfrage die Weltkonjunktur und damit natürlich auch die chinesische Wirtschaft in Schwung brachten. Die ausländischen Investoren lieferten den Chinesen modernes technologisches und wirtschaftliches Knowhow, außerdem schufen sie in China dringend benötigte Arbeitsplätze, die bei der Abwicklung unrentabler staatseigener Unternehmen verloren gegangen waren. Nur: im Konjunkturzyklus 2000–2007 lebten US-amerikanische Konsumenten, Unternehmen und Staat gleichermaßen auf der Grundlage einer immensen Kreditexpansion, also auf Pump. Washingtons Finanzlage verschlechterte sich nicht zuletzt aufgrund der Verdoppelung der amerikanischen Ausgaben für Rüstung und Sicherheit in den Jahren 2000 bis 2008.

Die Volksrepublik hat durch ihre Exporte maßgeblich zur US-Nachfrage oder, aus amerikanischer Sicht betrachtet, zum wachsenden Defizit in der Leistungsbilanz der USA beigetragen. Erst die im Zuge des Aufbaus einer Marktwirtschaft erfolgte Exportorientierung der Wirtschaft bot die Voraussetzung für das ständig wachsende Devisenguthaben der Chinesen. Mit diesen Devisen musste China allerdings seinem Hauptexportland Amerika durch Kredite beim Überleben helfen. Der Zweck der Anhäufung von Dollarreserven war also Verkaufsförderung für chinesische Exporte oder anders gesagt „Marktpflege".

Doch auch für die USA hatte dieses Modell Vorzüge. Die Regierung konnte Kriege in Afghanistan und dem Irak führen, ohne die Steuern erhöhen zu müssen. Das Volk war zufrieden, denn selbst die Empfänger von niedrigen Einkommen konnten konsumieren. Aber hat China nicht all das finanziert, was die Amerikaner langfristig schwächen dürfte? Denn auch Amerika zahlt seinen Preis. Dieser besteht nicht nur aus der oben skizzierten gigantischen Verschuldung. Billige Importe führten zur Deindustrialisierung Amerikas und kosteten viele Arbeitsplätze. Hinzu kommt eine Abhängigkeit von China, die nicht geringer ist als vice versa und langfristig gesehen vermutlich sogar schädlicher. Als 2008 die amerikanischen Immobilienfinanzierer Fannie Mae und Freddie Mac, in die Peking mehr als eine halbe Billion USD investiert hatte, unter Druck gerieten, musste der damalige Finanzminister Henry Paulson nach Peking fliegen. Am Ende wurden Fannie und Freddie mit Staatshilfe gerettet. Auch die lautstärkste Chinakritik in der amerikanischen Presse kann auf Dauer die Tatsache nicht übertönen, dass ihre immensen Schulden die USA in Abhängigkeit von chinesischem Wohlwollen und Wohlergehen gebracht haben.

Allerdings ist der Gläubiger vom Schuldner ebenso abhängig wie jener von ihm. Spätestens als Ministerpräsident Wen Jiabao seine Sorgen um die Stabilität des Dollars in die Mikrofone der Weltmedien sprach, fragte sich die Welt, wie lange die Chinesen die USA noch mit dem Kauf von US-Bonds stützen würden. Befürchtungen kursierten, dass die chinesische Führung ihre hohen Dollarreserven gegenüber Washington als politisches Druckmittel einsetzen oder etwa durch einen Käuferstreik die Finanzierung des US-Staatshaushalts gefährden könnte. Manche

Stimmen unkten, Peking könnte seine US-Bonds schlagartig auf den Markt werfen. Dann würde deren Wert und damit der des Dollars kollabieren und mit diesem Amerika. All dies traf nicht ein. China kann nicht daran gelegen sein, dass Amerika schneller zusammenbricht, als China sich vom US-Markt unabhängig machen kann. Wie auf allen anderen Feldern wird China deshalb auch bei seiner Loslösung von Amerika langsam und vorsichtig agieren. Die chinesische Regierung erwirbt kaum noch langfristige US-Papiere, sondern hauptsächlich solche mit kurzen Laufzeiten. Das könnte Peking die Flexibilität geben, seine Dollarreserven nach und nach abzubauen. Doch erst wenn der chinesische Binnenkonsum stark genug und die Rolle des Dollars als Welthandelswährung geschwächt ist, wird China es sich leisten können, weniger US-Bonds zu kaufen. Bis dahin sollten die USA allerdings ihr Schuldenproblem gelöst haben.

Auf dem Weg zur Internationalisierung?
Der Yuan im Welthandel

Seine Führungsrolle in der Welt verdankt Amerika neben politischer „Softpower" und seiner militärischen Dominanz vor allem der Stellung des US-Dollars als Leitwährung der Weltwirtschaft. Er wird von vielen Ländern als Reservewährung gehalten und die meisten internationalen Geschäfte werden in Dollar durchgeführt. Die USA genießen somit etwas, was der ehemalige französische Staatspräsident Valéry Giscard d'Estaing als „exorbitantes Privileg" bezeichnete. Tatsächlich nehmen sich im Verhältnis dazu die Vorteile, die sich Peking mit seinem künstlich niedrig gehaltenen Wechselkurs zum Dollar verschafft, geradezu bescheiden aus. Amerikanische Unternehmer können Güter auf dem Weltmarkt billiger einkaufen, da sie, um Handel zu treiben, weder zu ständig schwankenden Kursen Geld wechseln noch Transaktionskosten bezahlen müssen. Alle anderen Weltmarktteilnehmer hingegen müssen sich

Dollars beschaffen, um globale Geschäfte treiben zu können. Die große Nachfrage nach ihrer Währung erlaubt es den USA, sich billiger zu verschulden als andere Länder. Darüber hinaus üben die USA in internationalen Organisationen wie der Weltbank, deren Präsidenten sie regelmäßig stellen, und dem Internationalen Währungsfonds, wo sie ein Vetorecht haben, einen beherrschenden Einfluss aus.

Wer den Dollar in seiner Funktion als Leitwährung in Frage stellt, greift somit quasi die Supermacht Amerika mit nichtmilitärischen Waffen an. Erste Warnschüsse wurden im Laufe der Finanzkrise bereits abgefeuert, auch aus China. Pekings Wissen um seine Dollarabhängigkeit steht keineswegs im Widerspruch dazu, dass es sich zum Wortführer einer Gruppe aufschwang, die mittel- bis langfristig die Macht des Dollars verringern möchte. Seit Beginn des Jahres 2009 betont Ministerpräsident Wen Jiabao, dass die Forderung nach einer neuen Weltreservewährung in der Volksrepublik zur „offiziellen Position“ geworden sei. Der Chef der chinesischen Zentralbank sagte bei dem Treffen der sogenannten BRIC-Staaten Brasilien, Russland, Indien und China im Juni 2009, ein hochkomplexes globales Wirtschaftssystem dürfe nicht von der Währung eines einzigen Landes abhängen, wie groß und mächtig es auch immer sei. Dabei weiß er, dass man dies in den anderen großen Schwellenländern wie beispielsweise Russland, Brasilien und Südafrika genauso sieht.

Die Stellung des US-Dollars als Weltreservewährung ist jedoch schwer zu erschüttern: Die europäische Schuldenkrise im Jahr 2010 war keine Empfehlung für den Euro als Ausweichwährung. Auch die Ausweitung der Sonderziehungsrechte, eine Kunstwährung des IWF, die China und andere Schwellenländer im März 2009 forderten, kam über Anfänge bislang nicht hinaus.

Die Volksrepublik scheut zwar bislang davor zurück, den Yuan als Weltreservewährung zu etablieren, denn dazu müsste sie den Kurs des Yuan freigeben. Aber sie beginnt damit, ihre Landeswährung im internationalen Handel einzusetzen. Dabei stellt die chinesische Zentralbank ausländischen Banken Yuan zum Kauf oder als Darlehen zur Verfügung, damit diese Importe von China erwerben können. Mit Ländern wie Argentinien, Weißrussland, Hongkong, Indonesien, Malaysia, Russland, Brasilien und Südkorea hat die chinesische Zentralbank seit Dezember 2008 Währungsumtauschabkommen (currency-swap agreements) unterzeichnet. Seit April 2010 wird der Handel mit Japan, seit Mai 2010 der Handel mit Südkorea teilweise in Yuan abgewickelt. Im Frühjahr 2010 stieß als erstes europäisches Land Island zu dieser Gruppe. In dieses Bild passt, dass der Handel mit Deutschland, dem wichtigsten Handelspartner Chinas in der EU, schon seit längerem teilweise in Euro abgewickelt wird. Die Hauptschwierigkeit besteht bei allen bilateralen Abkommen darin, zwischen den Handelspartnern einen adäquaten Wechselkurs festzulegen. Ein unberechenbarer Dollar ist jedoch auch keine attraktive Alternative. Denn immerhin: *„Der Yuan ist im Vergleich zu anderen wichtigen Währungen stabil“*, sagte der Vizegouverneur der chinesischen Zentralbank, Su Ning. Und Vertrauen gilt nun einmal als die Grundlage der Wirtschaft.

Auch unterhalb der bilateralen Ebene wird experimentiert: Peking hat am 6. Juli 2009 ausgewählte Unternehmen in fünf chinesischen Städten zu Pilotversuchen angeregt, in denen der Yuan als Abrechnungswährung für Im- und Exportgeschäfte in Hongkong, Macao und den ASEAN-Ländern benutzt wird. 2010 wurde das Programm auf weitere 15 Städte, in denen vorwiegend japanische und südkoreanische Unternehmen angesiedelt sind, ausgeweitet. Dank dieser langsamen Herangehensweise können chinesische Akteure wertvolle Erfahrung hinsichtlich der Internationalisierung des Yuan sammeln und zugleich die Auswirkungen auf das Gesamtsystem begrenzen. Chinesische Touristen können ohnehin schon an vielen Orten in Thailand, Nordkorea oder auf den Philippinen bereits in Yuan bezahlen. Die Währung wird gern akzeptiert, denn die Händler gehen davon aus, dass ihr Wert künftig steigen wird.

Was aus diesen vorsichtigen Anfängen wird, dürfte schon die nahe Zukunft zeigen. Eine optimistische Studie der Großbank

HSBC sagte Anfang Juli 2009 voraus, dass im Jahr 2012 bereits die Hälfte des chinesischen Handels, der dann etwa 2 Billionen USD betragen wird, in Yuan abgerechnet werden könnte. Damit wäre der Yuan neben USD und Euro die drittgrößte Welthandelswährung. Das würde zwar den Aufwertungsdruck auf ihn erhöhen, aber die chinesische Exportindustrie umginge Transaktionskosten und Währungsverluste. Chinas Einfluss auf die globale Finanzarchitektur wüchse und es gewänne Verbündete, mit denen sich Druck seitens der USA bequemer standhalten ließe.

Unabhängig davon, ob diese Voraussage in diesem Umfang und so frühzeitig eintreffen wird: In Anbetracht dessen, dass China Exportweltmeister ist und seine wirtschaftlichen Verflechtungen mit Ländern, die nicht zum westlichen Lager gehören, zweistellig wachsen, ist der beginnende Handel in Yuan derzeit eine der bemerkenswertesten Entwicklungen auf dem Weltmarkt.

FAZIT

Trotz des nach wie vor existierenden Rückstands zum westlichen Lebensstandard geht es heute einem Fünftel der Menschheit in jeder Hinsicht besser als je zuvor in seiner Geschichte. Steigende Einkommen, wachsende Kaufkraft, Fortschritte auf dem Gebiet der Ökologie und der Sozialversicherungen sowie kulturelle Einrichtungen verbessern schrittweise die Lebensqualität. Die Reform der Volkskongresse und der Politischen Konsultativkonferenzen, lokal begrenzte Wahlen und das politische Kommunikationsmodell der Massenlinie ermöglichen dem Volk zuvor unbekannte politische Partizipationsmöglichkeiten, wenn auch keine Direktwahl der Regierung und keinen Parteienpluralismus.

Nach dem Urteil unabhängiger Beobachter wie dem amerikanischen Meinungsforschungsinstitut Pewglobal und dem Journalisten Georg Blume sind zwei Drittel der chinesischen Bevölkerung mit diesem Kurs einverstanden – womit die KPCh höhere Zustimmungsraten genießt als viele demokratisch gewählte Regierungen.

Dies legt den Schluss nahe, dass in China in nächster Zukunft kein Systemwechsel ansteht, zumal die Reformen weitergeführt werden. Dass noch nicht einmal die Finanz- und Wirtschaftskrise Chinas Aufwärtstrend aufhalten konnte, ja dass die Volksrepublik sogar die Folgen der Krise für die Weltwirtschaft mildern konnte, spricht für sich.

China ist auf dem Weg, aber noch lange nicht am Ziel. Das Land wird noch auf Jahrzehnte hinaus mit seiner Entwicklung beschäftigt sein. Die Einkommen liegen noch deutlich unter mitteleuropäischem Niveau und weisen sehr große regionale und soziale Disparitäten auf. In absoluten Zahlen betrachtet emittiert China weltweit am meisten CO_2 und kämpft nach wie vor gegen gravierende Umweltprobleme. Die Sozialversicherungen und die kulturellen Einrichtungen befinden sich noch in der Aufbauphase. Der Schutz des Bürgers durch das Recht sowie die Umsetzung bestehender Gesetze sind stark verbesserungswürdig.

In all diesen Punkten ist mit Pekings fortgesetztem Engagement zu rechnen. Einen Punkt hat es allerdings nicht auf der Agenda: die Einführung eines politischen Systems nach westlich-liberalem Vorbild. In ihrer Fixierung auf den Wirtschaftsboom der letzten Jahrzehnte übersahen die meisten westlichen Beobachter, dass dieser eingebettet ist in ein politisch begründetes, innerlich konsistentes Grundkonzept zur Modernisierung Chinas: den Sozialismus chinesischer Prägung. Verantwortlich dafür ist die KPCh. Ihre maßgeblichen Politiker haben in den letzten Jahrzehnten am Sinomarxismus festgehalten und werden dies mit allergrößter Wahrscheinlichkeit auch weiterhin tun.

Wie die vergangnen Jahrzehnte zeigen, hat der Westen kaum Einfluss auf das politische System der Volksrepublik und zweifellos führt die Rückkehr Chinas auf die Weltbühne zu geopolitischen und weltwirtschaftlichen Kräfteverschiebungen. Doch die Angst vor Chinas Aufstieg ist ein schlechter Ratgeber, wohingegen ein fundiertes Hintergrundwissen die dortigen Entwicklungen berechenbarer macht. Der Westen sollte sich daher mit den vielfältigen Herausforderungen, die unsere spannnde Weltlage mit sich bringt, selbstbewusst auseinandersetzen.

ANHANG

1 Barbara Tuchman: Sand gegen den Wind. Amerika und China 1911–1945, Stuttgart 1973, S. IX.

2 Petra Häring-Kuan u. Yu-Chien Kuan: Die Langnasen. Was die Chinesen über uns Deutsche denken. Frankfurt a.M. 2009.

3 So erklärte sich beispielsweise der amerikanische Energieexperte Amory Lovins die chinesischen Erfolge bei der Entwicklung und Verwendung erneuerbarer Energien schlicht damit: *„dass China keinen Kongress hat. Es kann eine kohärente Energiepolitik durchziehen, die nicht von politisch Andersdenkenden geblockt wird“* (Zeit-online vom 31.3.2010). Im Economist steht am 4.2.2010 zu lesen: „... a ‚Beijing consensus‘ has been gaining ground, extolling the virtues of decisive authoritarianism over shilly-shallying democratic debate. In the margins of international conferences such as the recent Davos forum, even American officials mutter despairingly about their own ‚dysfunctional‘ political system“.

4 ASEAN ist das Kürzel für den Verband Südostasiatischer Nationen (Association of Southeast Asian Nations).

5 Noch unter der Yuan-Dynastie (1280-1368) wurden allerdings alle Nordchinesen, also auch diejenigen, die heute einen Minderheitenstatus haben, als Han bezeichnet. Die Bezeichnung „Han“ für eine Ethnie ist somit jüngeren Datums. Helwig.Schmitdt-Glintzer: Vielvölkerstaat und Einheitsreich, 1997, S. 171.

6 „Zhong“ bedeutet Mitte, „guo“ bezeichnete in der chinesischen Frühzeit im zweiten vorchristlichen Jahrtausend eine ummauerte Stadt. Im Laufe der Jahrhunderte erweiterte sich die Bedeutung von „guo“ und bezeichnete fortan einen Staat. Vom 8. vorchristlichen Jahrhundert an nannten sich die alten Staaten der nordchinesischen Tiefebene die „mittleren Staaten“, in Abgrenzung zu den an ihrer Peripherie entstandenen Staaten relativ neueren Datums. Erst Ende des 19. Jahrhunderts wurde Zhongguo zur Bezeichnung für die chinesische Nation. Als offizielle Landesbezeichnung kam „Zhongguo“, das im Deutschen im allgemeinen mit „Reich der Mitte“ wiedergegeben wird, erst mit der Gründung der Republik China 1912 in Gebrauch.

7 Andreas Gruschke: Feng Shui im Nomadenland. Eigenständige Kulturimpulse in der tibetischen Architektur, in: Hagia Chora, 30 (August 2008), S. 70–75.

8 Die Altai-Sprachen, zu denen die türkischen, mongolischen und tungusischen Gruppen zählen, werden von Minderheiten in Nordchina; die Mon-Khmer-Deang-Gruppe der austro-asiatischen Sprachen von Minderheiten in

der südchinesischen Provinz Yunnan gesprochen. Ethnischen Minderheiten auf Taiwan sprechen Sprachen der malaiisch-polynesischen Familie. Immerhin 2 Millionen Chinesen sprechen koreanisch als Muttersprache. Klaus Kaden in: Brunhild Staiger u. a.: Das große China-Lexikon, 2003, S.703 ff.

9 Knapp 50 Jahre später versuchte Mao terminologisch bewusst an die 4.-Mai-Bewegung anzuknüpfen. Die ersten Aktivisten seiner Kulturrevolution waren Pekinger Studenten. Letztere waren auch die Anführer bei der Demonstrationen auf dem Tian'anmen 1989.

10 Verlag Foreign Languages Teaching and Research Press, Peking 1988.

11 Lun Yu, XVII.2

12 Lun Yu, XV.23

13 Lun Yu, XV.29

14 Bernhard Karlgren: Schrift und Sprache der Chinesen, Berlin und Heidelberg 2001, S. 30.

15 Lun Yu, XIII.9

16 In der Kampagne „wu jiang si mei" (fünf zu beachtende, vier schöne [Verhaltensweisen]) wurde insbesondere an Kinder und Jugendliche appelliert, auf Kultur, Höflichkeit, Sauberkeit, Ordnung und Moral zu achten sowie eine schöne innere Haltung, eine schöne Sprache, ein schönes Verhalten und eine schöne Umgebung zu bewahren.

17 Einige – grob geschätzte - Zahlen zu Chinas demographischer Entwicklung: um das Jahr 1 n. Chr.: 60 Millionen, um 1000 n. Chr.: 59 Millionen, um 1300: 100 Millionen, um 1500: 103 Millionen, um 1700: 138 Millionen, um 1820. Um 1950: ca. 563 Millionen, zwischen 1980 und 1985 wurde die Marke von 1 Milliarde überschritten.

18 Mao Tse-tung: Ausgewählte Werke, Verlag für Fremdsprachige Literatur, Peking 1968, Bd. 1, S. 45–46.

19 Lun Yu, XV.38: *„Bei der Bildung darf es keine Stände geben."*

20 1988 wurden von 2,72 Millionen Bewerbern 670.000 (25 %) zugelassen, 1999 betrug die Zulassungsquote ca. 42 %, 2001 überstieg sie zum ersten Mal 50 %.

21 Deng Xiaoping: Die Reform der Revolution, Berlin 1988, S. 144–145.

22 Thomas Heberer: China: Entsteht die Zivilgesellschaft von oben? Veröffentlicht beim Deutsch-Chinesischen Kulturnetz www.de-cn.net, März 2010; Sebastian Heilmann: Charakteristika des politischen Systems, in: Informationen zur politischen Bildung (Heft 289).

23 Harro von Senger: Supraplanung, München 2008, Kapitel 2.

24 Das US-amerikanische Meinungsforschungsinstitut Pewglobal schreibt: „An extraordinary 86 % of Chinese said in 2008 that they were satisfied with the way things were going in their country, the highest of the 24 countries in the survey. Australia was a distant second, 25 percentage points behind in: Global Public Opinion in the Bush Years (2001–2008) www.pewglobal.de.

25 John und Doris Naisbitt: China Megatrends, Hanser, München, 2009.

26 Deng Xiaoping: Die Reform der Revolution, Berlin 1988, S. 68 ff.

27 Deng Xiaoping: Die Reform der Revolution, Berlin 1988, S. 59, 63, 67.

28 Die 4 Grundprinzipien wurden 1997 offiziell in das Parteistatut der KPCh aufgenommen Die Verfassung von 1982 spricht in ihrer Präambel vom Aufbau des Sozialismus und von der Durchsetzung des Marxismus-Leninismus und der Mao Zedong Ideen, wobei letztere heute ergänzt werden um die Theorien von Deng Xiaoping und Jiang Zemin. Damit stellt sich die Partei in die Nachfolge der erfolgreichen Revolutionäre von 1949.

29 Zur Diskussion um die Anwendbarkeit der marxistischen Stadienlehre auf China siehe Helmut Peters: „Die VR China - Aus dem Mittelalter zum Sozialismus. Auf der Suche nach der Furt", Essen, 2009, S. 24 ff.

30 „Resolution über die Geschichte der KP Chinas seit 1949" (Punkt 35, Erfahrungen und Lektionen aus der Geschichte, angenommen von der 6. Tagung des XI. ZKs der Partei am 27.6.1981).

31 Helmut Peters: „Die VR China -...", Essen, 2009, S. 44.

32 Helmut Peters: „Die VR China -...", Essen, 2009, S. 444.

33 Deng Xiaoping: Die Reform der Revolution, Berlin 1988, S. 74.

34 Eine prägnante Darstellung des dialektischen Materialismus findet sich in: Harro von Senger, Supraplanung, 2008, S. 93 ff.

35 Harro von Senger: Supraplanung, München 2008, S. 103, 111.

36 Deng Xiaoping: Die Reform der Revolution, Berlin 1988, S.61.

37 Nach einer in China veröffentlichten Schätzung der Weltgesundheitsorganisation sind ca. 0,2-0,3 Mrd. Chinesen psychisch belastet.

38 Laut den China Environment News belaufen sich die jährlichen Kosten, die Wirtschaft und Gesellschaft aufgrund von Umweltverschmutzung entstehen auf ca. 10 % des jährlichen Bruttoinlandsprodukts. Die Weltbank und die chinesische Regierung bezifferten in ihrem Bericht „Cost of Pollution in China - Economic Estimates of Physical Damages" vom 11.7.2007 die Kosten der Luftverschmutzung auf 5,8 % des chinesischen BIPs. Die Wasserverschmutzung, die die Knappheit der Wasserresourcen in China verschlimert, wird auf 1 % des BIP geschätzt.

39 Deng Xiaoping: Die Reform der Revolution, Berlin 1988, S. 119.

40 Deng Xiaoping: Die Reform der Revolution, Berlin 1988, S. 112 ff.

41 Deng Xiaoping: Die Reform der Revolution, Berlin 1988, S. 113.

42 Heike Holbig / Bruce Gilley: In search of legitimimacy in post-revolutionary China in: Giga working papers, S. 24: „Indeed, China tends to be a relatively well governed for a country of its income level according to World Bank Institute governance indicators data."

43 Offiziell gilt Taiwan als 23. Provinz der Volksrepublik.

44 Diesem Abschnitt liegt das Verfahren, wie es im „Wahlgesetz für die Vertreter des Volkskongresses", dargestellt wird, zugrunde. Es trat 1953 in Kraft und wurde seither sechsmal korrigiert, zuletzt 2004 und 2010. Das Wahlgesetz markiert einen Meilenstein auf dem langen, aber kontinuierlich fortgesetzten Weg zur Aufwertung der Volkskongresse.

45 Im Unterschied zu Deutschland wählen nur Personen, die nicht arbeiten, an ihrem Wohnbezirk. Für alle anderen wird die Wahl durch ihrer Arbeitseinheit organisiert. Beispielsweise wählt ein Wanderarbeiter aus der Provinz Shanxi, der in der Provinz Guangdong tätig ist, an seinem Arbeitsplatz in Guangdong; ein Angehöriger der Peking-Universität wählt dort.

46 Die absolute Zahl der Kader im 11. NVK ist nicht angegeben, nur dass diese im Vergleich zum 10. NVK (968 Kader) um ein Drittel gesunken sei. Damit sitzen im 11. NVK 649 Kader. Für den 10. NVK waren insgesamt 551 Arbeiter und Bauern aufgeführt, ihre Zahl hat sich laut offizieller Statistik im 11. NVK bei den Arbeitern um 50 %, bei den Bauern um 70 % erhöht. Leider ist auf der Grundlage dieser Aussagen ihre absolute Zahl im 11. NVK nicht ermittelbar. Weiter gibt es im 11. NVK 637 Frauen (21,33 %), 411 Vertreter der nationalen Minderheiten, 35 aus Übersee heimgekehrte Chinesen, 36 Delegierte aus Hongkong, 12 aus Macao und 13 auf dem Festland lebende Taiwanesen.

47 Als Kader (ganbu) werden Parteifunktionäre und Personen, die in der Administration tätig sind, bezeichnet.

48 „Der Ständige Ausschuss und die Fachausschüsse haben in den vergangenen Jahren wiederholt Minister zur Rechenschaft gezwungen, oder Gesetze zurückgewiesen, wenn sie den Anforderungen nicht genügten", schreibt Jochen Kleining, vom Auslandssbüro Peking der Konrad-Adenauer-Stiftung (24.3.2009).

49 Drei der fünf Beziehungen, die für Konfuzius das Rückgrat der Gesellschaft bildeten, betrafen das familiäre Leben: Eltern-Kinder, Ehemann-Ehefrau und ältere Geschwister-jüngere Geschwister. Außerhalb der Familie gab es zwei grundlegende Beziehungen: zwischen Herrscher und Untertanen und zwischen Freunden.

50 Das Haixuan–System geht auf das Dorf Beilaohao in der Provinz Jilin zurück. Als im Dezember 1986 der Dorfvorsteher im Dorf Beilaohao Cun gewählt werden sollte, lehnten nach einer Umfrage 80 % der Dorfbewohner den von den oberen Instanzen nominierten Kandidaten ab und wollten selbst einen Dorfvorsteher nominieren. Dafür erhielten sie von der zuständigen Gemeindeebene die Genehmigung. Seitdem verbreiteten sich der Terminus „haixuan" und diese Wahlmethode schnell. Er wird heute nicht nur bei der Wahl der Dorfkomitees verwendet, sondern auch in anderen Bereichen, wo ein Publikum wählt, wie z.B. bei einer Misswahl.

51 Thomas Heberer / Gunter Schubert: Politische Partizipation und Regimelegitimität in China, Bd. 1, Wiesbaden 2008, S. 18, 96 ff. und Bd. 2, S. 185 ff.

52 Es handelte sich dabei um die Demokratische Vereinigung (Minmeng), das Revolutionskomitee der chinesischen Guo Mindang (Zhongguo guomindang geming weiyuanhui), die chinesische Vereinigung zum nationalen Aufbau auf demokratischer Basis (zhongguo minzhu jianguo hui), die chinesische Vereinigung zur Förderung der Demokratie (zhongguo minzhu chujin hui), die demokratische Partei der Bauern und Arbeiter Chinas (zhongguo nonggong minzhu dang), die Partei für das Gemeinwohl Chinas (zhongguo zhigong dang), die Studiengesellschaft des 3. September (jiu san xue she) und die Vereinigung für die Selbstverwaltung eines demokratischen Taiwans (Taiwan minzhu zizhi tongmeng).

53 Es sind dies die Sonderausschüsse für Vorschläge, für Wirtschaft, für Human Resources und Umwelt, für Wissenschaft, Bildung, Gesundheit und Sport, für Gesellschaft und Recht, für Nationen und Religion, für Hongkong, Macao, Taiwan und Überseechinesen, für Außenpolitik, für Geschichte und historische Daten http://www.china.com.cn/2008lianghui/2008-02/23/content_10526788.htm vom 23.2.2008.

54 Mao Tse-tung: Ausgewählte Werke, Verlag für Fremdsprachige Literatur, Peking 1969, Bd. 3, S. 137 ff.

55 Mao Tse-tung: Ausgewählte Werke, Verlag für Fremdsprachige Literatur, Peking 1969, Bd. 3, S. 136.

56 Die Parteimitglieder *„sollen unter den Bedingungen der Marktwirtschaft die vielseitigen Interessen der Massen erkunden, die Gesetze der Marktwirtschaft lernen und danach handeln sowie die Parteipolitik und die Gesetze richtig anwenden".*

57 Harro von Senger: Supraplanung, München 2008, S. 137 ff. Dort übersetzt er Pilotversuch wörtlich mit „Versuchspunkt"; Sebastian Heilmann übersetzt Pilotversuch freier mit „lokale Experimentierzonen, u.a. in der NZZ vom 28.6.2008.

58 Ein Mu beträgt 666 qm, 15 Mu entsprechen einem Hektar.

59 Der Ständige Ausschuss des Staatsrats ist zusammengesetzt aus dem Ministerpräsidenten, seinen 4 Stellvertretern, den Staatskommissaren und dem Chefsekretär des Ständigen Ausschusses.

60 Gerüchten zufolge wird in manchen Fällen das Verfahren abgekürzt.

61 Eine Quelle aus dem Jahre 2006 beziffert ihre Zahl auf 12,7 Millionen. Von diesen sind etwa ein Drittel Parteimitglieder. Es ist davon auszugehen, dass ihre absolute Zahl inzwischen gestiegen ist.

62 Die chinesischen Statistiken geben in der Regel nur die jährliche Zahl der Abgänger an. Für das Jahr 2004 wird die Zahl der Akademiker mit Abschluss eines vierjährigen Studiums unter den Städtern, wo damals 41 % der Bevölkerung lebten, mit 12,89 % angegeben. Es ist davon auszugehen, dass in den Dörfern so gut wie keine Akademiker lebten; selbst wenn ein Hochschulabsolvent aus einer ländlichen Region kam, versuchte er nach Studienabschluss in der Stadt zu bleiben. Wenn man berücksichtigt, dass seit 2004 die Zahl der

Absolventen jährlich gestiegen ist, beträgt ihr Anteil im Jahre 2010 vermutlich zwischen 7 % und 8 % der Gesamtbevölkerung.

63 Die Zahl der Delegierten aus der Arbeitswelt ist damit angestiegen. Sie betrug je 22 %, 24,1 %, 24,3 % beim 14., 15., und 16. Parteitag. Aufgeschlüsselt nach absoluten Zahlen: 445 Frauen (um 63 Personen mehr als beim 16. PT) 242 Minderheiten (12 Personen mehr als beim 16.Parteitag). Außerdem waren 1561 Delegierte jünger als 55 Jahre und 416 jünger als 45 Jahre; 2068 besaßen einen Fachhochschulabschluß, 149 einen Abschluss der Oberstufe.

64 Jochen Kleining weist allerdings darauf hin, dass es bei den Topwahlen, also denen zum Politbüro und dessen Ständigem Ausschuss, weiterhin nur eine Einheitsliste gab (www.kas.de vom 2.11.2007).

65 Sebastian Heilmann: Das politische System der Volksrepublik China, Wiesbaden 2004, S. 42 ff.

66 Seit 2006 kommen Beiträge für die Unfall- und Mutterschaftsversicherung hinzu, die nur von Arbeitgeberseite zu entrichten und für die Arbeitnehmer kostenfrei sind.

67 Am 1.1.2004 trat das das erste Gesetz zur Arbeitsunfallversicherung in China in Kraft. Am 24.7.2009 wurde eine verbesserte Ausgabe dieses Gesetzes der Öffentlichkeit zur Diskussion unterbreitet.

68 Bis 2007 gab es 86 große Versicherungsanbieter, davon 47 chinesische und 39 mit ausländischen Beteiligungen. Es werden hauptsächlich Lebensversicherungen und Kapitalanlagen aber auch Zusatzrentenverssicherungen angeboten.

69 Lun Yu, II.2

70 Lun Yu, XIII.11

71 Han Feizi, Kapitel 7, Er Bing.

72 Harro von Senger: Supraplanung, München 2008, S. 159–160.

73 Obwohl die Trauerriten beim Tod der Eltern von zentraler Bedeutung für den Konfuzianismus sind, bestand Konfuzius nicht auf deren Einhaltung, wenn die innere Überzeugung des Trauernden fehlte (Lun Yu, XVII. 21).

74 Zum Vergleich: Am 1.1.2008 gab es in Deutschland knapp 147 000 Rechtsanwälte.

75 Kommissionen für Politik und Recht gibt es auf Zentral-, Provinz,-Bezirk- und Kreisstufe.

76 Die Zahl der Lagerinsassen ist schwer zu ermitteln. Wikipedia beziffert sie auf 400.000 (Artikel „Umerziehung durch Arbeit").

77 Peking hebt beispielsweise darauf ab, dass es keine Sicherheit für das Leben und Vermögen der Bürger in Amerika gebe. Allein 2008 haben die amerikanischen Bürger ab 12 Jahre insgesamt 4,9 Mio. Gewaltverbrechen begangen. Jedes Jahr werden 30.000 Menschen erschossen, ca. 300 Mio. Privatpersonen besitzen knapp 250 Mio. Waffen.

78 Harro von Senger: Einführung in das chinesische Recht, München 1994, S. 151 ff.

79 Das Menschenrecht auf Entwicklung wurde im Dezember 1986 mit 146 Stimmen (darunter China) gegen 1 Stimme und 8 Enthaltungen (von westlichen Staaten und Japan) in der UNO-Generalversammlung angenommen und 1993 bei UNO-Weltmenschenrechtskonferenz bestätigt.

80 Harro von Senger: Einführung in das chinesische Recht, München 1994, S. 151 ff.

81 Der NED bestätigt die Überweisung von 152,350 USD auf seiner Homepage (www.ned.org/where-we-work/asia/china), abgerufen am 30.7.2010.

82 Das Buch ist auf Chinesisch unter dem Titel „Shen yu women bingjian zuo zhan" (Die Heiligen und wir kämpfen Seite an Seite) erschienen.

83 Gao Zhisheng: Chinas Hoffnung, Münster 2008, S. 150.

84 Gao Zhisheng: Chinas Hoffnung, Münster 2008, S. 179.

85 Gao Zhisheng: Chinas Hoffnung, Münster 2008, S. 229

86 Georg Blume: China ist kein Reich des Bösen, Hamburg 2008, S.88.

87 Homepage der Aktion für Geistige und Psychische Freiheit: http://www.agpf.de/Falun.htm#Falun-gg-Heberer.

88 Gao Zhisheng: Chinas Hoffnung, 2008, S. 236, 229.

89 Harro von Senger: „Ostasiatische Sicht: Menschenrechte im Clinch" abrufbar unter: http://www.mensch-im-recht.ch/pdf/referat_senger01.pdf

90 Nach einer Studie des amerikanischen Kongresses erzielte China zwischen 1950 und 52 ein jährliches Wachstum des Bruttosozialproduktes von 19 %, der Industrieproduktion von 34 % und der landwirtschaftlichen Produktion von 16 %. Zum ganzen Abschnitt Willy Kraus: Wirtschaftliche Entwicklung und gesellschaftlicher Wandel in der Volksrepublik China, 1979, S. 64–65, 69, 86).

91 Zu den letzten drei Abschnitten vgl. Jiri Kosta u. a.: Volkrepublik China. Ökonomisches System und wirtschaftliche Entwicklung, Frankfurt a. M. - Köln, 1976, S. 20 f., 101.

92 Zur Höhe der Opferzahl gibt es sehr widersprüchliche Angaben. Einen guten Einstieg in die Problematik bietet der Wikipedia-Artikel „Großer Sprung nach vorn".

93 1958 gab es in ganz China nur ca. 1000 (!) Traktoren. Der Bedarf lag bei 500.000 Traktoren und 20 Millionen anderer Landmaschinen (Jiri Kosta u. a.: Volkrepublik China. Ökonomisches System und wirtschaftliche Entwicklung, Frankfurt a. M. - Köln 1976, S. 148).

94 Zu den beiden vorhergehenden Abschnitten vgl. Jiri Kosta u.a.: Volksrepublik China. Ökonomisches System und wirtschaftliche Entwicklung, Frankfurt a.M., Köln 1976, S. 218 ff. und Willi Kraus: Wirtschaftliche Entwicklung und sozialer Wandel in der Volksrepublik China, Berlin – Heidelberg – New York, 1979, S. 355, 454 ff.

95 Dieser Begriff ist in China mittlerweile zum Synonym für die Reformen auf dem Lande geworden. Jeweils zum Jahresanfang wird der neue Schwerpunkt bekanntgegeben.

96 Darunter versteht man in China sowohl lokale und regionale Verwaltungsebenen als auch private Stiftungen, NGOs u. ä.

97 Grund und Boden sind in China bis heute in Staatsbesitz, also unveräußerlich.

98 Zu den Westgebieten zählt man in China die Provinzen: Sichuan, Gui-Zhou, Yunnan, Shaanxi, Gansu und Qinghai sowie die Autonomen Gebiete Guangxi, Ningxia, Tibet, Xinjiang und die Innere Mongolei.

99 Economist online, 14.1.2010 schreibt im Artikel: „Not just another fake" von faulen Krediten in Höhe von 40 % des chinesischen BIP in den späten 90er Jahren. Die absolute Summe der in die Vermögensgesellschaften ausgelagerten faulen Kredite gibt die Financial Times Deutschland (online) im Artikel „Sorge um faule Kredite" vom 22.12.2009 mit 1400 Mrd. Yuan an.

100 USA 13,8 Billionen USD, China 6,4 Billionen USD, Japan 4,2 Billionen USD. An vierter und fünfter Stelle liegen Indien und Deutschland mit 2,8 Billionen gleichauf.

101 Nach Auslandsverschuldung liegt China mit 379 Milliarden USD erst an 24. Stelle in der Weltstatistik, weit hinter den USA (13,4 Billionen USD), Großbritannien (9,1 Billionen USD) und Deutschland (5,2 Bill. USD). Zwei Drittel der chinesischen Schulden sind mittel- oder langfristiger Kredite, was die Schockgefahr durch plötzliche Rückzahlungsforderungen erheblich reduziert.

102 Der nächste Fünfjahresplan für die Jahre 2011–2015 steht noch nicht fest. Derzeit (2010) werden noch landesweit von der Öffentlichkeit und von Experten Vorschläge gesammelt. Soweit bislang bekannt, kreisen sie um die Reduzierung der Einkommensunterschiede, den Umweltschutz und den Einsatz erneuerbarer Energie.

103 Für 2007 gibt das CIA-Factbook einen Gini-Koeffizient von 45 für die USA an, einen von 41,5 zu China und für 2006 einen von 31 für die EU.

104 Welt am Sonntag vom 25.4.2010, S. 47; ebd. zum Vergleich: Deutschland 74 % Staatsverschuldung, 5 % Haushaltsdefizit, 1,6 % Wachstum in 2010–2020; USA 79 % Staatsverschuldung, 10 % Haushaltsdefizit, 2,2 % Wachstum in 2010–2020; Japan 203 % Staatsverschuldung, 8,5 % Haushaltsdefizit, 1,9 % Wachstum in 2010–2020.

105 Darunter fallen: Farbfernseher, Kühlschränke, Mobiltelefone, Waschmaschinen, Computer, Klimaanlagen, Warmwasseraufbreitungsanlagen (Elektrisch, Gas oder Solar), Mikrowellen und Induktionsherde und seit 2010 auch Elektrofahrräder.

106 Die Kaufkraftparität gibt an, wieviel Yuan ein Chinese aufbringen muss, um in China die gleiche Menge einer gleichen oder ähnlichen Ware zu kaufen, welche in den USA einen US-Dollar kostet.

107 Laut der Website der chinesischen, englischsprachigen Zeitung „China Daily“ vom 15.7.2010 stieg das Einkommen der Städter in den ersten 6 Monaten 2010 inflationsbereinigt um 7,5 %, das der ländlichen Bevölkerung um 9,5 % vom 15.4.2010. Das tatsächliche Einkommen dürfte jedoch in beiden Fällen über den statistisch ausgewiesenen Daten liegen, da diese nur ein Grundeinkommen ohne weitere Vergünstigungen wiedergeben.

108 Der „Aufbau des neuen sozialistischen Dorfes“ wurde 2005 auf dem 5. Plenum des 16. Parteitages in die 11. „5-Jahres-Planung“ aufgenommen.

109 1997 lag das durchschnittliche Nettoeinkommen der Bauern bei 2090 Yuan, das der Städter hatten 5160 Yuan zur Verfügung. 2003 lag das durchschnittliche Nettoeinkommen der Bauern bei 2622 Yuan, das der Städter bei 8500 Yuan, die Differenz hatte sich also erhöht.

110 Zwischen 2000 und 2002 stammt 47,8 % des bäuerlichen Einkommens von Zuverdiensten aus Wanderarbeit.

111 Das chinesische Einwohner-Registrierungssystem (hukou) wurde 1958 eingeführt, um die Landflucht aufzuhalten. Je nach Herkunft gab es städtische und ländliche Registrierungen. Noch bis Mitte der 1980er Jahre wurden die Wanderarbeiter, die sich ohne hukou in Städten arbeiteten, als Illegale behandelt und waren von allen staatlichen Rechten der Ortsansässigen ausgeschlossen. Seit Beginn der Öffnungspolitik bekommen Wanderarbeiter zwar eine vorläufige Hukou für ihren Arbeitsplatz ausgestellt, aber in allen anderen Hinsichten, vom offiziellen Schulbesuch ihrer Kinder bis zu Rentenbezügen und Verwaltungsangelegenheiten blieben sie gegenüber den Städtern massiv benachteiligt. Ende 2005 hat China angefangen, das Hukousystem zu reformieren, dieser komplizierte Prozess ist bis heute in Gang. Zu den ersten Fortschritten zählt die Abschaffung der diskriminierenden Teilung von städtischer und ländlicher Registrierung bis 2010 in 12 Provinzen.

112 China hat im Jahre 2009 Güter in Höhe von 220,8 Milliarden USD nach Amerika exportiert. Das Gesamtvolumen der chinesischen Exporte umfasste laut dem chinesischen Zollamt 840 Milliarden USD.

113 Im Jahre 2009 betrug das chinesische Außenhandelsdefizit mit den ASEAN-Staaten 1 Mrd. USD mit Südkorea 32,45 Mrd. USD und mit Australien 6,469 Mrd. australische Dollars.

114 900 Milliarden USD hält China allein in US-Bonds, hinzu kommen noch weitere Anlagen in Höhe von ca. 700 Milliarden USD.